2016

中国互联网＋交通运输发展报告

广 东 省 交 通 运 输 厅
中　国　交　通　报　社　编著
广州市番禺区人民政府

人民交通出版社股份有限公司
China Communications Press Co.,Ltd.

内 容 提 要

本书内容包括中国“互联网＋”交通运输产业环境、“互联网＋”交通出行服务、“互联网＋”货运物流服务、“互联网＋”汽车后市场服务、新能源汽车与智能电桩、车联网和无人驾驶技术、交通大数据技术、交通电子支付、交通一卡通、“互联网＋”ETC、交通区块链技术等方面的最新进展，展现了中国（小谷围）“互联网＋交通运输”创新创业大赛的丰硕成果，全面解读2016年中国“互联网＋”交通运输的发展现状。

图书在版编目（CIP）数据

2016中国互联网＋交通运输发展报告／广东省交通运输厅，中国交通报社，广州市番禺区人民政府主编. —北京：人民交通出版社股份有限公司，2017.5

ISBN 978-7-114-13786-0

Ⅰ. ①2… Ⅱ. ①广… ②中… ③广… Ⅲ. ①互联网络—应用—交通运输业—研究报告—中国 Ⅳ. ①F512-39

中国版本图书馆CIP数据核字（2017）第074167号

书　　名：2016中国互联网＋交通运输发展报告
著 作 者：广东省交通运输厅
　　　　　中国交通报社
　　　　　广州市番禺区人民政府
责任编辑：韩亚楠　朱明周
出版发行：人民交通出版社股份有限公司
地　　址：（100011）北京市朝阳区安定门外外馆斜街3号
网　　址：http://www.ccpress.com.cn
销售电话：（010）59757973
总 经 销：人民交通出版社股份有限公司发行部
经　　销：各地新华书店
印　　刷：北京鑫正大印刷有限公司
开　　本：880×1230　1/16
印　　张：12.25
字　　数：259千
版　　次：2017年5月　第1版
印　　次：2017年5月　第1次印刷
书　　号：ISBN 978-7-114-13786-0
定　　价：35.00元
（有印刷、装订质量问题的图书由本公司负责调换）

《中国互联网+交通运输产业发展蓝皮书(2016)》

编　委　会

序　言

“互联网＋”具有一种神奇的魔力，它连接一切、跨界融合，成为新常态下最新的引擎，持续释放出前所未有的动力。

“互联网＋”行动计划提出以来，我国政府及各行业借助互联网的创新成果，大力提升全社会的创新力和生产力，形成了更广泛的以互联网为基础设施和实现工具的经济发展新形态。这个让人思路大开的“加号”理念，搅动了中国这个庞大经济体的一池春水，在各行各业竞相激发旺盛的生机活力。

互联网也深刻影响和改变着交通运输行业。近三年来，随着移动互联网技术的快速发展，以及与交通运输深度融合，带来了前所未有的机遇，创造了一个又一个传奇。从城市交通到货运物流，从网约车到共享单车，从手机购票到“微政务”，各种新业态、新服务模式相继出现，令人目不暇接。

2016年是互联网与交通运输加速深度融合的一年。无车承运、网约车、分时租赁等新业态蓬勃兴起。在交通运输部的领导下，全行业继续大力推进“互联网＋”行动，借助互联网、云计算、大数据、物联网等先进的技术和理念，以信息平台建设为抓手，以资源整合和开放共享为重点，推进智慧交通运输服务加快发展，改变了传统交通运输存在的信息不对称，优化了运输服务要素的资源配置。这不仅便利了旅客出行，改善了出行体验，提高了综合效率，降低了物流成本，也更多地培育了交通发展新动能，催生了交通新业态，整体提升了行业服务能力和水平。

因应“互联网＋”交通运输的发展大势，广东省交通运输厅2015年发起主办了中国(小谷围)“互联网＋运输服务”创客大赛。2016年，广东省交通运输厅再次联合中国交通报社、广州市番禺区人民政府共同主办了中国(小谷围)“互联网＋交通运输”创新创业大赛。两场大赛致力于推动传统运输企业发展理念和服务模式的提升，加快行业互联网等新兴技术应用的升级，构建天地合一的“互联网＋运输＋互联网”的垂直产业链，以更好地促进人便于行、货畅其流，成为交通运输行业颇具影响力的赛事活动。这是行业管理部门、行业主流媒体和地方政府推进“互联网＋”和“大众创业、万众创新”的共同担当和创新作为。

编纂《2016中国互联网＋交通运输发展报告》是大赛的一项重要目标内容，也是全行业的首次尝试。在交通运输部相关司局的指导下，经过广东省交通运输厅、中国交通报社等单位的不懈努力，交通运输部科学研究院、河南省交通科学研究院等单位的鼎力支持，历时超过半载，终于完成本书，殊为不易。

《2016 中国互联网 + 交通运输发展报告》由 14 个章节构成，系统阐述了“互联网 +”交通运输及创新创业的政策背景、发展现状，梳理了交通运输各领域热点，研判了未来的发展趋势，数据翔实，资料充分，案例丰富，堪称了解中国“互联网 +”交通运输发展的全景式读本，也是推进创新创业的重要参考。

习近平总书记明确指出，“十三五”是交通运输基础设施发展、服务水平提高和转型发展的黄金时期。黄金时代要有黄金作为，围绕创新驱动、转型升级，2017 年全国交通运输工作会议提出，要以旅客便捷出行、货物高效运输为导向，全面推进“互联网 +”交通运输行动。希望矢志于“互联网 +”交通运输事业的行业内外同仁，以努力建设人民满意交通为目标，抓住国家进步的时代机遇，拥抱互联网的发展平台，借助中国“互联网 +”交通运输创新创业大赛载体，激荡创新梦想，燃烧创业激情，共同开创交通运输发展的美好新时代！

是为序！

中国科学院大学创新创业学院院长　教授　博士生导师

目　录

综　述　篇

行业分析篇

新兴产业篇

探　索　篇

综 述 篇

第一章 绪 论

交通运输业是国民经济的基础性、战略性、先导性产业，在社会发展和国民经济中使命重大，对我国全面建成小康社会和国民经济可持续发展具有重要的战略支撑和战略保障作用。“十三五”时期，全球信息技术革命持续迅猛发展，“互联网+”上升为国家战略，互联网成为交通运输的重要基础设施，智慧化成为交通运输系统的显著特征，互联网技术成为建设国内国际通道联通、区域城乡覆盖广泛、枢纽节点功能完善、高效综合交通运输体系的重要手段，互联网对行业治理体系和服务模式正产生广泛而深刻的影响，行业信息化发展正面临前所未有的重大机遇。

第一节 背 景

一、中国“互联网+”交通运输整体发展状况

“互联网+”交通运输就是要借助移动互联网、云计算、大数据、物联网等先进技术与理念，促进互联网与交通运输各领域和各环节的融合创新，激发线上线下互动的新业态和新模式广泛涌现，满足更便捷出行、更个性化服务和更科学决策的需求。

近年来，我国交通运输行业加大了科技创新力度，积极推动移动互联网、云计算、大数据、车联网等新技术在城市公共交通、道路客运、铁路、城市轨道、民航、水路、物流等交通运输领域的创新应用，使我国交通运输业智能化水平取得了显著提升。以示范、试点工程建设为依托，不断提高信息资源开发利用水平，在交通运输动态信息采集与监控、交通信息资源整合开发与利用、交通运行综合分析辅助决策和交通信息服务四个方面取得了较好的成效，公路水路交通信息化发展开始进入协同应用和综合服务的新阶段。但是与发达国家相比，我国智能交通系统的发展水平仍处于初级阶段，以我国高速公路的智能交通系统投资为例，智能交通建设占高速公路总投资的比例只有2%，与国外发达国家7%～10%的比例相比仍有很大差距。预计我国智能交通系统建设将在今后二三十年的时间里达到发达国家的智能交通投资水平，整体市场未来将持续呈现加速发展的态势。

从行业规模来看，据中国交通技术网《中国城市智能交通市场研究报告》统计数据显示，2014年我国智能交通市场规模为246亿元，同比增长25%，2010年到2014年复合增长率为24%。2015年上半年我国智能交通市场规模合计达110.2亿元，同比增长近20%。预计到2020年国内智能交通领域的投入将达到上千亿元，智能交通产业将进入新一轮的快速发展轨道。

当前,以在线购票、地图导航、网络约车等为代表的新兴"互联网+"交通服务,已经在为大众提供更便利的出行服务。然而,我国交通运输行业整体仍面临服务水平不高、协同效率偏低、治理能力较弱等问题,突出表现在以下几个方面:

①交通运输行业的信息资源开放度不足。行业具体数据信息涉及其他部门,同时也涉及保密、个人隐私等问题,需要国家尽快制定相关的法律法规,明确向社会开放的资源类型和内容。

②交通运输行业的既有管理体制不适应。按运输业类型划分的垂直管理体系,不利于跨行业、跨交通工具的信息共享和统筹规划,不利于发挥综合交通优势;按地域管辖权划分的横向管理体系,也不利于跨地区的交通信息共享和统筹规划,不利于发挥交通大数据的优势;交通运输领域既有的专营制度和牌照管理办法等也不适应互联网跨界融合创新的特点,严格按照既有的行业管理办法,不利于新模式的创新和应用。

③技术、人才储备不足。移动互联网、云计算、大数据、物联网等新技术不断涌现,交通运输行业在这些领域的技术人才和能力储备都有所不足,难以深刻理解"互联网+"对交通运输传统业态可能带来的改变。

④数字化程度有待提高。数字化是未来交通产业创新、服务升级和安全可靠的基础,目前载运工具、运行系统和服务系统的数字化还很不完善,特别是道路交通的数字化还处在起步阶段,短板就是缺乏道路交通动态运行数据。因此要加快交通运输系统的动态数据采集、传输、管理和处理基础条件的建设,特别是沿高速公路和城市道路传感网的建设。

⑤安全保障不完善。数据在线化使公共数据和个人数据在互联网中运行,会带来新的网络与信息安全问题。相关部门应积极推进网络信息安全、个人信息保护等方面的立法,加强基础信息资源和个人信息保护,强化互联网信息安全管控,为"互联网+"营造良好的法治环境,确保创新创业有序开展。

二、中国"互联网+"交通运输发展特点

1."互联网+"交通运输正处于发展的风口浪尖

改革开放以来,我国居民生活水平不断提高、消费结构逐步优化升级,交通运输行业在传统客流基础上产生了度假客流,快递、零担等物流需求也快速增长。目前,我国交通运输基础设施网络初步形成,高速公路、高速铁路总里程位居世界第一,拥有一批吞吐量位于世界前列的大型港口和航空枢纽,服务能力已总体适应了经济社会发展需要。随着铁路、公路、水运、航空等交通基础设施的逐步完善,我国交通运输正在进入综合协调、优化发展的新阶段。在这个新的发展阶段,如何提高综合交通运输体系的运行效率和管理效率,如何为公众提供更优质的运输服务,如何与经济发展相结合培育新的增长点等,成为交通运输发展的关键问题。

近年来,大数据、物联网、云计算、互联网,特别是移动互联网技术的快速发展,为交通运输提质增效和转型升级提供了更好的条件,移动互联网等新技术快速融入交通运输领域,网络约租车、互联网巴士、互联网停车、互联网汽车维修等新业态快速兴起并得到发展,催生了新业态,为人们提供更加多样化、定制化、高质量的出行服务。"互联网+"交通

运输涉及信息通信、客货运输、汽车制造等多种产业,并将带来这些产业的蓬勃发展。互联网技术对传统产业中产品设计、生产过程、产品销售、客户服务等全过程的渗透将更加深入,但是“互联网 +”交通运输不仅仅是技术的范畴,更会拉动整体产业的进步与升级,对产业生态和价值分配格局也将带来深远影响。

2. 互联网与交通运输业的融合呈现多热点态势

在城市交通智能管理方面,集交通信息采集与处理、交通信号控制、交通指挥与调度、交通信息服务、应急管理等多种功能于一体的智能化交通管理系统得到成功应用。

在高速公路的车路交互方面,ETC 的应用水平已与国际同步。

在智能公交建设方面,交通运输部推出了两批共 37 个试点城市,公交车载监控设备和系统已经可以满足调度、监控等需求。

在互联网订票方面,机票、车票的预订和销售成为互联网在交通行业渗透率最高的领域,其中通过中国铁路客户服务中心 12306 网站实现网上预约订票的比例已高达 70%。

在移动出行方面,移动互联网与城市出行服务快速融合 APP 打车、APP 专车、APP 拼车等多种新业态,并得到了迅猛发展,对城市出行服务产生了广泛影响,不仅提升了百姓出行质量,降低了车辆空驶率,更推动了城市交通行业的转型升级。

在货物运输方面,物联网物流运用、智能集散货平台、多式联运及各类物流信息平台不断涌现,物流与电商加速融合发展。

移动互联网的智能手机、电子支付、O2O(Online To Offline,即在线购买商品和服务,再到线下享受服务)平台等新事物改变了交通运输服务业的传统业态模式,新一代信息技术与传统交通运输行业多环节的深度融合,正在引发影响深远的产业变革,形成新的生产方式、产业形态、商业模式和经济增长点。

3.“互联网 +”交通运输的发展呈现不均衡现象

①存在区域发展不均衡。我国“互联网 +”交通运输产业的发展在不同区域间呈现两极分化的态势,以智慧城市为代表的“互联网 +”便捷交通项目在我国快速铺开,尤其在一线及二线省会城市发展迅猛,从而带动二、三线城市的全面快速发展,南方城市在“互联网 +”交通运输方面的发展程度普遍好于北方,中西部地区在“互联网 +”交通运输发展方面则呈现出较好的成长潜力。

②存在重硬不重软、重建设不重售后服务的不均衡。我国智能交通发展主要集中在硬件的建设和满足管理需求的建设上,硬件建设投入大量资金,软件建设份额相对很小,甚至在一些项目中软件的费用几乎可以忽略。在项目建设的投资中,注重设备的购买和安装,对系统和设备后期的维护维修缺乏资金支持。

第二节 目 的

交通运输业事关经济发展全局,贴近人民群众关切,创新变革潜力巨大。要全面深化改革,建立现代综合交通运输体系,离不开信息化的引领和支撑,没有信息化,就没有交通运输现代化。随着我国互联网的普及和移动互联网迅猛发展,"互联网＋"交通运输将强力支撑交通运输产业经济转型,有力提升公共服务水平,大力促进创业创新,形成需求拉动、创新驱动、产业带动、政企互动的交通运输产业良性发展新格局。

一、促进行业提质增效升级

互联网打破了各种交通运输方式间、业务间、区域间的信息壁垒,实现多种运输服务的供给与衔接,对交通运输产业结构产生了重要影响。互联网与交通运输领域融合,可显著提高生产运行效率,降低经营流通成本,打破资源要素制约。

客运方面,推动了服务个性化。在移动互联网技术的推动下,新的服务模式相继出现,个性化、多样化需求不断得到满足。公众在出行前就能及时掌握出行信息,减少换乘中转时间,使各种运输方式衔接更为紧密。依托移动互联网技术,车辆信息可实时查询,乘客也能实时监督,优化了运营管理。

货运与物流方面,基于移动互联网的货运网络,实现了货运供需信息的对接,推动了物流商业模式的创新。如货运企业改变原有线下推广模式,采取线上线下相结合的推广模式;基于移动互联网平台整合全国物流园区的货运节点,再造车辆与货源优化整合的新模式;基于移动信息平台整合中小散户车辆资源,使轻资产的平台型企业获得巨大发展空间。

在移动互联网的影响下,企业经营组织方式得以优化。在移动互联网技术支撑下,产业资源得以整合,形成集约化产业格局。企业组织结构进一步细分,小型企业、轻资产企业获得更多发展机会。移动互联网将道路运输"多、小、散、乱"整合起来,为社会提供标准化、组织化服务,为行业转型升级找到了出路。

当前,我国经济发展进入新常态,运输服务需求发生了结构性变化。交通运输业要适应变化,积极推动大数据、云计算、物联网在综合运输领域的推广应用,促进铁路、公路、水路、民航、邮政运输的深度融合,实现各种运输方式的协调衔接和互联互通,打造新技术革命引领的综合运输服务升级版。

二、激发产业创新创业活力

创新是经济和社会发展的动力,是国家和民族兴盛的源泉。党中央、国务院将"大众创业、万众创新"作为新常态下经济增长的"双引擎"之一,并提出制定"互联网＋"行动计划,推动移动互联网、云计算、大数据、物联网等与现代制造业结合,促进电子商务、工业互联网和互联网金融的健康发展,引导互联网企业拓展国际市场。"互联网＋"是信息技术在经济和社会各领域、各部门的渗透、扩散和应用的过程。"互联网＋"交通运输就是通过云、网、端等信息基础设施,运用大数据、云计算等信息处理技术和方法,将原来被固化于某一交通运输部门或企业内部的信息资源释放出来,增强交通信息的流动性。互联网使交通要素在国别之间、区域之间、城乡之间自由流动,甚至突破传统产业布局的空间限制,形成新的产业空间和创新空间,使人人都可能成为创业主体和创新单元。

"互联网＋"推动产业创新。互联网突破了地域、组织、技术的界限,整合政府、企业、协会、院所等的优势资源，形成跨区域、多领域、网络化的协同创新平台，打破信息垄断，降低创业门槛，优化创新环境，使大批小微企业成为创新的生力军，催生了大数据、云计算等新兴业态，并逐渐成长壮大为新的主导产业，实现产业更替演进，带动产业结构不断优化升级。

"互联网+"推动模式创新。互联网融入企业研发设计、生产制造、物流配送、销售服务的各个环节，促进企业产品模式、服务模式、运营模式、商业模式等不断创新。网络众包、创客、生产消费者、大规模个性化定制、透明供应链等新模式不断涌现，全生命周期管理、互联网金融、电子商务、零边际成本等新理念加速重构产业价值链体系。网络众包平台改变了企业的发包模式，发包和承包企业精准定位、精准遴选、精准匹配，并呈现网络虚拟化的特征。

"互联网+"推动管理创新。在微观层面，"互联网+"使协同制造成为企业重要的生产组织方式，出现只有运营总部而没有生产车间的网络企业或虚拟企业，新的组织形式表现为扁平化、网络化管理模式。在宏观层面，"互联网+"深刻改变了公共产品和公共服务领域的发展理念和模式。在线审批推动政务服务模式由多门向一门、由网下分散服务向网上集中服务转变。此外，"互联网+"推动交通运输、城市运营等向高效化、精细化、智慧化的方向发展，提高了城市运行管理水平。

互联网推动创新要素和创业资源的聚集、开放和共享，正成为创新驱动发展的先导力量和促进大众创业的新平台。"互联网+"交通运输产业，对于强化创业创新支撑、积极发展众创空间、促进开放式创新和打造活跃宽松、充满生机的创业创新环境具有重大意义。

三、增进人民生活福祉

互联网与公共事业、生活服务融合创新，有利于优化资源配置、丰富服务内容、有效提升服务水平。

通过利用移动互联网技术，可以充分发挥各种运输方式的比较优势，大力开发联程联运等运输服务产品，推动发展客运一票到底、货运一单到底的运输服务方式，不断提高运输效率和集约效益，满足人民群众个性化、多样化的运输服务需求。

通过利用移动互联网技术，可以大力提升综合运输服务质量和水平。加快推进交通信息自动化采集，建立完善多渠道、多层次、多方式的出行信息服务体系，让出行信息更加丰富；加快推进联网售票系统建设，鼓励支持网上购票、手机订票、自助购票等出行服务的发展，让旅客购票更加便利；加快推进增值服务系统开发，鼓励发展在线受理、货物查询、一键转寄、服务点代收等增值服务，让客户体验更加完美。

"互联网+"交通运输与广大人民群众日常生活的出行、物流等领域密切相关，将促进公共交通服务效率、治理能力大幅提升。发展智慧出行、高效物流、电子支付、车联网、电子政务，既是发挥互联网优势改进民生服务的新途径，也是全面建成小康社会的根本要求。

第三节　意　　义

在全球新一轮科技革命和产业变革中,互联网与各领域的融合发展具有广阔前景和无限潜力,已成为不可阻挡的时代潮流,正对各国经济社会发展产生着战略性和全局性的影响。

在我国创新驱动和经济发展新常态下,“互联网 + ”以其独特的功能提供了创新驱动的新模式。“互联网 + ”通过发展创新创业平台,降低创新创业门槛,鼓励自由探索等方式加快科技创新驱动;通过大力发展创客空间,壮大硬件供应商队伍,强化企业孵化器功能,加快工程创新驱动;通过大力培养“互联网 + ”文化、健全创新利益保护制度、大力开展创客教育等手段加快制度创新驱动,以此解决了我国当前创新驱动中的一系列深层次矛盾,加速了创新驱动的进程。从创业驱动的角度来看,“互联网 + ”加快了数字世界与实体世界结合的趋势,带来的生产方式的变革能够使制造业的结构发生巨大的变化,从规模性、结构性、转化性、营利性等方面完成了从创意向创业的转化过程,以此解决了我国当前创业驱动中的一系列深层次矛盾,加速了创业驱动的进程。

“互联网 + ”交通运输产业体现出技术创新活跃、学科交叉密集、跨界渗透广泛、融合变革深刻四大特点,涵盖人民生活、企业生产、公共服务和政府管理的方方面面,正深刻改变着传统的生产方式、消费方式、商业模式和管理模式。以互联网为主导的新型交通运输产业市场规模大、增长速度快、发展质量好、就业渠道广,进一步激发了市场蕴藏的巨大活力,大幅提升了我国信息经济发展水平。

随着经济社会不断发展,人民群众跨区域、跨方式出行日益增多,构建综合交通运输体系,能有效提高中转效率,提升出行的便捷性、舒适性和可选择性,极大地增强人民群众的获得感。特别是在全面建成小康社会决胜阶段,完善城乡配送体系、推动联程联运发展,能有效改善贫困地区发展条件,为贫困群众打开一扇脱贫致富的大门。为促进大众创业、万众创新,提升公共服务水平,构建综合交通运输体系的重要抓手,这就要求交通运输业必须走互联网融合创新之路。

因此,推动互联网与交通运输业深度融合发展,任务艰巨,影响深远,意义重大。

第二章　中国“互联网＋”交通运输产业环境

党中央、国务院高度重视以互联网为代表的新一代信息通信技术的发展运用，近几年相继出台了宽带中国、信息消费、物联网、云计算、集成电路等方面的战略指导性文件，产业环境不断优化。“十二五”以来，中国互联网的用户、终端、网络基础设施规模持续稳定增长，尤其在移动互联网领域，移动应用开发者数量超过300万人，移动应用生态链初步形成，移动应用的高渗透率与高集中度并存，即时通信、移动支付、电子商务、视频、广告等各细分市场都获得长足进步，展现出勃勃生机。特别是由O2O衍生而来的场景化应用，改变了以企业为中心的经营模式，完全以用户为中心、以用户行走路线为流动轴，让用户自主选择，极具特色。网络连接、移动设备、应用服务、开发者及开发平台构成了以移动互联网为纽带的服务系统、商业生态系统。

一、产业规模迅速扩大

2015年3月5日，十二届全国人大三次会议上，李克强总理在政府工作报告中首次提出“互联网＋”行动计划。2015年7月4日，经李克强总理签批，国务院印发《关于积极推进“互联网＋”行动的指导意见》，这是推动互联网由消费领域向生产领域拓展，加速提升产业发展水平，增强各行业创新能力，构筑经济社会发展新优势和新动能的重要举措。至此，“互联网＋”上升至国家战略高度，同时，深层次、多领域的“互联网＋”交通运输产业进入快速发展的黄金时期。

“互联网＋”交通运输产业主要集中在交通出行、货运物流、汽车后市场等细化领域。据统计，2015年“互联网＋”交通运输产业市场规模超过700亿元，5年复合增长率达20%，预计到2020年市场规模将突破1000亿元。从软硬件产品看，“互联网＋”交通运输建设需要大量芯片、光纤、传感器，这些产品的研发、投资、生产，将拉动高科技产业增长，创造大量就业岗位。“互联网＋”交通运输在带动庞大软硬件设备行业发展的同时，还催生交通信息服务等新兴产业的形成，形成交通管理、出行信息服务、应急管理、电子收费、公共交通运营管理、物流信息平台等不同的系统应用。特别是打车类应用，累计账户规模呈指数级增长。

目前，国内从事“互联网＋”交通运输产业的企业约有2000多家，主要集中在软件开发、硬件制造、系统集成、数据采集、应用服务等环节。国内年产值千万元以上的从事硬件制造的企业约有350家，如海康威视、中兴等；从事交通运输行业的系统集成的企业约有200家，如易华录等；从事数据采集的企业约有40家，如百度、高德等；从事交通运输相关领域的应用服务企业约500家，如腾讯、阿里等。2016年我国“互联网＋”交通运输产业结构初步形成，呈现五角星形结构，即以百度、阿里、腾讯为代表的互联网龙头企业；以华为、联想、浪潮、曙光、用友等为代表的传统IT厂商；以海康威视、北京易华录、北京千方等为代表的智能交通企业；以铁路、公路、民航、城市客运为基础的交通运输传统领域内通过"互联网+"思维创新迎合公众需求的企业；以汽车后服务、O2O生活服务为核心业务，具备较好发展潜力的中小型"互联网+"便捷交通的"双创"企业。

交通服务、管理的对象主要有三个，即车辆、道路、出行者。过去，智能交通企业主要围绕"道路市场"竞争。今后，以服务车辆为主要特征的汽车后市场，将面临万亿级的市场空间，其中车联网、智能停车等将成为重要的增长极。当前，我国"互联网+"交通运输仍处于起步发展阶段，各地发展"互联网+"交通运输积极性较高，交通运输部推行的交通运输信息化重点工程和试点工程建设正积极促进行业各类信息化应用快速推广，市场规模增速明显。

二、产业政策力度空前

为推动互联网由消费领域向生产领域拓展，加速提升产业发展水平，增强各行业创新能力，构筑经济社会发展新优势和新动能，2015年07月04日，国务院发布了《关于积极推进"互联网+"行动的指导意见》（国发〔2015〕40号，以下简称《指导意见》）。《指导意见》提出，要坚持开放共享、融合创新、变革转型、引领跨越、安全有序的基本原则，充分发挥我国互联网的规模优势和应用优势，坚持改革创新和市场需求导向，大力拓展互联网与经济社会各领域融合的广度和深度。《指导意见》围绕转型升级任务迫切、融合创新特点明显、人民群众最关心的领域，提出了11个具体行动：一是"互联网+"创业创新，二是"互联网+"协同制造，三是"互联网+"现代农业，四是"互联网+"智慧能源，五是"互联网+"普惠金融，六是"互联网+"益民服务，七是"互联网+"高效物流，八是"互联网+"电子商务，九是"互联网+"便捷交通，十是"互联网+"绿色生态，十一是"互联网+"人工智能。《指导意见》提出了推进"互联网+"的七方面保障措施：一是夯实发展基础，二是强化创新驱动，三是营造宽松环境，四是拓展海外合作，五是加强智力建设，六是加强引导支持，七是做好组织实施。

从《指导意见》可以清晰地看到我国"互联网+"的产业布局，不仅要着力做优存量，推动经济提质增效和转型升级，也要着力做大增量，培育新型业态，打造新的增长点。正确合理的"路径选择"对于推动"互联网+"行动至关重要。《指导意见》给"路径选择"提供了空间，明确让产业融合发展拥有广阔空间，企业拥抱互联网将得到开放包容的政策环境。

为深入贯彻落实《指导意见》，国家发展改革委、交通运输部印发关于《推进"互联网+"便捷交通　促进智能交通发展的实施方案》的通知，对交通运输行业"互联网+"提出具体的实施目标，要求交通运输行业立足"十三五"、着眼更长时期的发展需求，逐步形成旅客出行与公务商务、购物消费、休闲娱乐相互渗透的交通移动空间；实现各类交通信息充分开放共享，打破信息不对称，精准对接供需、高效配置资源；逐步构建"三系统、两支撑"的智能交通体系，实现先进技术装备自主开发和规模化应用，交通运输服务效率、资源配置效率以及交通治理能力全面提升。

交通运输部制订了《交通运输信息化"十三五"发展规划》《交通运输标准化"十三五"

发展规划》《综合运输服务“十三五”发展规划》《城市公共交通“十三五”发展纲要》等文件，在基础数据信息、数据交换共享、基础设施设备、网络与信息安全、信用信息标准、互联互通、协调联动、综合运用各类信息资源等方面从顶层对“互联网＋”交通运输展开设计和规范，为行业内产业、企业的发展和技术研发指明了方向。

各省份也抓住这一有利契机，配套发布了地方政府鼓励“互联网＋”交通运输产业发展的相关政策和措施，为整个产业的发展提供了宽松的政策环境，同时积极组织各类发展论坛、展会、比赛等活动，为整个产业的发展营造了良好的氛围。例如，广东省交通运输厅组织的“2016 中国（小谷围）‘互联网＋交通运输’创新创业大赛”通过聚集整合互联网与交通运输行业的创新创业资源，凝聚社会各界力量与有识之士，推动建设“政社产学研”五位一体的创新合作系统，形成各方合力的交通运输行业转型升级“朋友圈”，打造交通运输领域“四众”平台和产业创新示范推广平台。这类活动有力地推动了“互联网＋”交通运输产业企业的交流与互动，为各类创新主体营造了宽松环境，构建了开放包容的发展环境。

三、以新技术为支撑创新驱动

1. 物联网、云计算、大数据、移动互联等新一代信息技术的发展，为交通信息化和智能化带来了新的发展契机

智能交通系统本质上就是将先进的信息技术与交通运输技术相融合，通过对交通信息感知、加工、发布，实现人、车、路之间的信息共享、协同合作，以缓解交通拥堵，减少交通事故，降低交通能源消耗和交通污染，建立高效的交通服务系统。

新一代信息技术的浪潮已经进入社会各个领域，也正在深刻影响着交通运输系统的发展。新技术不仅在技术体系上带来变革，更有对传统理念和模式的颠覆。移动互联与车路协同系统的发展，大大拓宽了交通信息的内容，既可获取实时交通状态信息，更可以远程感知载运工具的运行状态、气体排放等数据。同时，共享、众筹等模式，也彻底改变了以往交通信息采集的传统模式。大数据技术显著提高了交通数据处理分析能力，交通云图解析、智能化监测分析、综合交通协同等为交通管理、决策、规划和运营、服务以及主动安全防范带来更加有效的支持，也为公共安全和社会管理提供了新的理念、模式和手段。

新型载运工具和新技术发展对交通系统带来的变革非常巨大。大容量、智能化载运工具，新型轨道交通，交通跨区域、跨行业电子支付，将对城际交通和城市公交出行服务产生深远影响。车辆电子身份识别、车联网、车路协同等的发展，将极大丰富交通信息来源，提升交通系统运行和安全。智能汽车、通用航空、无人机等，将深刻影响城市交通和物流快递行业。新技术及其理念和模式，正在颠覆或者再造交通运输系统，由此催生智能交通系统技术体系和内容都发生重大变革，孕育着新兴市场和产业。

2. 我国智能交通行业的自主创新能力大幅提升，已经具备了创新发展加速的基础，推动了我国智能交通系统技术的跨越式发展

高速铁路依靠引进消化吸收再创新，目前已实现完全的自主化，技术水平已经从学步

跨越到国际领先；国产大飞机从无到有，实现了中国的“大飞机梦”；交通状态感知与交互、车联网、车路协同、道路安全的智能化管控、新一代空中交通管理等一大批核心关键技术取得重大突破，衍生出一批世界领先的智能交通新技术和新产品，促进了智能交通与信息科技的深度融合与集成应用；基于移动互联网的出行服务模式和产业在不断创新，借助移动互联网、云计算、大数据、物联网等先进技术和理念，国内移动互联企业在近些年取得了长足进步，智能交通与“互联网 +”相融合，形成未来智能交通的新业态和新模式，以满足公众便捷、舒适出行的现实需求。

实践证明，依靠自主创新，我国走出了一条具有中国特色的智能交通发展之路，实现“弯道超车”和跨越式发展，培育形成了新兴产业，国内从事智能交通行业的企业有上千家，智能交通行业快速发展并初步形成与世界先进国家鼎立的局面。万物互联和信息智能交互是未来社会发展的大趋势，各种智能终端和无线网络在交通系统的广泛应用，将带来交通信息获取、交互、应用服务等在模式和效率方面的巨变。未来交通系统中，人、车、路将在互联的环境下实现便捷出行和高效物流，高效运行和安全便捷服务。

四、投融资热度持续升温

1. 国家财税政策对“互联网 +”交通运输产业的扶持力度加大

“互联网 +”是国家当前阶段最重要的发展战略。根据《关于深化中央财政科技计划（专项、基金等）管理改革的方案》的总体部署，中央财政将对现有科技创新基地和平台进行合理归并，进一步优化布局，支持“互联网 +”相关核心技术研发、平台建设和应用示范。通过统筹利用现有财政专项资金、完善政府采购制度、创新风险补偿机制、完善税收扶持政策等四个方面的政策扶持，支持互联网基础设施、应用设施和交通运输公共创新平台建设，大力扶持开展交通运输传统产业融合新产品、新业态、新模式的试点示范。

2. “互联网 +”相关领域成为投资热点

从投资领域来看，迎合现代公众生活的 O2O 领域成为投资重点。有以互联网为媒介的共享经济类平台，如网约车平台、物流信息平台；也有公众较为熟知的各类出行信息服务平台、智慧停车软件等，这些领域逐渐成为近年来“互联网 +”交通运输领域投资的热门。

交通出行服务方面，在腾讯投资滴滴打车和阿里投资快的打车的带动下，包括携程、58 同城、人人网在内的数家互联网企业均对互联网用车类软件进行了较大规模的投资。

物流信息化平台也是互联网业内投资最为频繁的领域之一，仅 2015 年披露的投资规模就已超过 100 亿元。频繁的业内投资一方面体现了物流信息化平台业务发展的火爆局面，另一方面也预示着该领域存在集聚的空间和可能性。

3. 资本线上线下双向进入

除狭义的互联网服务业务外，近年来传统企业利用互联网提供线上服务、互联网企业涉足线下的基础网络和设备制造成为普遍现象，“互联网 +”产业得到资本市场青睐。

传统交通运输产业的物流企业、客运企业、汽车类相关企业等线下企业加紧线上布局,“互联网 +”化趋势明显。一方面,传统企业的线上化转型获得了资本市场认可,如神州专车企业互联网化转型得到资本市场高度认可,获得投资机构数百亿人民币的联合投资。另一方面,多数实力较强的传统企业主动投资线上领域,将线上线下一体化服务定位为当前阶段企业发展重心,未来将形成新模式、新业态下全生态的产业战略布局结构。

行业分析篇

第三章　“互联网 +”交通出行服务

第一节　“互联网 +”城市公共出行

一、概述

城市公共交通是满足人民群众基本出行需求的社会公益性事业，是城市功能正常运转的基础支撑。近年来，随着我国城镇化进程的不断加快，我国城市规模迅速增长，公众出行需求不断加大，各地加快了城市公交基础设施建设步伐，公交车辆保有量、运营线路长度、客运量、运营里程不断增长，智能化装备与系统水平也在不断提高。2012 年，国务院发布了《国务院关于城市优先发展公共交通的指导意见》(国发〔2012〕64 号)，全面实施国家公交优先发展战略，我国城市公共交通事业进入了快速发展的阶段。截至 2015 年底，全国拥有公共汽电车 56.2 万辆、折合 63.3 万标台，其中已安装车载卫星定位终端的公共汽电车运营车辆为 44.1 万辆，占全部运营车辆的 78.4%；公交运营线路 48905 条，总长度 89.4 万公里，其中 BRT 线路长度 3081.2 公里；全年公共汽电车客运量 765.4 亿人次；公共汽电车运营里程 352.3 亿公里；公共交通一卡通售卡量为 5.2 亿张，使用公共交通一卡通的公共汽电车客运量为 342.9 亿人次；出租车辆保有量达到 27 万辆，整体出行需求为 28 亿次/天；我国内地共有 25 座城市开通城市轨道交通运营线路，总长 3293 公里，北京、上海、广州地铁日均客流量更是达到 600 万人次以上(注：数据来源于《2015 年交通运输行业发展统计公报》《城市(县城)客运统计》)。

在全国政协十二届二次会议中，李克强总理提出制定“互联网 +”行动计划，推动移动互联网、云计算、大数据、物联网等与现代制造业结合。2015 年 7 月 4 日，国务院印发《关于积极推进“互联网 +”行动的指导意见》，这意味着“互联网 +”正式上升为国家战略。文件中提出 11 项行动、40 项重点发展任务、7 方面政策举措、25 项具体措施，提出着力创新政府服务模式，夯实网络发展基础，营造安全网络环境，提升公共服务水平，并将“互联网 +”高效物流和“互联网 +”便捷交通作为其中两项重点行动。

2016 年 8 月，国家发改委、交通运输部联合印发《推进“互联网 +”便捷交通　促进智能交通发展的实施方案》，促进交通运输与互联网深度融合，推动交通智能化发展，为我国交通发展现代化提供有力支撑。

随着“互联网 +”与城市公共交通的深度对接，以及新技术在城市公共交通出行信息服务领域的广泛应用，城市公共交通智能化管理水平与信息服务水平将得到进一步提高。随着信息开发共享的推进，站内信息、慢行交通设施信息等信息的进一步整合贯通，移动支付、电子客票、线上预约等服务的普及和深入，城市公共交通信息服务APP必将打通私家车、公共交通、慢行交通等各种交通方式，城市公共交通信息服务将向便捷出行引导的智慧型综合出行信息服务方向发展，为公众提供全链条、全方式、跨区域的综合交通“一站式”信息服务，让移动互联网的发展更好地惠及公众出行。

二、现状分析

1. 发展规模

20世纪90年代末开始，我国互联网蓬勃发展，形成具有国际领先水平的用户规模和普及率，并且培育形成了丰富的互联网应用产品和技术力量，为我国各行业融合互联网，推动技术进步、效率提升和组织变革，提升实体经济创新力和生产力，打造大众创业、万众创新，促进经济提质增效升级奠定了技术、资源条件。

由于交通领域的技术门槛低、连接广泛等特点，交通领域是继零售行业后，互联网（尤其是移动互联网）应用的第二个热点领域，成为资本关注的重点，得到前所未有的青睐。事实上，从2014年以来，淘宝、微信、滴滴打车等基于互联网（移动互联网）的新业态已经在改变着社会经济的运行。基于互联网平台的交通运输服务已延展到长途客运、长途货运、城市货运、铁路、停车、维修、公交、租车、打车、航空等交通行业，出现数百个应用APP，热门手机APP达60余个，累计下载量超过50亿人次 。滴滴打车、快的打车成为出租车行业的热点；携程、去哪儿、铁路12306购票网站等已经实现了航空、铁路的网上便捷购票；百度地图、高德地图成为出行者导航的首选；菜鸟物流走出了物流互联网化的一步；滴滴巴士正在冲击个性化公共出行服务市场；长途客运、城市公交、城市内停车、车辆维修等行业正在蓄势待发。

互联网时代为人们的出行提供了大量的出行信息服务产品，如出行前提前预订旅行机票和酒店（如携程、去哪儿等）、出行中实时路径导航（高德导航、百度地图等）、公交到站信息（百度公交、车来了等）以及智能化停车服务（停车宝、易停等）。随着互联网出行服务的进一步发展，出行行为的计划性将更强并逐渐成为常态，出行之前查看路况、提前安排出行路线已经成为互联网时代人们出行的基本步骤之一，出行的时空分布结构将得到优化。

截至2015年上半年，在网上预订过机票、酒店、火车票或旅游度假产品的网民规模达到2.29亿，较2014年底增长730万人，半年度增长率为3.3%；高德导航用户量达到3亿人，滴滴出行注册乘客达到2.5亿人。小样本抽样调研显示，截至2015年上半年，北京市使用过互联网叫车服务（含顺风车、快车、专车，不含出租车）的人数达700余万人，占总人口的30%以上；注册驾驶人总数达126万人，占总登记驾驶员人数的13%。

2. 创新产品与服务

- **定制公交**

定制公交，也称商务班车，是从小区到单位或从单位到小区的一站直达式班车，是介于常规公交与出租车之间的公共交通服务模式，是为相同出行地点、相同出行时间和相同目的地等出行需求的人群量身定制的一种公共交通服务。市民可以通过专门的网站或移动 APP 服务提出自己的需求，公交公司根据需求和客流情况设计出公交线路。定制公交班车旨在倡导绿色出行、节能减排，具有社会公共服务的性质。

定制公交主要针对的是以自驾或打车为主要出行方式的目标群体，对他们而言，定制公交从经济、环保等方面来讲都是一个不错的选择。从创新出行方式的角度分析，定制公交无疑是绿色出行的新尝试，能够充分利用公交资源，降低出行成本，缓解交通拥堵，通过经济杠杆合理分流不同出行需求的乘客，解决特大型城市上下班出行难的问题；同时，促进了公交线路优化及调整，由单一主管部门和公交企业“卖方市场”决定，转向以乘客需求为本位，更加关注市场、尊重民意。

定制公交具有以下几个特点：

①行驶路线乘客说了算。定制公交把主动权完全交到乘客手里，乘客可在该平台上提出自己的出行需求。

②轻松搞定“打”公交。乘客通过定制公交平台可以提出自己的出行需求，公交集团根据乘客出行需求和客流情况设计商务班车线路，并在定制公交平台上招募乘客、预订座位、在线支付，根据约定的时间、地点、方向开行公交商务班车。

③班车一人一座、一站直达服务。定制公交是针对白领的需求推出的公交商务班车预订服务，如果说常规公交线路相当于飞机上的经济舱，那么这种商务班车就相当于头等舱。定制公交采取网上按月预订座位的方式，一人一座、一站直达，所有班车均使用配备空调的公交车。因此，定制公交的费用比普通公交略高，但仍旧要比自驾车或打出租车节省不少。

④商务班车具备公交优先通行优势。定制公交这一新的通勤模式更便捷，车辆可以走公交专用道。在城区拥堵路段，公交班车的出行效率将高于自驾车。

定制公交具有以下几个方面的优势：

①线路优势。定制公交的优势是停靠的站点少，通常就是从居住小区到单位（或学校）、从单位（或学校）到居住小区的一站直达式班车，相对于停靠站点多、线路长的普通公交来说，定制公交对乘客来说可谓省时省力。

②生活质量优势。像北上广这样的一线大城市，受高房价及外地人口限购等因素影响，不少人在市区上班，但却只能选择在城郊附近、甚至是相邻城市居住，每天上下班时间分别需要 2 ~ 3 小时。因此，有专家提出，定制公交点到点的直达方式，让市民有尊严地出行。

③价格优势。虽然定制公交比普通公交贵得多，但相比于自驾车和出租车，仍旧具有较高的价格优势。北京公交集团为定制公交制定了一个合理的价位，定制商务班车价格约为自驾车的 30%、出租车的 15%。

④乘坐优势。相比普通公交，定制公交最大的乘坐优势在于保证一人一座，而不像普通公交等座、排座、占座、挤座甚至一路无座。此外，目前定制公交车型通常为高端、大气、上档次的旅游客车，车上配有车载移动电视、GPS 系统、冷暖空调、饮用水，有的还覆盖了 Wifi 信号，即便是价格较普通公交要高出一些，但也能让乘客体会到物有所值。

⑤环保优势。目前,全国范围大气污染严重,大量汽车尾气排放超标是造成污染严重的主要原因之一。定制公交将许多有自驾车出行可能的市民聚集在了一辆车上。据相关部门测算,一辆定制公交的开行可以替代20~30辆私家车的使用,能有效缓解拥堵、尾气、停车等问题,不仅为节能环保做出贡献,还有效缓解城市交通压力。

● **共享单车**

无论一个城市的地铁与公交车系统多么完善,也无法完美解决出行者"最后一公里"的问题。在短距离出行方面极具优势的自行车,正好能弥补交通末端的缺陷。几年前全国许多大城市都出现了政府主导的公共自行车,但其借和还必须依赖于特定的还车点和固定的车桩,灵活性和便利度受到了限制。

摩拜和ofo等共享单车的出现,打破了以政府为主导建设公共自行车的做法。以摩拜共享单车为例,用户不需要办卡,仅需通过手机下载APP并缴纳一定的押金后,就可以搜索身边的摩拜单车了,找到车后用手机扫描二维码即可开锁骑车。摩拜单车没有固定停车位,骑行结束后将车辆停放在道路两侧的停放区域,直接锁车即可完成使用。摩拜单车的智能锁配置GPS,既方便用户找车,又方便车辆运营。相比于政府提供的公共自行车,共享单车的便捷性受到市民的欢迎。

相比过去的城市公共自行车,共享单车最大的改进就是取消了停车桩,取消了对单车统一停放、统一入锁的要求,从而将单车变成了随用随骑、随停随锁的共享品。而单车也从静态分布变为实时动态分布,让人们可以通过GPS定位找到离自己最近的单车,方便了人们的骑行需求,提高了单车的利用效率。

共享单车与公共自行车是一种互补关系,公共自行车是政府补贴的公共服务,共享单车是由市民付费的有偿服务,它们会同时并存。

● **共享汽车**

共享汽车,是指许多人合用一辆车,即开车人对车辆只有使用权,而没有所有权,有点类似于在租车行里短时间包车。但它手续简便,打个电话或在网上就可以预约订车。共享汽车一般是通过某个公司来协调车辆,并负责车辆的保险和停放等问题。共享汽车最早出现于20世纪40年代,由瑞士人发明。他们在全国组织了"自驾车合作社",这在瑞士这样的山地国家非常实用,一个人用完车后,便将车钥匙交给下一个人,比在平地国家建立网络更容易。

随着计算机、互联网、电子钥匙和卫星定位系统的发展,今天的共享汽车不仅有了技术保障,而且增加了许多新的内涵。共享汽车的好处之一就是省钱。养私家车虽然方便,但需要支付很多附加费用——月供、汽油费、更换机油的费用、维修费、停车费和保险费等;而共享汽车则将这些费用分摊给众多用户,不用自己独立承担。

共享汽车是公共交通出行的补充,是满足自驾出行的主要交通方式。国外有统计数据表明,一辆共享汽车可以解决14个人的自驾出行需求,非常适合北京、上海、广州等大型城市优化路面交通资源配置。通过共享汽车的运营,使大型城市不用建设太多的停车位,就能满足市民自驾出行的需求,是适合现阶段中国实际情况的解决方案。

共享汽车业务是典型的舶来品。汽车共享领域第一家上市公司是2011年4月25日在美国上市的ZIPCAR公司。目前在国内商业化运营共享汽车的有易多共享汽车和EV-NET两家公司。共享汽车是移动互联网和车联网的复合型业务，属于新兴行业。中国是人口大国，在人均社会资源非常有限、大型城市限车限号越来越严格、买车养车成本越来越高、城市停车位饱和、油价高企等大背景下，汽车消费将是一个困扰社会的新问题，而共享汽车恰恰提供了一种新的解决方案。

• 智慧停车

当前，“停车难、乱停车”严重影响了城市环境与交通秩序。随着“互联网+”的兴起，互联网与停车的深度融合，以智慧停车场、停车APP等为代表的“互联网+”停车新业态迅速发展。纵观我国传统停车行业，行业现有四大痛点：总量缺口大、结构分散、管理散乱、智能化水平低。这直接导致了停车需求端一位难求、停车体验差、停车供给端空置率高、管理成本高等诸多问题。

如今，随着互联网的发展，面向用户端的社交网络和电子商务已日渐成熟。尤其是进入移动互联网时代后，通过智能终端，用户端可以实现普遍联网，移动支付等基础环境日渐完备，互联网下沉实体产业的条件同样已经成熟。

“互联网+”停车通过互联网把分散的停车场连接起来，破除信息孤岛，实现有限停车资源的优化配置。“互联网+”停车市场在共享经济、资本涌入、政策利好三大驱动力下，各种停车APP涌现。

3.投融资概况

• 定制公交投融资概况

“嗒嗒巴士”获得4200万融资。2015年5月，深圳六尺科技旗下定制公交APP“嗒嗒巴士”获得500万天使投资，3700万A轮投资。“嗒嗒巴士”核心团队技术人员大多来自腾讯，创始人为深圳知名运输企业——新国线运输集团的总裁王梓权，联合创始人为中南运输集团资深经理人王金城。

“车来了”完成B轮1500万美元融资。2015年6月，实时公交APP“车来了”获得1500万美元融资，由宽带资本领投，阿里巴巴等跟投。此前，曾于2014年9月获得阿里巴巴500万美元A轮投资，以及顺为基金、真格基金的天使轮投资。目前，该APP已在31个城市上线，日活跃用户数突破150万，覆盖公交车辆100万辆，每日实时处理20亿次查询。

“巴适公交”A轮融资1350万。实时公交查询APP“巴适公交”于2014年末获得了国科海博1350万元的A轮融资。此前，该公司还曾在2013年底获得了大成信达600万元天使投资。目前该APP覆盖的城市暂只有成都，但每天都有80万~100万人次打开APP，日活跃用户数30余万。

实时公交作为一种较为单一的APP服务，其主要作用是吸引用户，在获得用户规模之后，再获取附加价值。但目前除了定制公交，似乎没有更好的突破口，所以类似“车来了”“巴适公交”等都在获得融资后表示，将开展定制公交的运营。车来了还在天津试水了定制公交。

相比较实时公交，综合出行信息服务APP的发展空间会更大一些，而且用户来源也更加多元，不仅是公交出行者，还有私家车车主和乘航班火车出行的乘客等。在人们常用

APP 数量有限的情况下,综合出行信息服务能有效提高 APP 的使用率。深圳谷米科技推出的实时公交 APP“酷米客”已拥有超过 800 万用户,日活跃用户 90 万,覆盖北京、上海、深圳、武汉、杭州、西安、青岛等城市。

而定制公交要依靠本身的运输服务获得利润,几乎是不可能的,不管是小猪巴士、嗒嗒巴士还是北京的接我,都是如此。若要实现盈利,目前来看只能通过附加服务。

实时公交和定制公交都有一定的地域区隔性,这与专车、拼车有着非常大区别。专车、拼车几乎不需要任何许可,就可以上线运营。实时公交领域容易进入,难度不大,与当地公交企业达成合作,获得位置数据即可。而定制公交的开线,不仅要与当地旅运、包车企业达成合作,还要获得当地运管部门的同意,如果当地运管部门较为保守,或者公交企业有较强的反对声音,那么开线的可能性为零。

• 共享单车投融资概况

在共享汽车大获成功之后,共享单车成为 2016 年最为热门的一个创业领域。很多人都认为在 Uber、滴滴的垄断格局下,“破坏式创新者”共享单车将会通过“边缘创新”,复制 Uber、滴滴的成功,从而掀起一场短途出行革命。

从上海的大街小巷到北大的校园,从政府的公益项目到资本下注的创新项目,共享单车正被塑造成自行车界的“优步”和“滴滴”。以摩拜和 ofo 为代表的共享单车在国内突然火爆,二者的融资速度也创造了 2016 年互联网创业公司的新纪录。小鸣单车和优拜单车也先后入局,共享单车市场的竞争已经白热化。

共享单车有可能创造新的商业模式,但本质上做的还是自行车分时租赁的生意。即便共享单车将带来巨大的互联网入口和平台效应,作为重资产投入运营的公共自行车,仍然绕不过硬件设计和运营效率的问题。

目前,共享单车主要有摩拜单车、ofo 单车和小鸣单车等公司参与。尽管摩拜单车目前只在上海、北京等少数城市投放,ofo 也刚刚从校园市场走入公共市场,但它们所代表的共享单车类创业项目,在短期内引起了大量资本的疯狂加持。投资者阵容的豪华程度,堪比当年的打车市场。

2016 年 10 月 10 日,ofo 宣布完成了 1.3 亿美元 C 轮融资,其中包括两周前滴滴出行数千万美元的 C1 轮战略投资及新宣布的 C2 轮融资。C2 轮融资由美国对冲基金 Coatue、小米、中信产业基金领投,元璟资本、俄罗斯投资人 Yuri Milner、经纬中国、金沙江创投等机构跟投。

针锋相对,摩拜单车在 10 月 13 日宣布完成了最新一轮的融资。投资方包括高瓴资本、美国华平投资集团、腾讯、红杉资本、启明创投、贝塔斯曼、愉悦资本、熊猫资本、祥峰投资和创新工场等多家投资机构,此外还得到美团创始人王兴的个人投资。

继摩拜和 ofo 的“橙黄之战”之后,又一家名为“小鸣单车”的共享单车项目露出水面。2016 年 8 月完成数千万元人民币天使融资的小鸣单车,9 月宣布完成 1 亿元人民币的 A 轮融资。

• 共享汽车投融资概况

自从互联网席卷汽车市场后以来,国内大批人员投入这一规模为数千亿元人民币的

庞大市场。其中,有些是从零开始,有些是转型而来。汽车后市场 APP 大体可以分为三类:

(1)用车。所谓用车,即从用车需求切入,如租车、拼车、打车等。由此衍生出多种租车、打车模式,如 P2P 租车、专车等。这类模式简单、直接,但是门槛低,相关公司比拼产品运营、推广,一场混战之后,可能只有 2 ~3 家能够存活下来。

(2)养车。

(3)汽车金融。

2017 年 2 月,共享汽车品牌“Pony Car(马上用车)”正式宣布完成 5000 万元的 A 轮融资,投资方有中致远汽车集团和国信基金。

● 互联网停车投融资概况

互联网停车主要有四类参与者:创业型公司、智能停车设备商、市政交管部门和 BAT(即百度、腾讯、阿里巴巴)。目前以创业公司和智能停车设备商为主,BAT 只是轻度参与。

(1)创业型公司。互联网停车风起,大量创业型公司涌入,如停车百事通、ETCP、丁丁停车、e 代泊等。资源是创业型公司的短板,因而它们大多采用轻资产模式切入这一领域。

(2)智能停车设备商。智能停车设备商乘“互联网 +”的东风,从单纯的智能停车软硬件提供商向“智能停车设备云平台”全套解决方案提供商转型升级,具备软硬件技术优势,而积累的停车场客户则构成资源优势。如无忧停车、捷顺科技(捷停车)、安居宝、立方控股(行呗)等。

(3)市政交管部门。市政交管部门掌握路侧停车位及路外公共停车场(以北京为例,市政交管部门掌握 16.65% 的停车位),具有资源优势,同时财力雄厚,整合能力强。如深圳市道路交通管理事务中心的“宜停车”、上海市交通委的“上海停车”。

(4)BAT。与“互联网 +”打车被阿里巴巴和腾讯独霸不同,BAT 在“互联网 +”停车领域仅是轻度参与。腾讯以微信公众号和微信支付、百度以百度地图和百度钱包、阿里以支付宝和高德地图切入互联网停车领域,主要是以地图、支付应用和流量入口应用对停车 APP 进行整合、嵌入。

总之,2015 年和 2016 年是“互联网 +”交通运输行业相当热闹的年份,“互联网 +”交通运输成为“明星行业”。从 2015 年初神州租车在 60 城市上线、曾经是竞争对手的滴滴与快的合并,到年中神州专车在广告中高调叫板竞争对手滴滴、Uber,以及滴滴拿到 30 亿美元巨额融资,再到年末各大二手车电商激烈竞争,而以滴滴、Uber 为主的补贴大战更是贯穿全年。2016 年,“互联网 +”交通运输领域更加活跃,创新产品不断涌现,政策环境逐渐明朗:7 月 28 日,随着《关于深化改革推进出租汽车行业健康发展的指导意见》《网络预约出租汽车经营服务管理暂行办法》对外公布,酝酿两年之久的出租汽车改革及网约车新政方案终于揭开神秘面纱;8 月 1 日,滴滴与 Uber 合并。在“互联网 +”交通运输前景一片大好、尚未冒出成熟巨头的情况下,互联网巨头和资本纷纷撒下巨金以期缔造下一个“BAT”。

● 产业政策环境

交通运输作为人类社交活动、商品交易的支撑,不仅对城市建设和社会发展具有重要影响力，而且与科学技术发展存在紧密的互动关系。纵观交通发展史，每次科学技术的进步都带来交通运输方式的改变，交通运输方式的进步又支撑起社会经济发展和科技进步。同时，在交通行业的发展变革过程中，每一次出现新的交通运输方式，都会伴随着传统模式与新模式之间的冲突、转变，运输的需求和供给双方都需要有一个逐渐转变和相互适应过程。

在以互联网为核心的全球新一轮科技革命和产业变革中，互联网及大数据、云计算等技术的进步，给人们的生活环境、生产方式带来巨大影响。互联网时代正在影响着交通发展，改变着人们的出行方式、运输服务经营和供给模式，并且对政府的交通监管和服务提出新的要求。

在全国政协十二届二次会议中，李克强总理提出要制定“互联网＋”行动计划，这意味着“互联网＋”正式上升为国家战略。2015 年 7 月初，国务院印发《关于积极推进“互联网＋”行动的指导意见》（以下简称《指导意见》），提出 11 项行动、40 项重点发展任务、7 方面政策举措、25 项具体措施。《指导意见》既是新常态下推动互联网与各行业、各领域深度融合的行动纲领，也是引导未来 10 年经济社会发展的战略蓝图。《指导意见》围绕转型升级任务迫切、融合创新特点明显、人民群众最关心的领域，提出了 11 个具体行动，其中“互联网＋”便捷交通的具体行动为提升交通基础设施、运输工具、运行信息的互联网化水平，创新便捷化交通运输服务。

2016 年 8 月，国家发展和改革委员会、交通运输部联合印发《推进“互联网＋”便捷交通促进智能交通发展的实施方案》（以下简称《实施方案》），促进交通与互联网深度融合，推动交通智能化发展，为我国交通发展现代化提供有力支撑。《实施方案》明确实施“互联网＋”便捷交通重点示范项目 27 项，到 2018 年基本实现公众通过移动互联终端及时获取交通动态信息，掌上完成导航、票务和支付等客运全程“一站式”服务，提升用户出行体验；基本实现重点城市群内交通一卡通互联互通，重点营运车辆（船舶）“一网联控”；线上线下企业加快融合，在全国骨干物流通道率先实现“一单到底”；基本实现交通基础设施、载运工具、运行信息等的互联网化，系统运行更加安全高效。

在完善智能运输服务系统方面，《实施方案》提出：打造“畅行中国”信息服务，形成涵盖运输、停车、租赁、修理、救援、衍生服务等领域的综合出行信息服务平台，实现实时、多样化的信息查询、发布与反馈；实现“一站式”票务支付；推进 ETC 系统拓展应用，力争 3 年内客车 ETC 使用率达到 50% 以上；推广北斗卫星导航系统，鼓励汽车厂商预装北斗用户端产品，推动北斗模块成为车载导航设备和智能手机的标准配置；推动运输企业与互联网企业融合发展等。

构建智能运行管理系统、健全智能决策支持系统是《实施方案》的“重头戏”。《实施方案》明确，完善交通管理控制系统，提升装备和载运工具自动化水平，鼓励研发定制化智能交通工具，推进旅客联程联运和货物多式联运。同时，《实施方案》提出，健全智能决策支持系统，建设安全监管应急救援系统，完善决策管理支持系统，充分利用政府、企业、科研机构、社会组织等的数据资源，挖掘分析人口迁徙、公众出行等的特征和规律，加强对交通规划建设、运营管理和政策制定等决策的支撑。

加强智能交通基础设施支撑是关键基础。根据《实施方案》,我国将建设先进的感知监测系统,形成动态感知、全面覆盖、泛在互联的交通运输运行监控体系;构建下一代交通信息基础网络,加快车联网、船联网建设,在民航、高铁等载运工具及重要交通线路、客运枢纽站点提供高速无线接入互联网的公共服务,扩大网络覆盖面;强化交通运输信息开放共享,鼓励发展交通大数据企业,提升处理和分析能力,创新数据产品,更好支撑企业运营管理和政府决策。

4. 当前问题分析

• 定制公交

首先,公共交通是享受政府财政补贴且服务于公众的公益性事业,而定位于为白领阶层提供专享出行服务的定制公交在是否挤占公共资源方面遭到质疑。定制公交被允许在公交专用车道上行驶,很多乘坐普通公交车的乘客担忧,本就拥堵的道路,会不会因为定制公交的出现而更加拥堵;同时,在原本紧张的公交运力中“抽血”去为私人“定制”,无疑会人为加剧公交乘车难的问题。大部分人认为公交公司应当致力于完善现有公共交通,优先解决大多数人的出行问题,在车辆资源有富余的情况下,再考虑提供多样化的出行选项。

其次,对于开通定制公交的车辆,是否应享受政府财政补贴也存在争议。公交属于政策性亏损行业,政府每年都要给予公交公司大量资金补贴,公交公司不能拿着国家补贴还高收费,也不能把原本的大众化交通工具变成为一部分人的专属品。

再次,定制公交容易造成公交资源的浪费。固定人员,固定时间,定点接送完之后,私人定制公交车只能停留在终点长时间等待,无形中浪费了公共资源。如何让私人定制公交车“动”起来是尚待破解的难题。

最后,定制公交的盈利问题。作为一种新兴的公共交通服务模式,定制公交需要一个被认识和接受的过程,很多市民目前对定制公交持观望态度。因此,定制公交线路普遍存在上座率不高、运营亏本的问题。如果项目和企业不能有效地找到盈利模式,定制公交只会成为一个小范围的尝试,不会对公共交通出行带来大的改变。

• 共享单车

由于弥补了传统公共自行车找车不易、停车难等问题,扫码即走、随骑随停的摩拜、ofo等共享单车一经推出,便吸引了众多关注。然而从最初的“实心车胎太重,座椅无法调节,难骑”“定位不准,不好找”,到“违停车辆”“车辆被个别人私藏”,再到最近有关其“不退充值余额”“盈利模式模糊”等质疑,共享单车的发展之路可谓麻烦不断。

根据北京市交通委2016年7月发布的第五次综合交通调查结果,选用自行车出行的比例持续下滑。不骑车出行的被调查者中,34%的人认为出行距离过远,15%的人认为消耗体力,16%的人认为出行环境差,还有24%的人认为公共交通经济快捷,无须骑车。

自行车出行环境差,出行基础设施无法保障,是影响公共自行车发展的另一大因素。近年来,随着我国城市机动化水平的不断提升,城市的规划设计往往都以优先满足迅猛发展的私家车的需求为首要任务,在规划过程中较少考虑自行车出行方式,大量自行车出行空间被机动车侵占,机动车占道停车、机非混行现象非常严重,部分道路甚至直接取消了自行车道，造成自行车出行环境恶化，导致自行车出行比例不断下降，这也是自行车共享交通系统在某些城市无法顺利推行的原因。数据显示，当前北京五环内的自行车专用道长度大约只有700公里，还经常被路侧停车挤占。这使得骑行者常常无路可走，不得不与飞驰的机动车同行，危险系数陡增。因此，在推行自行车共享交通系统站点成网的同时，还需要保障城市自行车专用道成网。

一边是“缓解交通拥挤”“倡导健康出行”这些美丽的初衷，一边是“无时无刻不被占用的自行车道”“持续不断的雾霾”“找车全靠运气”的现状，在丰满的理想与骨感的现实之间，共享单车行业将如何实现平衡，现在仍旧不得而知。

• 共享汽车

关于当下的汽车行业，有许多美好的未来值得憧憬，如自动驾驶、无人驾驶、共享汽车等等。但是在共享汽车概念的迅速蔓延给传统汽车企业带来别样的生机的同时，政策、技术、环境、人员、安全和成本等方面都提出了非常多的问题与严峻的挑战。

首先是政策。政策是共享汽车无法回避的一个问题。任何广泛涉及民生的技术和颠覆性的商业模式，都必须首先获得政府政策上的许可，否则就是“非法经营”。共享汽车正面临这样的政策法规认可的问题。

共享出行给乘客带来了极大便利，以往在街头拦车、等车的情况再也不需要了，但是共享出行给传统出租车业带来了巨大冲击。在出租车刚开始兴起的时候，其实也面临着相同的问题。美国曾经就为限制出租车的数量，颁布相应的法规，规定出租车必须获得特许经营，只有获得官方牌照才是合法的。同样，当共享汽车模式出现后，因为对于现有法规和出租车行业的挑战，Uber 自创立之初，便一直与各种法律问题纠缠。目前，Uber 在澳大利亚、法国、美国等不同国家和地区仍面对不同级别的法律风险或禁令。在中国市场，Uber 亦曾遭遇多次调查和整治。随着2016年3月2日国家发展和改革委员会等10部委出台《关于促进绿色消费的指导意见》，提出支持发展共享经济，鼓励个人闲置资源有效利用，有序发展网络预约拼车、自有车辆租赁，创新监管方式，完善信用体系。政策的口风终于开始变化，变得有利于共享汽车的发展。这一改变是可以预见的，像北上广等大城市，汽车的保有量本来就非常巨大，汽车拥堵给城市造成的压力是巨大的。而共享汽车如果使用得当，在合理的监管下可以有效地减少汽车的购买和使用。有报告称，一辆充分利用的共享汽车可替代17辆私家车，这就为共享出行能够解决汽车拥堵问题提供了很好的证据。

其次是安全与责任问题。2016年5月2日深圳小学女教师乘坐滴滴快车返校途中遇害事件对共享出行的安全性提出了严峻挑战。滴滴在官方微博回应了女教师遇害的事件，滴滴表示：将会承担责任，处理好善后工作；最大限度地保障乘客安全，通过严格筛查驾驶人背景，将有犯罪记录的人排除在外；在 APP 上设置一键报警，乘客遭遇安全问题可一键拨打当地报警电话；为每个乘客投保意外伤害险，最高赔付120万元。然而，要想百分之百消除不安全因素是不可能的，只能寄希望于共享出行巨头能够加快安全技术的研发和应用，保障出行安全。

除了无法管控驾驶人的品行问题，同样，滴滴们也无法管控驾驶人的质量。驾驶人素质和驾驶技术等也是影响出行安全的重要因素。当前很多出租车驾驶人、专车驾驶人，将手机放在中控台上，或是用手机支架夹着，一边盯手机一边开车，这带来了巨大的安全隐患。

再次是体验和服务。经过最初的烧钱买客户的阶段，当市场冷静之后比拼的还是服务和消费者对这种服务模式的体验。目前共享出行最大的客户主要是商务出行、休闲旅游和日常出行的人群。虽然消费者对汽车租赁的认识已经到了一个较高的程度，但曾经租赁或有计划租赁车辆的消费者仍相对较少，这是因为相比于租赁车辆，自己拥有汽车可以带来更好的体验。因此，如果共享汽车能够保持较高的舒适度、整洁度，提供更好的服务和消费体验，会有越来越多的人选择共享出行。

此外，当前共享出行领域的企业尚未找到可靠的盈利模式，靠烧钱对消费者进行补贴的方式来维持客户黏度。如果未来不能及时找到合适的盈利模式并让利于消费者，习惯了补贴模式的消费者必然对产品产生抱怨。

最后也是最为核心的地方——盈利模式。做项目做企业的最终目的就是赚钱，资本投入的目的也是获利。如果共享汽车类的项目和企业不能找到有效的盈利模式，只会让后续投资更加谨慎。2015 年 5 月 26 日，由宝驾出行等发起倡议的“526 汽车工程”在京启动，该工程将重点搭建电动汽车分时租赁业务、共享汽车云平台以及行业会员服务联盟，组织协调相关企事业单位统一运营，避免新能源汽车分时租赁领域各自为战。这其实就是共享汽车平台主动探索盈利模式所采取的举措。尤其是当下许多汽车 O2O 项目接连倒闭，更是让这些新兴领域从业者如履薄冰。能否盈利是这些汽车类项目最痛的痛点，也是关乎存亡的关键点。

三、商业模式分析

1. 共享单车商业模式

目前，共享单车领域最主要的三家公司——摩拜单车、ofo 单车、小鸣单车，其商业模式都还不太明朗，依靠终端用户租用费用、广告和模式输出的收入都非常有限，摩拜单车和它的同行们可能很长时间里都赚不到钱，只是在以创业之名做“公益”。

2. 共享汽车商业模式

拨开共享汽车纷繁复杂的平台和产品，从具体运作模式来看，目前共享汽车大致有以下四种类型：

①自有车队共享模式。国外以美国 Zipcar 和戴姆勒 Car2go 为代表，国内如北京易卡租车、杭州车纷享等。

②配驾约租车共享模式。配驾约租车共享模式在国外以 Uber 为代表，国内则有易到用车、滴滴等。在中国市场，滴滴快车和易到用车经常会被拿来跟 Uber 相提并论。易到用车是中国第一家预约车服务平台，通过平台把分散车源的闲置零碎时间调用起来，再把用户的需求跟驾驶人的位置和时间匹配上，所以它们不是租车公司，而是一个信息服务平台。

③P2P 租车共享模式。国外以 Relayrides、Getaround 等私家车自驾平台为代表，国内

以PP租车为代表。

④P2P拼车共享模式。国外以Lyft为代表,国内如哈哈拼车等。

3.智慧停车商业模式

目前互联网停车主要有五种模式:车位信息共享、全流程优化、车位预定B2C(Business to Customer,商对客)、车位共享P2P及代客泊车。互联网停车全流程如图3-1所示。

图3-1 互联网停车全流程

● 车位信息共享模式

这种模式的特点为"轻资产+集成数据+进场服务"。该模式以轻资产方式,充分利用既有智能停车设备,通过咪表、智能停车管理系统、停车库发卡机等将智能停车场联网,集成实时空余车位信息,打破信息孤岛,实现车位信息共享,为用户提供车位搜索推荐、停车场导航的进场服务,节约搜寻成本。此外,还收集停车场的静态信息,包括名称、位置、车位总量、出/入口+POI(Point of Interest,兴趣点)+信息、营业时间、收费标准、照片等,部分APP还整合了停车场周边服务设施信息,如洗车、充电桩情况等。该模式的核心是信息,广覆盖、准确可靠的实时空余车位信息是关键。

车位信息共享模式的优点是轻资产,可以低成本快速复制。瓶颈在于难以形成实时车位信息的广覆盖和准确可靠,这是因为停车场智能化水平低、数据标准不一、集成难度大,而且停车场经营方免费开放数据的意愿不强。因此,一些APP通过算法估算空余车位数量,对集成数据进行校准、补充。目前,大多数APP静态信息的准确度有待提高,实时空余车位信息的可靠性堪忧。

盈利模式:车位信息免费共享;从进场服务切入车位预定,未来可能收取交易佣金;通过汽车后市场等实现流量变现(如停车百事通);向导航及地图商客户提供实时车位数据服务,实现数据变现(如Parkme)。

车位信息共享模式的典型案例有美国的Parkme和国内的停车百事通。

● 全流程优化模式

这种模式的特点为"重资产+铺设备+流程服务"。该模式以重资产方式,通过铺设智能停车设备,实现停车场的智能化和互联网化,为个人车主用户提供空车位搜索/匹配、车位预约/预定、车场导航、车位导航、反向寻车及快捷支付的全流程的停车优化服务,同时深度介入停车场运营管理,为停车场增益堵漏、提升管理效率,实现停车场无人值守。由于线下资源具有独占性,该模式的核心是标准化、快速的复制,抢夺停车场资源。

优点:重资产,打入停车场后用户黏性大,同时所获取的实时车位信息更精确、质量高。瓶颈在于线下太重,进入停车场需逐个停车场突破,利益分享谈判、智能设备安装、改造、维修、升级,推进慢,难以标准化复制,需要大量的地推团队。国内一些企业(如ETCP、无忧停车等)甚至采取免费赠送设备的策略,加速停车场渗透,但需要强大的资本支持。

盈利模式:对个人用户免费;协助停车场运营管理方提升运营效率、降低人力成本、提高周转率及收入,预计向停车场收取停车费交易分成是主要盈利点;延伸至包括洗护养修的“车生活”范畴,切入汽车后市场实现流量变现。

全流程优化模式的典型案例有美国的 Streetline,国内的 ETCP、无忧停车和宜停车等。

• 车位预定 B2C 模式

该模式将停车场联网,提供车位预订服务。停车场运营方通过平台发布可预订的车位信息,车主在平台查询、预订车位。国内由于停车场智能化水平低,比较少采用该模式。该模式的盈利方式为收取预定服务费。

车位预定 B2C 模式的典型案例为英国的 JustPark。

• 车位共享 P2P 模式

共享车位,盘活闲置停车资源。该模式通过打造车主的车位共享平台,为有车位的、想停车的车主提供对接服务,盘活车位空闲时间,提高车位的使用率,为业主创收,为车主解决停车难问题。目前主要有两种路线:一种如 Sweetch 和 MonkeyParking 等采用轻资产模式,一种如丁丁停车和悠悠泊车采用智能地锁、物联网车位锁 + APP 的模式。

车位共享 P2P 模式问题更倾向于依赖弹性社交,对守时性、突发状况估计不足,很容易导致客户体验不佳,而且难以规范情理之中、意料之外的突发状况。同时,车位共享 P2P 模式,不仅涉及平台和直接用户,还不可避免地会牵扯到物业、停车管理公司,这会形成线下地推的瓶颈。此外,在该应用场景下,高频交易的双方可能合谋绕开平台。

盈利模式:参与车位共享产生收益分成,由于牵扯到物业、停车管理公司,一些 APP 也让物业分享一部分收益(如丁丁停车)。

车位共享 P2P 模式的典型案例为美国的 MonkeyParking 和国内的丁丁停车。

代客泊车模式:人工代泊,盈利模式最清晰。

该模式以代泊员代为停车,使车主从停车难中完全解放出来,节约车主的时间成本,同时把代泊点附近的空闲停车资源盘活,实现以时间换空间。

代客泊车模式瓶颈:车辆长时间脱离车主控制,安全和信任问题是车主接受代客泊车模式的主要障碍,破解这两个问题是该模式推广的核心所在。主要破解手段有:布设摄像头 24 小时全方位监控;停车完成后,拍下里程表和油表,以便用户取车时比对;e 代泊自主研发了云柜车钥匙保管系统;代泊险等。

盈利模式:代客泊车模式盈利模式最清晰,直接收取代客泊车服务费,且其目标客户是高时间价值车主,价格敏感度低。同时,汽车后市场也是盈利重点,替车主在停车空闲期间洗车、维护是顺势之需。

四、趋势分析

互联网与经济社会的交汇融合将进一步引发大数据、云计算、物联网发展,成为新时代国家基础性战略资源,对全球生产、流通、分配和消费活动以及经济运行机制、社会生活方式和国家治理能力产生重要影响。在互联网时代,交通运输服务在人们出行需求、运载工具、交通服务模式和行业监管模式等方面形成新的发展趋势。

1. 出行舒适度和计划性的需求将增强

互联网将进一步打破空间距离对人们工作、社交、购物等方面的障碍,使得人们出行需求的弹性增大，尤其是购物、就餐等容易实现上门服务的出行需求。在选择余地增大的前提下，人们对于出行服务舒适度的要求相应增高。与其在道路上拥堵，不如选择坐等上门服务。

路径导航、网上购票、网上值机、远程预订停车位等互联网交通服务的普及，将进一步优化人们出行活动安排的计划性、组织性；以快递、上门服务等服务商为主体的集约化出行，为交通时空分布的优化提供了更大的发挥空间，有组织的物流运输将成为道路交通的主要构成部分之一。

2. 集约化的公共交通仍将是城市交通的主体

城市交通资源的有限性，决定了集约化、大运量的公共交通在未来仍将是城市交通的主体。基于个人小汽车的、大量占用交通资源的个体机动化交通只能占补充地位，政府需要对其在发展规模、税收等方面进行约束。

公共交通将与互联网相结合，更加注重服务类型的多元化和服务内容的精细化，通过差异化、多样式的服务形式，合理发挥运力资源，满足不同出行者对时效性、便捷性、经济性、舒适性和安全性的需求，同时兼顾个性化出行。

3. 车路协同和无人驾驶将深刻改变城市交通运行和资源使用

车路协同是物联网在交通系统的典型应用。车路协同全方位实施车车、车路动态实时信息交互，并在全时空动态交通信息采集与融合的基础上开展车辆主动安全控制和道路协同管理，充分实现人、车、路的有效协同，保证交通安全，提高通行效率，从而形成安全、高效和环保的道路交通系统。

无人驾驶汽车也可以称为轮式移动机器人，主要利用车载传感器来感知车辆周围环境，中央电脑根据感知所获得的道路、车辆位置和障碍物信息，控制车辆的转向和速度，实现车辆在无人操作情况下的自动驾驶。无人驾驶是汽车行业颠覆性的技术革命。结合车路协同技术，无人驾驶技术能够更精确地感知周围环境，优化车辆控制算法，提高无人驾驶车辆的行驶安全性、便捷性，合理规划驾驶路径等。

目前，美国谷歌(Google)无人驾驶汽车已经完成超过150万公里的真实道路行驶；美国内华达州、加利福尼亚州等四个州已经立法允许无人驾驶汽车上路行驶；英国开始允许无人驾驶汽车在公路上行驶，并为此修订了道路交通规则。随着互联网技术的进一步发展，无人驾驶汽车将逐渐实现产业化、民用化，成为全新的城市交通出行、客运和货运工具。

无人驾驶汽车由电脑自动控制，车辆机动性能大幅提高，从而解决人工驾驶反应时间带来的道路通行能力瓶颈。无人驾驶配以车路协同，将推动城市空间资源的优化配置，对信号控制、道路设计、平面和立体交叉口设计、停车场地布局等都提出了新的要求。此外，无人驾驶汽车不需要人工操作，不存在工作时长、工作环境等方面的制约，车辆可以长时间、高负荷、有组织地使用，改变交通行业劳动力需求。

4. 未来交通监管模式将日趋数字化和跨界化

在互联网的时代背景下，未来的交通监管模式也将会呈现如下新的发展趋势：

①交通监管手段日趋数字化。随着技术的进步，互联网、移动互联网和交通物联网

(车联网)技术成本的降低和相关应用的快速普及,未来的城市交通监管工作也将进入数字化时代。紧随时代步伐,应用互联网传播手段,基于交通大数据分析技术,开展数字化交通监管是未来城市交通监管的重要趋势。

②交通监管内容更加丰富。互联网时代对城市交通的监管提出了更高的要求。政府监管需兼顾传统行业和创新型行业,统筹公益保障性行业和市场化行业,公平分配城市基础设施资源,监督行业运行安全和交通大数据安全,维护市场的公平竞争环境,维持交通行业的稳定发展,培育创新环境,保障城市交通系统的可持续发展。

③交通监管的侧重点向保障公益性出行倾斜。随着经济的快速发展,百姓已经愿意多花一点钱享受精细化、个性化的出行服务,这部分服务完全可以通过商业化的市场手段实现。政府需要更注重对公益性出行的保障,维护城市交通基础设施的公平分配,保障弱势群体的出行需求。

④跨界监管成为常态。随着“互联网 +”交通运输的发展,未来必将有越来越多的跨界经营企业进入交通运输行业。对这些企业的监管常常超出交通运输行业本身的监管范畴,需要包括金融、计算机、互联网等在内各个行业的协同配合,实施跨界监督和管理。

五、建议措施

互联网与交通运输行业的深度融合,将推动交通运输行业技术进步、效率提升和组织变革,提升交通运输行业的创新力和生产力,是交通运输行业提质增效、转型升级、惠民服务的重要支撑。互联网在交通运输行业的融合发展具有广阔前景和无限潜力,是不可阻挡的时代潮流。但目前也存在认识不清楚、思想不统一、能力跟不上、规制不健全等问题,亟待加以解决。为加快互联网与交通运输行业的深入融合和创新发展,主动适应和引领互联网时代交通运输发展,提出如下“五项原则、七项工程”。

1. 推进“互联网 +”交通运输发展的五项原则

• 坚持公共交通在道路资源使用中的优先地位

交通运输的本质是城市交通出行、客货运输的最大化和最优化。社会公众对交通资源占用的公平性和基本出行服务的充分满足,是政府行业管理的首要职责。在“互联网 +”交通运输发展过程中,需要正确区分城市居民的基本出行需求和部分群体的特殊需求。城市基础设施的承载能力有限,供给不可能无限制地满足需求。

在此前提下,区分市场特殊服务和城市公共服务,并通过税收杠杆、特许经营,调控不同交通方式、运营模式,实现对资源占用的均衡。原则上,在交通资源分配中,应首先考虑公共交通,其次是部分人群的特殊需求。

• 明确企业在运输服务中的责任主体地位

重视对企业的责任要求,强化企业提供优质服务、保障出行安全、规范运营的主体意识和责任。在此基础上,发挥市场在资源配置中的决定性作用,完善市场准入制度和事中事后监督考核,加大减政放权力度,通过法制建设公平竞争的发展环境。

主动应用互联网,将互联网技术和模式引入到行业监管中,拓展行业监管思路和渠道,扩大行业监管范围,维护行业公平竞争,提高行业监管效率。

• 重视互联网在交通运输服务中的再生产作用

鼓励、引导运输服务企业应用互联网,充分发挥互联网的规模优势和应用优势,推动互联网向交通运输服务生产领域拓展,做优存量、做大增量,加速提升交通行业发展水平,增强行业服务能力。

转变传统以基础设施建设为主的供给增长模式,通过互联网应用、信息技术应用,引导交通需求合理分布,引导发展差异化、错位互补的多种交通运输服务模式,强化不同服务模式的配合和联运,通过增加服务规模和提高服务质量实现交通运输供给能力的增长。

• 重视对交通运输行业创新的扶持和引导

扩大交通运输行业基础数据资源的开放和共享,构建普惠的创新政策扶持体系,营造开放包容的发展环境,扶持交通运输行业大众创业、万众创新,形成交通发展的新动力、新增长点。

围绕交通运输行业发展目标和服务定位,围绕交通服务的转型升级、提质增效,主动引导交通运输行业创新发展方向,形成发展合力。

• 区别对待互联网时代交通运输行业变革的快慢关系

深入学习交通运输行业发展历史经验、国际经验,正确认识互联网时代下交通运输行业变革过程中的各种现象。坚持“有利于交通行业资源公平分配,有利于公共交通服务提升”的底线思维,区分交通运输行业变革过程中根本矛盾和过程现象,理性对待社会舆论的影响。

2. 近期重点开展的七项工程

• “互联网+”交通运输顶层设计

围绕交通运输行业的提质增效和转型升级,围绕城市交通发展和服务需求,科学论证“互联网+”在交通运输行业监管、服务中的应用需求,设计“互联网+”交通运输的顶层设计方案,明确发展思路、步骤和分工。以此为基础,有序推进互联网思维和技术在交通运输行业的应用与发展。

• “互联网+”行业认知活动

组织、引导交通运输行业各级从业人员主动学习互联网知识,了解互联网的技术特点和优缺点,总结学习国际、国内应用互联网的经验教训,结合部门职责和自身工作,积极创新,改进工作方法,提升技术能力,适应“互联网+”交通运输,力争引领“互联网+”交通运输。

• 交通运输大数据平台建设工程

促进与云平台企业合作,在保证数据安全的前提下,建设交通运输行业大数据云计算中心,实现基于云平台的行业监管工作数据支持、智能化分析计算资源支持、公众信息服务并发能力支持等,重点解决行业大数据在底层管理部门、中心企业应用的技术能力瓶颈。

• 交通运输数据资源开放与共享工程

建立交通运输行业数据标准体系,规范数据资源的内容、质量,搭建标准化环境。选择不涉及个人和企业隐私、不危及行业安全的数据,推进数据资源的开放与共享,为企业创业和创新提供数据资源支持,为研究机构提供交通运输数据研究环境。积极与互联网公司、社会数据资源企业合作，汇聚行业数据资源，支持政府行业管理和决策的数据资源需求，实现行业数据资源面向公众、市场的广泛开放、共享、交换和应用。

• 交通运输服务行业信用体系建设工程

从具备条件的部分领域入手，逐步建立健全交通运输服务行业的信用体系，并与公安、税务、环保等部门实现信息互通共享，建立健全失信联合惩戒机制，实现以信用信誉考核为核心的交通运输行业事前准入、事中事后监管，建立交通运输行业劣质服务的黑名单，提升政府的行业监管能力和决策效率。

• 交通运输行业创新培育工程

逐步清理和废除阻碍行业创新、大众创业的陈规陋习，增加公共资源和服务的开放，组织创新培训和教育体系，健全创业人才培养和流动机制，改革科技成果应用方式方法，培育交通运输行业创新氛围。围绕交通运输行业发展需求，有意识地培育交通运输产业创新产品，形成交通运输服务供给的新增长点、交通运输产业市场的新动力。

• 未来交通运输前沿探索工程

开展无人驾驶、交通物联网、共享经济等前沿技术和手段对交通运输资源使用和管理模式影响的研究，开展交通大数据算法、交通理论模型等基础应用技术的研究，主动探索未来交通运输发展趋势，提前掌握科技发展动态，未雨绸缪，做好预判。

六、热点分析

1. 定制公交

当前，以移动互联网、大数据、云计算、物联网等为代表的新一轮科技浪潮风起云涌，对人们思维模式、行为方式、生活习惯等产生了革命性、颠覆式的影响。和传统的出租行业一样，公交行业也面临着移动互联网的巨大冲击。据了解，在深圳，滴滴巴士、嗒嗒巴士等互联网企业与有资质的运输公司进行合作，至少已推出了1000多条网络定制班车线路。这种新型定制巴士的出现，冲击了传统公交行业，倒逼公交行业进行改革。

定制公交采用一人一座、一站直达的服务方式，乘客需按月预订座位，费用远远低于自驾车和乘坐出租车。这种公交服务新模式不但减轻了交通堵塞，实现了绿色出行，而且减轻了写字楼密集区域停车难问题，降低了出行成本，充分满足了个性化需求。定制公交采取“先招人，再定线”的方式运营，真正做到为乘客定制。

• 热点一：“高端”还是“省钱”

定制公交是根据市民提出需求设计班车线路，属于一人一座、一站直达式班车，被戏称为“白领阶层的高端菜”。以北京为例，定制公交乘坐收费标准为：20公里（含）以内8元，每增加5公里（含）以内增加3元。北京市定制公交票价从8元到32元不等，与北京普通的公交票价相比，确实颇显“高端”，然而，对自驾出行和打车一族来讲，定制公交的票价无疑可以减少出行成本，也在普通人的承受范围之内。

• 热点二：定制公交是否挤占公共资源

公共交通是享受政府财政补贴且服务于公众的公益性事业，而定位于为白领阶层提供专享出行服务的定制公交在是否挤占公共资源方面遭到质疑。定制公交被允许在公交专用车道上行驶,很多乘坐普通公交车的乘客担忧,本就拥堵的道路,会不会因为定制公交的出现而更加拥堵;同时,在原本紧张的公交运力中"抽血"去"为私人定制",无疑会人为加剧公交乘车难的问题。大部分人认为公交公司应当致力于完善现有公共交通,优先解决大多数人的出行问题,在车辆资源有富余的情况下,再考虑提供多样化的出行选项。

2. 共享单车

在共享汽车项目大获成功之后,共享单车成为2016年最为热门的一个创业领域。很多人都认为在Uber、滴滴的垄断格局下,"破坏式创新者"共享单车将会通过边缘创新,复制Uber、滴滴的成功,从而掀起一场短途出行革命。

共享单车相比过去的城市公共自行车,最大的改进就是取消了停车桩,取消了对单车统一停放、统一入锁的要求,从而将单车变成了随用随骑、随停随锁的共享品。而单车也从静态分布变为实时动态分布,让人们可以通过GPS定位找到离自己最近的单车,这也正是共享单车所提倡的理念。

● 热点一:是单车共享,还是传统的单车租赁

事实表明,现在的所谓单车共享其实不过是单车租赁而已,只不过是借助了互联网的外壳。虽然ofo一开始鼓励大家共享出自己的单车,但是充分考虑丧失便捷性、丢失、被盗和损坏风险,几块钱的共享收益并不足以打动单车所有者。所以,不论是摩拜还是ofo,都还是要靠自己来购置、维护单车。

● 热点二:随用随骑是不是一个"画饼"

传统的公共自行车选择了统一停放、先来先骑,人们愿意遵守。共享单车所提倡的"随用随骑、随停随锁"的理念确实非常美好,然而,离开了固定车桩的统一停放、管理,仅仅依靠人们自觉的单车共享项目所面临的道德风险骤然上升,监管成本化整为零后反而更高。"公车私用"(加私锁、骑进小区、搬进屋子、破坏二维码)、密码破解、车辆被盗等情况几乎无法监管,单纯依靠用车人的举报无济于事。而无秩序、无监管的共享单车让人们有强烈的"公车私用"冲动。

所以,可能的情况是随着监管成本不断上升、破窗效应日益明显、用户找车越来越难,目前的单车共享公司很有可能会走上公共自行车项目"统一停放、统一管理"的老路。摩拜单车已经开始试点"推荐停车点",但效果如何还有待市场检验。但是在积累了足够的用户出行轨迹与停放密集度数据之后,通过大数据分析统一停放点会比政府规划更加科学。

● 热点三:共享单车能否复制共享汽车的成功

共享单车的模式与Uber、滴滴有些相似。既然汽车可以"数字化"为地图上的一个点,从而实现车辆与乘客的实时动态匹配,那么单车何尝不可呢?

但是与汽车不一样的是,每辆汽车都有一个"监护人"(驾驶人),让汽车实现数字化的不是汽车本身,而是驾驶人的手机端;而汽车会"主动"跑去接乘客而不是让乘客跑去找车。

这些都不适用于单车:共享单车没有"监护人",只能通过数字化手段把单车打造成智能单车,才能享受移动互联网红利。虽然客户端借助于移动互联网变得先进,但是单车端还很原始,如果要把每一辆单车变成智能单车,从而实时监控、防盗防损防私锁,成本将是不能承受之重。而且单车的“不可自行性”使它的便利优势大打折扣,并不比固定停车更具优势。

从实体世界到数字世界的飞跃,不只是给单车装上 GPS 设备那么简单。共享经济并不是无门槛“某某领域的 Uber”,也不是随随便便想当然就会成功,在人性、资源有限性等多重约束下形成的传统资源配置方式,没有那么容易被“革命”。

要彻底解决“最后一公里”的出行问题,不能完全依靠“取路线公约数”的公共交通。个性化的需求应该采取各种各样的解决方式——三轮、单车、滑板、平衡车、步行,而不可能用一种方式就可以满足所有需求。

3. 共享汽车

在中国,越来越多的各类企业开始进入共享汽车市场,有多家公司正在努力打造 P2P(People to people,人对人)共享汽车商业平台,如国内自主品牌龙头奇瑞汽车和易到用车、博泰集团联手打造的“易奇泰行”,以及在重庆进行试点的戴姆勒集团 Car2go。

据统计,在 2016 年春节期间,仅北京的宝驾租车就有超过 2 万辆汽车新加入平台,订单量增长 5 倍。共享汽车已经开始走到了台前,成为一种进入人们生活的全新租车模式,并且还有更大的发展潜力。

● 热点一:偏离的共享经济

根据 Analysys 易观智库发布的数据显示,2015 年第 4 季度,中国互联网专车服务订单量前三名分别为滴滴专车、Uber 和神州专车。

巧合的是,国内互联网专车行业前三位正好包含了两大互联网专车流派:B2C、C2C(Customer to Customer,客户对客户)。而这之中,神州专车当属 B2C 的代表,虽然在规模上无法比肩滴滴、Uber,却自成一派;而滴滴、Uber 则属于 C2C 模式,这是互联网企业最喜爱的轻资产、轻运营模式。

脱胎于租车行业的神州专车走的是和滴滴完全不同的道路。神州专车利用神州租车多年积累下的运营、自有资产优势,将职业化和专业化作为进军互联网专车市场的立足点,提供经过统一培训的高素质驾驶员和档次更高的车型。专业化和职业化会带来更好的服务体验,但往往在价格上处于劣势,所以走中高端市场是未来发展的必然选择。

而互联网专车 C2C 模式和淘宝平台略有相似之处:只提供交易平台,撮合有出行需求的消费者和打算利用闲置出行资源挣外快的驾驶员们达成交易。看似一拍即合、互惠共利的共享制度在发展中却容易“跑偏”:网约车驾驶员开始从业余兼职向着职业化前进,此“共享”已不是彼之“共享”。互联网专车正在脱离共享经济的范畴,并不是纯正的共享经济,原因如下:

①互联网专车的供给端和需求端存在大量泡沫。共享经济是一种自发行为,是基于供需双方的利益互补。现在的问题在于需求和供给都是围绕补贴而展开,而不是围绕利益互补,这是本末倒置。如果滴滴和 Uber 取消补贴刺激,无论是需求还是供给都将萎缩,

看似繁荣的专车市场很可能只是昙花一现。

②互联网专车正在走向专职经济。曾经出现过滴滴、Uber 驾驶人集体停运抗议补贴减少的事件,不过这种抗议多少显得有些师出无名。因为这不仅缺乏政策背书,还背离了共享经济的本质。向共享平台要收益而不是从需求端创收益,显然不符合市场规律。这样的闹剧其实正是专车驾驶人职业化带来的必然后果,因为开专车已经成为这些驾驶员们唯一的收入来源,对平台的补贴政策高度敏感、极度依赖。专职化的互联网专车还算是"闲置资源"吗?如果按照共享经济"整合闲置资源"的解释来看,滴滴和 Uber 的经营模式至少"部分"名不符实。

• 热点二:共享经济的信任困局

共享经济的基础不是共享而是信任,这表现在社会对基于共享经济的互联网专车安全性的担忧。

让公众对互联网专车信任缺失的直接导火索就是深圳女乘客乘坐滴滴顺风车遇害、电竞玩家马玺清遭滴滴专车驾驶人持刀施暴等事件。最终专车平台把责任归咎于驾驶员缺少职业操守,但事实上,专车平台的审核失职也难辞其咎。

在美国,Uber 和 Airbnb 也同样出现过类似的情况。共享经济的存在基础是信任,而一系列恶性事件已经触动了公众脆弱的神经。社会公众之间信任环节的重构离不开三个基本要素:公众素质、行业规范、法律法规完善度。这三个基本要素成为支撑信任的三脚支架,缺一不可。

而基于共享经济的 C2C 互联网专车,目前既缺乏统一的行业规范,又处于法律空白,仅仅依靠有限的平台审核和专车驾驶员的本身素质,乘客只能将自身安全寄希望于运气了。由此可见,共享经济缺乏信任的基础,这也是 C2C 互联网专车事故频发的主因。

对于 B2C 这样的互联网专车模式,由于平台对驾驶员和车辆具有较强的控制能力,比如可以对驾驶员进行培训筛选、对车辆进行统一调配,其解决的不仅是闲置资源的配置问题,更解决了互联网专车的信任基础,更为安全可靠。以神州专车为首的 B2C 模式正在重构公众对专车的信任,对于滴滴们来说,B2C 未尝不是一个更好的方向。

• 热点三:乌托邦式共享经济已死,共享经济仅仅是商业模式而已

商业模式是建立在经济模式概念上的一种具体表现,共享经济可以看作是手段或者工具,来实现赚钱的目的。

在互联网专车的具体执行上,共享经济仅仅是一种包装宣传手段。以滴滴为例,仅有滴滴顺风车是通过共享"车辆"和"里程"来完成交易,而快车、专车因为职业化,已经不能算作是闲置资源,共享也无从谈起。正所谓水无常势兵无常形,对于商业模式而言,手段不重要,重要的是结果。

滴滴、Uber 先后试水 B2C 模式的自营租赁车辆,通过和汽车租赁公司签约,然后由专车平台提供租赁车辆和招募驾驶员的方式提供出行服务,并不让人感到惊讶,因为它们本身只是将共享经济当作手段,而不是目的。

第二节 “互联网+”高速公路

一、概述

截至2015年年底,全国公路总里程450万公里以上,其中高速公路11.70万公里,占收费公路里程的71.2%,通车里程世界第一;全年全国营业性客运车辆完成公路客运量161.91亿人;全国营业性货运车辆完成货运量315.00亿吨;服务区约4000个,收费车道64012条,ETC车道超过13000条,用户数量超过4000万。

2015年7月4日,国务院《关于积极推进“互联网+”行动的指导意见》指出,加快互联网与交通运输领域的深度融合,通过基础设施、运输工具、运行信息等互联网化,推进基于互联网平台的便捷化交通运输服务发展。2016年4月,交通运输部发布了《交通运输信息化“十三五”发展规划》,将自主创新、安全可控和政企合作、开放共享列入了交通运输信息化的基本原则中,引导企业参与交通运输信息化建设。随着“互联网+”、大数据等上升为国家战略,极大地调动了“互联网+”高速公路领域相关企业的创造力,推动产业迸发新活力,为高速公路管理单位和用户出行带来了极大的便利。

“互联网+”高速公路是为了落实交通运输部“综合交通、智慧交通、绿色交通、平安交通”的建设任务,以全行业综合性和区域性高速公路信息化重大建设工程为带动,积极推动互联互通,实现信息共享、业务协同和智能决策;强化信息化保障措施,利用“互联网+”服务高速公路运营管理,为收费、养护、路政安全、服务区、应急指挥提供支撑,基于移动互联网打造更加便民实用的交通出行信息服务。

二、产业现状

我国高速公路无法适应和满足大众的需求,很大程度上归因于我国高速公路的运营管理策略相对滞后,无法满足新形势下的管理需求。作为一项较为系统化和科学化的工作,提升高速公路的管理运营水平一直是交通部门所关注的重点。相较于快速发展的高速公路业务,运营管理信息化水平仍相对滞后。现有过度依靠人工的运营方式已无法应对庞大的系统运营需求,必须引入先进技术,利用信息化手段使运营管理更加科学化、智能化。例如应考虑通过分析各路段车流量,实现对收费员排班管理的合理安排,提高经济性和实用性。

收费站拥堵问题由来已久,主要体现为:一方面,随着ETC用户的剧增,ETC车道通行质量问题日益凸显,主要体现在车道通行效率低、交易成功率低、跟车干扰、旁道干扰等问题时有发生,但是由于缺乏应急处理机制,一旦出现ETC用户无法正常处理的情况,需用户转到旁边的MTC车道借道通行,如果在高峰期,驻车、倒车、变道必然容易引起收费站场拥堵;另一方面,目前我国收费站大都没有针对性的交通诱导措施,和能进一步提高收费疏导能力的方案,仅能通过传统的收费车道处理系统及其配套交安设施进行应对。例如目前ETC车道虽可大大提高车道的处理效率,但是因ETC车主往往未能在通行前获得有效引导或预前提示,如车道位置、卡中余额等,容易造成这些车主的误入,大大降低车道运行效率,ETC车道性能未能得到发挥。

三、“互联网+”平台发展

浙江省通过构建统一的数据信息平台,初步实现高速公路运行数据采集、地理信息服务展示、协同指挥调度、信息资源共享、公众出行服务等五大功能,实现省测绘局的基础地理信息数据、省气象局常规气象信息的接入共享,联合交通部门、交警部门、路政部门、气象局、广播媒体等多个单位建成“联合办公、协同指挥、全局调度”服务平台,实现多部门联合应急指挥。通过建设高速公众出行网站、手机APP、微信和微博、服务区信息终端、“一号通”客户服务系统(高速“12122”呼叫中心)、协同管理服务平台等系统,完成了3200公里路段(占全省高速公路的88%)道路视频信息、近2000公里的高速公路事件路况信息共享。

云南省“智慧高速”建设一期启动了8项基础工作,包括运营管理中心升级改造、运营管理中心和管理处监控中心管理平台的统一、9个管理处监控中心升级改造、6条高速公路升级改造、出行信息服务、机电设备全生命周期维护系统、ETC运营支撑服务平台、云南省高速公路视频联网技术标准编制和IP地址规划技术要求。云南省通过建设统一指挥中心与管理处综合管理平台软件,并融入人工信息报送平台和公众信息服务平台,实现收费管理、视频联网监控、路网监测、应急救援、出行服务等功能,实现了全省路网监测信息的实时共享。

江苏省高速公路“互联网+”建设主要从综合管理、公众服务两大系统入手。通过建设省级数据中心,完成不同路段、不同信息化系统的数据交换,实现业务系统的统一整合、业务协同,实现全省路网监测数据的集中及基于大数据分享的车辆逃费稽查。通过建设基于手机信令的路况分析平台,实现高速公路的路网运行监测。在服务区试点建设了信息港,信息港发布的内容主要包括气象信息、交通态势、异常信息、实时路况视频、3D模拟导航等。

广东省交通集团有限公司于2012年推出了广东高速通系统,包括“高速通”高速公路信息服务移动应用APP、“广东高速通”微信公众服务号、高速公路路况直播与客服网(出行网站)。广东高速通APP为高速公路出行者提供路况导航、路况简图、路径路费、沿途景点、用户爆料等便捷的交通信息服务;广东高速通微信号为高速公路出行者提供高速查询、实时路况、附近路况等轻服务;出行网站提供实时路况、道路施工、服务设施、拯救服务等交通信息服务。“广东高速通”作为国内首个面向高速公路用户出行服务应用,截至2015年11月,Android平台用户数为31.56万,iOS用户数达到30万,出行网站一年内累计浏览次数达到126.85万次,为后期运营和功能升级提供了宝贵的数据支撑。

四、创新产品和服务应用

1.高速公路通信创新应用

全国智慧高速公路无线宽带平台是基于“互联网+”技术的智慧高速公路产品。给高速公路装宽带，不仅能够实现专网内移动可视化调度、移动视频监控、语音、OA 等系统的融合通信，还能满足司乘人员和交通运营管理人员对移动互联网的需求。全国智慧高速公路无线宽带平台采用“专网 + 公网”的工作模式，通过在高速公路沿线布设线缆、基站和配套设施，实现专网和公网双无线网络同时接入，不仅为交通管理部门的测速设备、视频设备提供电源和信号通道，还为出行者提供稳定的无线宽带网络。

专网系统主要服务交通运输行业，将传统视频监控信号传递的带宽由 2.5G 或 10G 直接扩容到 100G，作为原有高速公路通信传输的有效补充和备份，实现了将收费站、服务区、停车区、特大桥、隧道等处的可变信息板、气象监测器、监控摄像机等设备收集到的信息通过专网传输通道，经通信系统上传监控中心。

高速公路无线宽带平台还为乘客出行提供了大量服务信息，如出行线路、服务设施、旅游景点、维修救援厂家等静态信息，滚动新闻、施工信息、气象信息、事故拥堵信息等动态路况信息。不仅如此，该平台还为休闲娱乐服务、票务服务、酒店预订等服务提供了接口。

2. 高速公路智慧收费站

针对高速公路基础设施建设亟须统筹规划、全路网信息资源缺乏共享应用机制、收费管理及服务手段亟待提高等现状，江西省创新性地提出“智慧高速”建设模式，以“智慧收费站”“智慧服务区”“智慧出行”和“智慧监控”四大主题为建设核心。其中具体可行的应用如下：

①绿通车稽查。通过智能 Pad 加探测枪的移动化稽查方式，大大降低稽查成本，更加便捷、大区域地进行布控。同时，应用先进的 4G 传输技术，在不增加各个站级网络负担的情况下达到更好的稽查效果，让绿通稽查工作有更好的助手。

②应急收费。通过智能 Pad，借助先进的 4G 传输技术，实现终端与后台的数据交互，通过后台的交易处理支撑服务（如费率计算、名单查询、密钥提供等），为用户提供便捷的应急收费处理服务。

③车道充值。通过智能 Pad，借助先进的 4G 传输技术，实现终端与后台的数据交互，通过后台的充值处理支撑服务（如名单查询、充值验证、密钥提供等），为用户提供便捷的车道充值处理服务。

④公众出行信息服务。采集整理路网关键节点（如收费站、服务区、加油站、旅游景点）、交通行业资讯、交通管控措施、拥堵路况信息、交通状况信息等交通综合出行信息，依托互联网技术，面向多种终端用户推送多种出行信息服务。

五、发展趋势

随着信息化水平的不断提高，物联网、移动互联网、云计算、大数据、5G、北斗卫星定位系统和无人机等技术的大规模应用，对高速公路信息化提出了更高的要求，推动路网感知体系向覆盖范围更广、技术更先进、反应速度更快、感知信息更准确的方向发展。“十三五”期间，数据应用将成为信息化建设的核心，信息化建设的重心将逐步从信息技术向数据技术转化，从以流程为中心向以数据为中心转化，对组织内外部的数据进行多维、实时的深入挖掘和分析，以满足决策层的需求。

"互联网＋"高速公路不能只是着眼对当前问题的解决，更应该与时俱进，建立一套能为未来其他路段建设作示范的高速公路运营管理智慧解决平台。"互联网＋"高速公路有以下发展趋势。

● 趋势一：运营管理信息化、智能化

随着高速公路的发展，所涉及的公路机电设备和系统日趋繁杂，主要体现为种类繁多、数量庞大、使用环境恶劣、维护时间和空间跨度大等特点。迅速发展的业务，对这些系统所提出的要求也日益提高，如可靠性、稳定性、安全性等。这要求主管部门、经营单位、运营单位均需要对自身所管辖的各类系统、平台、设备、软件有更为清晰的认知，同时更有效地使用。另外，随着物联网、大数据与云计算等技术的发展和支撑，促使对高速公路的运营管理不能再以传统的人工或半人工方式作为主要手段，其运营、操作将必然朝着信息化、标准化和智能化的方向发展，即以崭新的理念和技术支撑未来"互联网＋"高速公路，全面保障各业务稳定可靠开展。

● 趋势二：更高效、安全、便捷的在线化智慧服务

目前，各地均积极研究并尝试推出各项高速公路在线服务，如在线充值、在线预约、在线客服等。这些无疑将逐步提高高速公路服务的在线化程度，既符合当前"互联网＋"的发展思维，更是为公众服务奠定基础。云技术的逐步成熟和普及，更是进一步为高速公路在线化服务的"云化"提供支撑，使用户更便捷地享用各类服务内容，更能拉近业务与用户之间的距离，使用户更能感受到贴心的服务。更高效、安全、便捷的在线化智慧服务必然是未来高速公路在公众服务、运营管理方面的发展趋势。

● 趋势三：交通大数据逐步形成，数据应用深层挖掘

交通作为人类社会的重要组成部分，也是经济社会运行的重要基础条件。交通运输行业采集的数据浩如烟海，存在巨大的潜力和价值，亟待给予深层的处理和挖掘，进而应用于智能交通之中。

物联网、云计算、大数据、移动互联网等新一代信息技术的快速发展为智慧交通提供了强大的技术支撑。利用物联网技术可以全面感知交通运输基础设施、交通运载工具的状况，同时监控整个交通系统的运行情况。利用大数据技术可以充分挖掘和利用信息数据的价值，盘活现有数据，在此基础上进行应用、评价、决策，服务于交通部门的管理与决策。云计算则为各类交通数据的存储提供了新模式，"交通云"的建立将打破"信息孤岛"，彻底实现信息资源共享、系统互联互通。通过使用移动互联网技术，则可以实现信息在各种运输方式间的顺畅传输、交换，从而达到各种运输方式的合理布局及协调、高效运行。

六、建议措施

未来"互联网＋"高速公路将建设成为与行业未来发展和智慧高速各项职能相适应的、可持续发展的、以人为本和动态满足各层次需求的智慧型高速公路，促使高速公路公众服务和运营管理能力不断提高，质量和效率不断提升，推动高速公路行业的蓬勃发展。对"互联网＋"高速公路的发展，有以下建议措施：

①建设高速公路智慧型基础设施,提供“快捷、高效、安全”的交通服务。

②提升高速公路运营管理信息化水平,打造智慧管理体系,建立高速公路运营管理数据信息化体系,同时对运营数据信息开展大数据处理分析应用,为高速公路人员管理、特殊车辆管理、收费数据管理寻找更科学、合理的管理方式。

③基于云计算技术建立大数据平台,开创高速公路大数据分析应用。打破壁垒,构建信息共享服务平台,利用云计算、大数据等先进技术手段,积极开拓基于数据分析的创新业务,增强业务系统的稳定性、安全性,开展高效、广泛的高速公路出行服务。

第三节 “互联网+”长途客运

一、“互联网+”长途汽车站

互联网和长途汽车站,看似两者遥不可及。但是实际上,互联网能为长途汽车站解决很多实际问题。长途汽车站最根本的核心作用是为旅客提供运输。随着客流量的增加,近年来许多汽车站频繁出现旅客滞留,是因为信息出现了断裂,主要问题在于售票方式单一,车站和到站车辆之间的信息断裂,无法及时为乘客做出预告,乘客无法获知车辆的位置信息、达到时间,从而导致旅客滞留问题。

互联网可以起到穿针引线作用,移动互联网在用户和车站之间形成了很好的对接,而定位系统则成为车站与车辆衔接的渠道。

第一步是车辆和车站之间信息的衔接,可以随时掌握客运车次信息和到站时间,甚至它出现在何地,大约何时到达目的地,车站都应该有全面的信息反馈,当出现迷路的时候,车站能及时根据定位系统进行位置指引。

第二步是建设专属的汽车站服务平台,可以是网站,也可以是独立APP,总之是能给用户提供基础乘坐服务的平台,用户通过智能手机即可查阅相关信息以及订票。

第三步是车站自身网络环境的覆盖。对整个汽车站进行无线网络覆盖,给用户免费使用无线网络的机会,当然为避免出现网络宽带流量因使用人数过多而导致网络过慢,可以限制用户加载网络情况,如每个用户使用的最大流量不能超过20KB/s,这样用户在等车的时候也能看新闻、聊天,解决用户在等车中出现的焦虑情绪。

第四步是验票方式。通过采用条形码扫描的方式,以免人工一个个去检验的传统方式,既浪费时间又容易造成秩序混乱,特别是可以避免因人工检票出现遗漏或者混乱问题。

二、“互联网+”长途汽车

对于互联网用车,多数人的关注点都集中乘用车身上。其实“互联网+”客运大巴风口的争夺也早已暗潮汹涌。互联网与客运大巴主要有以下两个结合点:

第一是车辆资源。通过网络信息平台,可以掌握国内客运市场在用客运、旅游大巴的闲置信息。掌握了这一信息，不仅能够盘活这些闲置运力，还不用担心运营资质和运营安全等问题。

第二是乘客资源。几十人在两三个小时或者更长的时间内，待在一个相对封闭的环境中，是互联网企业非常愿意看到的一个的场景，而长途、旅游客运就是这样的一种场景。通过在客运车辆、客运场站安装的 wifi 系统，可以为客运驾驶人、乘客提供基于互联网的各种服务，包括娱乐、租车、酒店预订、车票预订、地图查询等。

三、“互联网＋”城际约租

城际约租客运是指道路客运经营者采用电话、网络平台预约的方式受理业务，按照服务对象的要求和双方约定，使用小型客车提供城际间直达运送的服务模式。它没有固定班次和固定站点，不同于出租车，集合了班线客运、出租客运和汽车租赁等多种客运方式的优点。

各省道路运输管理局鼓励探索城际约租客运这一新的客运经营模式。以郑州为例，2015 年 8 月 10 日，第一条城际约租客运——郑州到济源的双向豫州行城际约租客运，初步试水；9 月 1 日，第二条城际约租客运——郑州到焦作的豫州行城际约租客运，将正式登场，此后又相继开通了郑州至开封、郑州至新乡等城际约租客运线路。

第四节 “互联网＋”民航

一、概述

民航业是我国经济社会发展的重要战略性产业。改革开放以来，我国民航业快速发展，行业规模不断扩大，服务能力逐步提升，安全水平显著提高，为我国改革开放和社会主义现代化建设做出了突出贡献。但当前民航业发展中不平衡、不协调的问题仍较为突出，空域资源配置不合理、基础设施发展较慢、专业人才不足、企业竞争力不强、管理体制有待理顺等制约了民航业的可持续发展。

从自身发展战略看，航空公司为完善航线网络布局，不断引进新飞机、开辟新航线，造成淡旺季需求与供应结构不平衡。在客源的把握上，大部分全服务航空公司 70% 以上的客源由代理提供，直销比例的徘徊不前使其对市场的反应速度和影响力无法得到提升。从外部竞争情况看，国内外低成本航空蓬勃发展，对国内及部分短途国际航线票价造成冲击；而高铁网络的快速布局也不断分流航空客源，很多短途航线不得不降价或停航。在“互联网＋”的大潮下，全服务航空公司应加快转型才能走出内忧外患的窘境。

二、发展现状

2015 年，在世界经济增速放缓，国内经济下行压力较大的情况下，民航主要运输指标继续保持平稳较快增长。

1. 运输周转量

2015 年,全行业完成运输总周转量 851.65 亿吨公里,比上年增长 13.8%;完成旅客周转量 7282.55 亿人公里,比上年增长 15.0%;完成货邮周转量 208.07 亿吨公里,比上年增长 10.8%。

2015 年,国内航线完成运输总周转量 559.04 亿吨公里,比上年增长 10.0%,其中港澳台航线完成 16.22 亿吨公里,比上年增长 0.3%;国际航线完成运输总周转量 292.61 亿吨公里,比上年增长 21.9%。

2. 旅客运输量

2015 年,全行业完成旅客运输量 43618 万人次,比上年增长 11.3%。国内航线完成旅客运输量 39411 万人次,比上年增长 9.4%,其中港澳台航线完成 1020 万人次,比上年增长 1.4%;国际航线完成旅客运输量 4207 万人次,比上年增长 33.3%。

3. 货邮运输量

2015 年,全行业完成货邮运输量 629.3 万吨,比上年增长 5.9%。国内航线完成货邮运输量 442.4 万吨,比上年增长 3.9%,其中港澳台航线完成 22.1 万吨,比上年减少 1.0%;国际航线完成货邮运输量 186.83 万吨,比上年增长 10.9%。

4. 机场业务量

2015 年,全国民航运输机场完成旅客吞吐量 9.15 亿人次,比上年增长 10.0%。其中,东部地区完成旅客吞吐量 5.02 亿人次,东北地区完成旅客吞吐量 0.55 亿人次,中部地区完成旅客吞吐量 0.90 亿人次,西部地区完成旅客吞吐量 2.69 亿人次。

2015 年全国民航运输机场完成货邮吞吐量 1409.40 万吨,比上年增长 3.9%。其中,东部地区完成货邮吞吐量 1062.88 万吨,东北地区完成货邮吞吐量 48.87 万吨,中部地区完成货邮吞吐量 85.89 万吨,西部地区完成货邮吞吐量 211.76 万吨。

2015 年,全国民航运输机场完成起降架次 856.55 万架次,比上年增长 8.0%。

2015 年,年旅客吞吐量 100 万人次以上的运输机场有 70 个(表 3-1),其中北京、上海和广州三大城市机场旅客吞吐量占全部机场旅客吞吐量的 27.3%。

2015 年旅客吞吐量 100 万人次以上的机场数量 表 3-1

年旅客吞吐量(人次)	机场数量(个)	比上年增加(个)	吞吐量占全国比例
1000 万以上	26	2	77.9%
100 万~1000 万	44	4	17.6%

三、政策环境

1. 国务院《关于促进民航业发展的若干意见》

2012 年 7 月,国务院发布《关于促进民航业发展的若干意见》,明确提出:

- **指导思想**

以邓小平理论和“三个代表”重要思想为指导,深入贯彻落实科学发展观,以转变发展方式为主线,以改革创新为动力,遵循航空经济发展规律,坚持率先发展、安全发展和可持续发展,提升发展质量,增强国际竞争力,努力满足经济社会发展和人民群众出行需要。

● **基本原则**

——以人为本、安全第一。树立和落实持续安全理念,为社会提供安全优质的航空服务。

——统筹兼顾、协调发展。统筹民航与军航、民航与其他运输方式、民航业与关联产业,以及各区域间协调发展。

——主动适应、适度超前。加强基础设施建设,提高装备水平和服务保障能力。

——解放思想、改革创新。破除体制机制障碍,最大限度解放和发展民航生产力。

——调整结构、扩容增效。合理利用空域等资源,增加飞行容量,推进技术进步和节能减排。

● **发展目标**

到2020年,我国民航服务领域明显扩大,服务质量明显提高,国际竞争力和影响力明显提升,可持续发展能力明显增强,初步形成安全、便捷、高效、绿色的现代化民用航空体系。

——航空运输规模不断扩大,年运输总周转量达到1700亿吨公里,年均增长12.2%,全国人均乘机次数达到0.5次。

——航空运输服务质量稳步提高,安全水平稳居世界前列,运输航空百万小时重大事故率不超过0.15,航班正常率提高到80%以上。

——通用航空实现规模化发展,飞行总量达200万小时,年均增长19%。

——经济社会效益更加显著,航空服务覆盖全国89%的人口。

2. 国务院办公厅《关于促进通用航空业发展的指导意见》

2016年,国务院办公厅发布了《关于促进通用航空业发展的指导意见》,提出:

通用航空业是以通用航空飞行活动为核心,涵盖通用航空器研发制造、市场运营、综合保障以及延伸服务等全产业链的战略性新兴产业体系,具有产业链条长、服务领域广、带动作用强等特点。近年来,我国通用航空业发展迅速,截至2015年底,通用机场超过300个,通用航空企业281家,在册通用航空器1874架,2015年飞行量达73.2万小时。但总体上看,我国通用航空业规模仍然较小,基础设施建设相对滞后,低空空域管理改革进展缓慢,航空器自主研发制造能力不足,通用航空运营服务薄弱,与经济社会发展和新兴航空消费需求仍有较大差距。

● **指导思想**

全面贯彻党的十八大和十八届三中、四中、五中全会精神,认真落实国务院决策部署,按照"五位一体"总体布局和"四个全面"战略布局,牢固树立和贯彻落实创新、协调、绿色、开放、共享的发展理念,充分发挥市场机制作用,加大改革创新力度,突出通用航空交通服务功能,大力培育通用航空市场,加快构建基础设施网络,促进产业转型升级,提升空管保障能力,努力建成布局合理、便利快捷、制造先进、安全规范、应用广泛、军民兼顾的通用航空体系。

● **基本原则**

市场主导,政府引导。充分发挥市场在资源配置中的决定性作用,支持新兴航空消费,鼓励企业根据市场需求不断创新,促进通用航空市场持续壮大。更好地发挥政府统筹谋划、规划引导和政策支持的作用,加大简政放权力度,优化飞行报审程序,提高审批效率,为通用航空企业提供高效便捷服务。

安全第一,创新驱动。处理好安全与发展的关系,强化安全主体责任和监管责任,建立健全军地联合监管机制,实施分类精细管理,确保飞行和空防安全。加大改革力度,通过政策创新、管理创新、技术创新和服务创新,最大限度释放市场潜力。

重点突破,全面推进。以加快基础设施建设、扩大低空空域开放、提升空管保障能力、促进产业转型升级为重点,打破制约产业发展的瓶颈。做好整体设计规划,统筹通用航空与公共航空运输协调发展,推进军民深度融合,推动通用航空业全方位发展。

● **发展目标**

到2020年,建成通用机场500个以上,基本实现地级以上城市拥有通用机场或兼顾通用航空服务的运输机场,覆盖农产品主产区、主要林区、50%以上的5A级旅游景区。通用航空器达到5000架以上,年飞行量200万小时以上,培育一批具有市场竞争力的通用航空企业。通用航空器研发制造水平和自主化率有较大提升,国产通用航空器在通用航空机队中的比例明显提高。通用航空业经济规模超过1万亿元,初步形成安全、有序、协调的发展格局。

四、趋势分析

展望"十三五",新常态下国家战略布局已基本完成,四个板块(东北、东部、中部与西部)、三个支撑(一带一路、长江经济带、京津冀协同),两个手段("中国制造2025"和"互联网+"),无疑是"十三五"中国经济与社会发展的核心,而"创新、协调、绿色、开放、共享"也已明确为"十三五"的发展理念,"开放市场、简政放权、改善民生"仍将是"十三五"时期发展的主题。因此,面对全面建成小康社会的发展目标,民航业需要坚持创新发展,着力提高民航发展的质量和效益;坚持协调发展,着力实现国际与国内、干线与支线、航空制造技术与民航市场需求等的平衡发展;坚持开放发展,服务于国家"一带一路"战略,着力构建合作共赢的发展环境,提升中国民航的国际话语权。这就意味着,面对"十三五",中国民航业要实现平稳的增长与到2020年人均0.5次的出行率目标,要实现服务于国家战略与满足社会发展需要的目标,要实现国际化与大众化的民航强国战略目标,民航业将面临行业的持续变革与创新。

● **国际化将从航线开辟发展为技术与规则的输出**

民航业的国际化战略,早在2008年就已提出。但是新常态下国家"一带一路"与"自由贸易区建设"的发展战略,却对我国民航业的国际化战略提出了全新的内涵,航线开辟将只是国际化战略中最基础的部分,技术与规则的输出将成为战略重点。"一带一路"战略提出了"高水平走出去、引进来"的战略措施,"自由贸易区建设"则配合着"一带一路"

战略建立中国式的国际化规则。对于民航业而言，服务于“一带一路”与“对外贸易”战略，首先就是要力争在双边或多边航空运输协定，乃至在“天空开放”政策中获得突破，建立符合国际民航要求的中国式对外开放规则，提高中国民航的国际话语权；其次是要配合高端制造技术“走出去”的战略要求，满足国产大飞机与国产空管设备国际化发展的需求，提高适航审定能力与技术，促进国产飞机、空管设备和北斗导航技术的对外销售；最后，则是配合国家对外援助与基础设施建设国际化的发展战略，推动中国机场建设与运行管理技术向“一带一路”沿线国家以及非洲国家的输出。

● 民航业商业与服务模式将进入多元时代

对外开放、简政放权，始终是新常态下国家战略的主要措施，在宽松的政策环境下，“互联网+”行动计划所带来的变革与创新将日新月异。发达国家走过的演变历程，中国民航业也不会例外。“十三五”期间的民航业，必将步入商业模式与服务模式的多元时代。首先是低成本航空，在庞大的潜在需求推动下，在市场环境与政策空间逐渐开放的背景下，将呈现快速发展的态势；其次是随着军队改革进程的不断发展以及国防力量的不断加强，与国家安全紧密相关的空域规划与管理政策将有可能实现重大突破，通用航空将有可能在未来五年步入“黄金时代”；第三是航空货运服务，归核化与快运化将是两个重要的战略方向，客货混营的企业，要么回归到客运的主业，要么彻底专业化，向快运服务发展；第四是航空公司间的并购与重组，“十二五”期间的本土化战略，将会随着管制政策的放松而面临挑战，规模经济与网络经济是航空公司战略选择的永恒主题；最后则是支线航空的专业化发展，这已不是民航业是否要发展的问题，而是国家航空器制造、城镇化建设等诸多战略的必然要求。

● 机场定位回归与协同发展将成为行业发展的焦点

民航业能否健康发展，行业内部各系统之间能否协调发展，很大程度上取决于机场的定位。2009年的《民用机场管理条例》明确了机场公共基础设施的属性，但当时，大型机场以及很大一部分的中小机场，已完成了企业化的战略选择，公共基础设施功能的实现与经济效益的追求存在着诸多矛盾。然而，近几年随着机场规模的不断扩大以及地方政府对航空经济效应的关注，机场定位的回归已具备条件，“平台战略”已得到政府与更多机场企业的认可。因此，“十三五”期间，大型机场将会加速“去自营化”进程，依托特许经营与外包管理加速平台建设，从而更好地服务于地方经济与社会发展，实现机场区域的产业升级与聚集；而中小机场，尤其是新建机场，则有可能在地方政府的推动下，直接形成完全公益的运营管理模式。

然而，“十三五”时期机场业的发展，除了定位回归的“平台战略”之外，更为重要的是发展方式与竞争格局的演变。随着民航业大众化消费时代的到来、国家城镇化建设的加快以及区域协同发展战略的推进，“一市多场”或城市群内的机场群将大量出现，机场之间以及机场群间的协同发展，将成为行业发展的焦点。与城市经济发展的融合、与旅游业发展的融合、差异化定位与合理的市场分工将成为机场业的主要发展方式。

● 经济监管将成为行业管理的重要课题

民航业是名副其实的大众化交通服务业，安全与效率无疑是国家与消费者的最基本要求。尤其是2014年12月9日中央经济工作会议明确提出“认识新常态，适应新常态，引领新常态”的战略要求之后，改革创新、提质增效更成为各行各业确定战略目标与发展方向的基石。所谓提质增效，就是要实现国民生活质量提高，老百姓的“获得感”提升，就业稳，价格稳，民生保障更完善。虽然航班正常性管理已上升为民生工程，但摆在民航人面前的，还有更加棘手的问题，那就是“发展支持与反垄断”和“价格管制与市场开放”的问题。在国际市场，培育具有国际竞争力的大型网络航空公司，关乎国家竞争力的构建，需要类似获得“反垄断豁免”的航线联营。而在国内市场，大型航空公司之间借助航空联盟实施的市场垄断，已不可避免地侵害到消费者权益，造成的一定范围内的价格联盟，这需要行业管理部门明确区分国内与国际市场的管理政策与手段，切实维护消费者权益。至于价格监管与发展保护，需要更多地考虑政策支持与市场开放之间的平衡。尤其是支线航空的发展政策与市场监管，的确是到了需要梳理的时候。

●“绿色飞行”将落实为具体行动

在很长一段时间，“绿色飞行”只是停留在节能减排的规划与统计层面。但在“十三五”期间，“绿色飞行”将毫无疑问地从规划走向现实。北京时间2015年6月30日晚上，国家总理李克强访问法国期间，正式宣布了作为《联合国气候变化框架公约》缔约方的“中国国家自主贡献”，即中国在2020年后直到2030年的气候变化行动目标——到2020年碳排放强度下降60%~65%。这就意味着之前欧盟一直强推的ETS(碳排放交易体系)将有可能在“十三五”期间变为现实，中国也将适时推出自己的碳排放交易体系。对于中国民航业而言，“绿色飞行”的战略将变更为全面、更为具体。譬如基于空域规划与管理改革的航路网改造、提高航线的取直系数、开放并划设更多的终端区、基于节能减排目标的飞行程序优化、基于运行效率提升的跑滑优化等措施，将成为民航业“绿色飞行”战略更为常见的方法与手段，甚至可能由此带来空管运行管理体系的改革，从而大幅提升中国民航业的航班正常率与运行效率，使得航空公司的运行成本控制手段更为有力。

●信息化、大数据技术将成为推动行业创新的重要力量

在移动智能与“互联网+”的时代，大数据技术与管理思想已成为推动行业变革与创新的重要力量。从现实情况看，其给世界经济与社会发展带来的冲击，不仅表现在商业模式创新方面，而且表现在生产运行模式创新、组织管理模式创新与营销模式创新等诸多方面。“十三五”期间的中国民航业，大数据技术将会在行业监管、机场运行管理与航空公司经营管理方面带来持续的变革与创新。譬如在行业监管方面，将很有可能实现从人工监管发展为程序监管与数据监管；机场的生产运行，也可能从简单的信息化管理发展为智能化运行管理与智慧化服务；航空公司的经营方式也将产生更多的颠覆与跨界行为。简化商务、便捷出行、智能管理、数据监管、体验与共享等将成为“十三五”期间民航业运用大数据技术的核心与重点。

五、发展“互联网+”民航的意义

航空公司发展互联网服务具有重要的战略意义。无论是低成本航空公司还是传统航空公司，互联网服务都已成为重塑核心竞争力的一个重要因素。

• 互联网服务使出行更便捷

互联网作为连接、沟通、服务的载体,使客户随时随地都可以快捷地办理各项业务。据IATA(国际航空运输协会)在2015年年初公布的调查数据,旅客希望在家中就能完成的有值机(90%)、证件核验(68%)、行李登记(34%),旅客需要实时更新的消息有航班状态(93%)、行李状态(74%)、规定(68%)。为实现这一切,只有借力互联网服务。

• 互联网服务能增强创新活力

传统业务模式下,航空公司服务产品创新往往面临信息、流程等方面的制约。在互联网服务模式下,数据资源变为最主要的资源,C2B(Customer to Business,消费者对企业)模式得以实现,大数据、云计算等信息技术的优化运用可以快速捕捉客户需求,并在一个平台创造性地满足旅客出行中的各种个性化服务需求,创造新的商业价值。

• 互联网服务提升企业核心竞争力

欧美成熟市场的发展历程表明,无论是低成本公司还是枢纽网络型航空公司,互联网服务都能较好地融入其战略中。对低成本公司而言,通过互联网提供各种多样性的附加服务并最终实现盈利,是其成功的逻辑。对传统航空公司而言,挖掘大数据应用,提升旅客的满意度和忠诚度,也必须借助互联网服务。

六、建议措施

建议将互联网服务融入民航业发展战略中,将传统优势与数字化趋势更好地整合,最大限度地应用互联网工具,构建互联网数据平台,实现传统服务的互联网化,大力开展附加服务。

• 将互联网服务融入公司战略中

业务策略只有融入公司战略中,才能真正支持企业提升核心竞争力。互联网的发展向服务保障注入了新的内涵,产品的实现更加依赖跨部门的合作,大数据及云计算的应用也必不可少,需要调动全局的资源并实施系统化管控。建议将互联网服务纳入公司级战略中,将服务向以数据为驱动的互联网模式转型,调动全公司的力量,系统化规划、推广。

• 强化电子商务的互联网服务功能

国内航企互联网服务已经在原有电子商务的基础上发展,但与营销业务所受的高度重视相比,互联网服务业务还相对弱化。建议强化电子商务的互联网服务功能,梳理产品管理部门、电子商务部门及各业务部门在互联网服务领域的职能划分,强化全公司互联网服务业务的分析、规划、考核以及流程管理等业务。

• 构建一体化互联网数据平台

发展互联网业务,数据平台是基础。建议构建一体化的互联网服务数据平台,提供信息以及相关交易,实现跨职能的信息共享。在此基础上,梳理网站、APP、微信等平台的功能和服务信息,使各平台功能相互支撑、服务信息一致,使顾客无论从何种渠道都能获得一致的信息和服务。

• 利用大数据精准营销和服务

航空公司应关注如何通过大数据应用,识别旅客需求,改善旅客体验。其一是扩展航空公司自有数据的应用，更好地支持个性化服务，例如向经常受延误影响的旅客推介航班延误险，向经常选靠走廊座位的旅客推介付费选座产品等；其二是与腾讯、阿里巴巴等互联网巨头合作大数据应用，向其提供精准的产品或服务。

● 尽快实施传统服务产品的全面互联网化

尽快推出一些对旅客出行效率、出行品质影响较大，旅客期望值较高，预期短期内可以实现的个性化互联网服务产品，例如自动值机、预订机场贵宾室互联网化、预付费行李互联网化、特殊服务申请互联网化等。

● 大力发展增值新业务

一是着力发展与主业直接相关的行李、保险等易于操作、附加收入较高的项目，并修订产品政策，例如特价票取消免费行李、网上预付费行李提供折扣优惠等；二是通过旅客的流量优势，争取供应商的价格优惠，形成附加服务的吸引力，将附加服务渗透到旅客出行的各个方面，例如电影票、旅游度假产品等。

第四章 “互联网+”货运物流服务

第一节 物流运输

一、概述

物流业是融合运输、仓储、货代、信息等产业的复合型服务业，是支撑国民经济发展的基础性、战略性产业。交通运输是物流的基础环节和依托载体，是物流业重要的组成部分。现代物流在很大程度上由传统交通运输业发展演进而来，而现代物流的发展又给传统交通运输业带来重大变革，并将逐步融合，走向一体化。现代物流是指原材料、产成品从起点至终点及相关信息有效流动的全过程，是将运输、仓储、装卸、加工、整理、配送、信息等方面有机结合，形成完整的供应链，为用户提供多功能、一体化的综合性服务。现代物流业是一个新型的跨行业、跨部门、跨区域、渗透性强的复合型产业。

二、现状分析

1.发展规模

近年来，我国综合交通体系不断完善，物流业快速发展，支撑实体经济降本增效的能力明显提升，初步形成了衔接互动的发展格局。

一是物流行业保持稳中渐升。2000年到2014年，全国社会物流总额翻了3.3倍，年复合增长率20%，物流业呈现飞速发展的态势。2015年我国物流业总收入为7.6万亿元，同比增长4.5%，整体已经超过美国，成为全球第一大物流市场，也是全球最具成长性的物流市场。

二是物流效率持续提升。近年来，我国传统运输、仓储、货代企业积极进行功能整合和服务延伸，加快向现代物流企业转型。中国远洋、邮政物流等行业领先物流企业积极进行一体化运作，发展专业化物流服务，物流效率逐步提高。2015年社会物流总费用为10.8万亿元，与GDP的比率为16%，较上一年下降0.6个百分点。

三是我国中西部地区物流业增速将快于东部地区。由于区位、政策优势和雄厚的产业基础，广州、大连、上海、青岛、天津、厦门等沿海港口城市逐渐发展成为我国的物流中心。随着“西部大开发”“促进中部地区崛起”等国家战略的实施，东部地区制造企业将加速向中西部地区进行战略布局，带动中西部地区物流需求迅速上升。武汉、重庆、西安和郑州等地物流设施、物流园区建设步伐加快，未来一个时期，在我国中西部地区将形成一些新的物流中心。

四是国内外物流企业在全国范围内战略布局加快。近年来，一些大型物流企业加紧在全国布局，不断完善物流节点网络，跨区域发展势头迅猛。国外物流企业已经在我国东部地区一线城市完成布局，并占据我国高端物流市场，目前正向东部地区二线城市和中西部地区扩张。在中西部地区，郑州、武汉、重庆和西安承接国内外物流企业发展的条件互有优劣，未来几年内竞争将趋于激烈。

2. 创新产品、服务应用

近年来，河南省物流企业积极作为，大力发展商业新模式、经营新业态，公共物流信息平台和企业管理平台蓬勃发展，物流行业信息服务水平得到进一步提升。河南省物流企业具体措施做法有：

①在物流信息服务平台建设方面。一是建立了区域性公共物流信息平台——“八挂来网”，该平台拥有用户 10 万多家，日均货运信息量达 600 万条，各大型物流企业、园区也已建有相应的业务信息系统。二是建立了智慧冷链物流综合服务平台，平台于 2014 年 11 月上线，是全国首家将线上冷链资源交易平台与线下生鲜供应链服务网络相结合的综合性服务平台。三是建立了生鲜食材 B2B 电子商务交易平台——“鲜易网”，平台于 2015 年 5 月 18 日正式上线运营，平台模式为“自营 + 第三方”，一方面为餐饮、商超、机关、学校、企业单位等提供食材采购服务，另一方面为农批冷批市场商户提供全面的行情信息、撮合交易、冷链物流配送、金融服务、食品安全监测等综合性增值服务，目前已成为全国最大的生鲜食品 B2B（Business to Business，企业对企业）交易平台。四是建立了紫云冷链云服务平台，该平台通过电子面单与电子签名技术，实现上下游企业之间冷链物流业务的电子化、全过程透明化和协同化，很好地解决了冷链物流行业的跨链业务协同问题；通过物联网技术实时感知冷链物流资源状态，基于大规模订单集成，基于大数据进行精准匹配，很好地解决了跨区资源共享问题，使上游企业尽可能使用返程车辆来降低物流成本，通过提高第三方冷链物流公司的满载率提高其效益，极大地节约社会资源；通过实时采集冷链物流过程中的温湿度数据以及车辆运行轨迹数据，不仅帮助企业实现冷链物流状况的全程监控，而且填补了我国在食品、药品流通过程中进行有效质量监管的空白。

②在企业物流信息化建设方面。一是由宇鑫物流集团建立了“随鑫付”手机快捷支付系统，该系统于 2016 年 9 月初顺利上线。“随鑫付”的上线，开创了全国物流快运行业手机快捷支付的先河，其技术成为行业的领跑者。二是由郑州陆港公司投资建设了多式联运智能信息系统，包括多式联运场站管理系统、多式联运监管中心通关一体化云平台、郑欧商城电商网站系统、郑欧班列商品微信系统、保税仓库 WMS 系统、郑欧班列订舱管理系统、集装箱管理系统、公路物流管理系统、仓储管理系统、视频监控系统、信息发布系统、智能车辆管理系统、物业管理系统、园区一卡通等 14 个信息系统，实现了园区所有现场作业、功能区块管理、车辆调度等数字化、可视化和智能化，促进了通关、商检、客户服务、业务运作便利化和高效化。同时，郑州陆港公司于 2016 年初正式启动卫星定位系统云服务平台项目，该项目涵盖冷链监控设备开发制造、冷链物流全程温控信息平台建设等，项目建成后将大大提高冷链物流信息化水平和冷链设施利用率。郑州陆港冷链监控设备通过自主研发的 GPS 卫星定位芯片实时监控集装箱的位置并获取其状态参数（温度、湿度、震

动幅度、光照强度、压强、地理位置、运行路线、货物摆放方向以及各种异常情况的实时监控等）。客户可以随时查询其名下货物（集装箱）的状态参数，并设置预警机制，第一时间获取信息，采取应急处理措施。三是由河南保税物流中心建立了大数据服务中心，实现了数据驱动交易、交易带动服务、服务沉淀数据，实现大数据服务闭环，使厂家—消费者（B2C）的传统生产模式，转变为消费者—厂家（C2B）的新型生产模式，为产业转型升级奠定坚实基础，形成数据港雏形。四是由郑州现代物流中心有限公司建立了“智慧物流信息服务平台”，该平台采用大数据、云计算、物联网、移动互联等先进技术，集成了现代供应链和物流管理的理念、知识和经验，构建运输企业、物流企业、车主、驾驶人、货主企业、车辆供应商、配件供应商、车辆服务商、金融机构、保险机构等用户和相关方之间交易、互动、沟通、管理的信息和业务平台。

发展理念的核心是实现传统物流行业的“互联网＋”转型。“十二五”时期是我国物流行业步入快速发展新阶段的重要时期，物流行业面临重大发展机遇，投资前景十分乐观。伴随着移动O2O时代的来临，各行各业都在积极响应“互联网＋”的行动计划，而“互联网＋”物流目的正在于利用互联网庞大的信息平台，整合供应链以省略繁杂的中间环节，在生产者与消费者之间形成高效的无缝对接。

物流行业将会是下一个利用互联网技术发生深刻变革的行业，物流公司成功的关键在于怎样利用好互联网技术，形成一种崭新的服务标准和工作流程，让整个服务更有效率。

互联网物流企业想要解决传统物流存在的需求和供应信息不对称、不透明的问题，缩短冗长的利益链条。通过利用互联网技术实现企业的扁平化管理模式，可以提高物流行业的效率，改变原来供应链体系中很多落后环节。

伴随着传统企业转型升级的深入推进和产业结构的优化调整，以平台经济为核心的集约型发展模式得到快速推广，以物流平台为代表的经济格局初现雏形。从趋势来看，未来的物流是平台经济的时代。通过对资源的整合，互联网物流企业将处于快速发展的势头，商业机会明朗，商业价值逐渐攀升。催生“互联网＋”物流企业快速成长的原因主要有以下4点：

- **“互联网化”成为推动物流全行业向前发展的原动力**

互联网正在改变许多传统行业，互联网对物流行业低效、混乱局面的重塑是大势所趋。面对速度和体验的双重需求，互联网物流企业应运而生。

- **电子商务的快速发展催生了物流行业的初步崛起**

电商的高速发展需要很好的物流模式来配合，否则将会给发展带来瓶颈和制约。当物流量完成从制造业驱动向电商业驱动的快速转变时，物流已经能够满足用户碎片化需求，并具备了体验性、个性化、空间分布广的特点。与此同时，货物流通也越来越倾向于小批量、多批次、高频率的运作模式。在这一背景下，传统快递企业仅仅依靠低水平的规模扩张将难以支撑，必须寻求与互联网融合以突破这一瓶颈。

- **海淘成为购物新趋势，是互联网物流企业快速成长的催化剂**

现阶段，海淘、跨境电商成为时尚消费的一种选择。互联网物流在提供海外直购服务方面有着天然的优势，在跨境电商业务中，扮演着重要的角色。互联网物流业务开展的好坏，将直接决定未来各公司的服务水平和市场竞争力。

●“互联网+”代表的新经济形态已然深刻影响到物流全行业

在网络化世界里，物流互联网化将追求更高效、更精细的分工。“互联网+”不仅是一种技术手段与传统行业的融合，更是将互联网思维深植于物流行业。“互联网+”物流的市场由规模化向细分化、个性化、多样化演进，这将使物流运营更为科学高效，当然也需要与之匹配的企业同步发展。

3. 产业政策环境

2015年7月4日，国务院印发了《关于积极推进“互联网+”行动的指导意见》，意见中强调了“互联网+”高效物流，加快建设跨行业、跨区域的物流信息服务平台，提高物流供需信息对接和使用效率；鼓励大数据、云计算在物流领域的应用，建设智能仓储体系，优化物流运作流程，提升物流仓储的自动化、智能化水平和运转效率，降低物流成本；构建物流信息共享互通体系，发挥互联网信息集聚优势，聚合各类物流信息资源，鼓励骨干物流企业和第三方机构搭建面向社会的物流信息服务平台，整合仓储、运输和配送信息，开展物流全程监测、预警，提高物流安全、环保和诚信水平，统筹优化社会物流资源配置；构建互通省际、下达市县、兼顾乡村的物流信息互联网络，建立各类可开放数据的对接机制，加快完善物流信息交换开放标准体系，在更广范围促进物流信息充分共享与互联互通。建设深度感知智能仓储系统，在各级仓储单元积极推广应用二维码、无线射频识别等物联网感知技术和大数据技术，实现仓储设施与货物的实时跟踪、网络化管理以及库存信息的高度共享，提高货物调度效率。鼓励应用智能化物流装备提升仓储、运输、分拣、包装等作业效率，提高各类复杂订单的出货处理能力，缓解货物囤积停滞瓶颈制约，提升仓储运管水平和效率；完善智能物流配送调配体系。加快推进货运车联网与物流园区、仓储设施、配送网点等信息互联，促进人员、货源、车源等信息高效匹配，有效降低货车空驶率，提高配送效率。鼓励发展社区自提柜、冷链储藏柜、代收服务点等新型社区化配送模式，结合构建物流信息互联网络，加快推进县到村的物流配送网络和村级配送网点建设，解决物流配送“最后一公里”问题。

4. 存在问题

相对于发达国家的物流产业而言，我国物流业仍处于以传统交通运输为基础的初级发展阶段，交通与物流融合发展不足，交通枢纽和物流园区布局不衔接、多式联运和供应链物流发展滞后、运输标准化、信息化、规模化的水平较低、行业创新和可持续发展能力不强等问题仍较为突出，未能有效发挥交通基础设施网络优势，在一定程度上制约了物流业整体水平的提高。在全面深化改革和经济发展新常态的大背景下，我国物流业呈现出竞争主体多元化的特点，正从低集中度、分散化日益走向专业化、规模化，我国加快发展现代物流的时机逐步成熟。现代物流技术创新和信息技术发展有望成为推动国民经济节能降耗、提质增效的重要抓手。

三、商业模式分析

根据亿欧网相关数据显示，目前新兴的"互联网＋"物流企业约200家，累计完成总融资额200亿元人民币，其中2015年上半年国内物流O2O行业投融资情况见图4-1。随着一大批"互联网＋"物流企业相继完成B轮、C轮融资，累计融资总额将进一步扩大，资本的介入将加速行业洗牌；与此同时，还有持续不断的新企业和阿里、京东、顺丰等重量级行业巨头进入，"互联网＋"物流市场已经由逐步由"蓝海"变成"红海"。

2015H1国内物流O2O行业投融资盘点

序号	时间	企业名称	融资金额	轮次
1	2015年1月	货拉拉	1000万美元	A
2	2015年1月	邻趣	不详	A
3	2015年1月	全峰快递	2亿元人民币	C
4	2015年1月	云鸟配送	1000万美元	A
5	2015年3月	物流小秘	1000万美元	A
6	2015年3月	笨鸟海淘	500万美元	A
7	2015年5月	罗计物流	1.26亿美元	B
8	2015年5月	运满满	数亿元人民币	B
9	2015年5月	货车帮	数亿元人民币	A
10	2015年5月	汇通天下	3000万美元	C
11	2015年5月	运策物流	1000万美元	A
12	2015年6月	丰巢	5亿元人民币	出资
13	2015年6月	中通快递	数十亿元人民币	不详
14	2015年6月	oTMS	1000万美元	A+
15	2015年6月	香港快狗	千万美元	B+
16	2015年6月	发哪儿	500万人民币	天使
17	2015年6月	达达	1亿美元	C
18	2015年6月	省省回头车	不详	Pre-A
19	2015年6月	1号柜	3000万人民币	A
20	2015年6月	奥林科技	2000万美元	A

图4-1　2015年上半年国内物流O2O行业投融资情况

"互联网＋"物流企业发展到目前，主要解决的是运力统筹和货源统筹的双重难题。主要有以下5种模式：

● 整车配送、一装多卸模式

初期发展起来的互联网物流企业以平台为主，主要解决了传统物流服务信息不对称的问题。随着进一步的市场探索，各企业逐渐开始在货物集散端思考更多可行方案。最普遍的做法是，互联网物流企业搭建平台，平台一端对接客户，另一端对接驾驶人。平台的价值更多体现在整合了离散的货源，完成了集货功能。然而，以平台为基础，并没有解决集货困难、成本高、周期长、一流货源难寻的问题。整车配送、一装多卸模式其实只做到了最基本的表层重构，完成了对信息、货物的聚合与分发，并没有从根本上改变物流行业供应链链条。

● "滴滴打车"模式

随着移动互联网的发展，基于LBS位置服务，类似"滴滴打车"模式的互联网物流企业纷纷上线，用户在平台发布送货请求，货车驾驶人在线抢单。这种完全照搬滴滴打车模式的物流企业存在一定的弊端。首先，"人打车"和"货配送"有本质上的区别，物流配送的需求多来自企业，相比打车其流程复杂，要求多样，难以标准化。其次，在支付闭环并没有完全打通的情况下，物流配送的运费结算客单价较高、驾驶人不能直接出具发票、双方需要签收回单和账期等一系列问题难以解决。

● “拼车”模式来“拼货”

“拼车”模式以整车为单位，和海运船舶的分仓理念相似，将车辆的空间按照货物的体积大小进行划分安排，通过系统统一调配，配送车辆可以多点取送，多装多卸，将闲散运力整合起来，同时达到成本和效率的最优化。目前“拼货”的主流观点是“高频打低频，强需求带动弱需求”，但是在市场尚未完全打开之前，拼车的空间利用率会打折扣，另外在技术、货源等因素综合影响下，时间、空间和距离三者之间的最佳平衡点也难以定位。

● 平台招投标模式

此种模式下，用户可以通过平台发布货运需求，驾驶人在平台展开竞价，用户选择性价比合适的驾驶人进行接洽。以此模式发展起来的互联网物流企业，更加看重的是平台对供应链的控制价值，企业一旦掌控供应链管理技术，那么后期将有很大的市场发展空间。互联网本质是公开透明的，互联网物流企业的货运报价也会越来越接近刚性成本，那么在平台竞价的压缩空间就会变得有限，当货运物流交易效率要求较高时，竞价就会失去优势。物流企业如果想通过补贴拉低竞价来扩展市场份额，从长远来看很难持续发展。

● 立体生态模式

商业模式中最大的赢家是链主企业，供应链从单独一条链向多条链整合，就延伸出平台模式，如果多个平台经过整合，就成了立体的经济模式。互联网物流企业将基层的末端配送运营、干线整合、全国仓储圈地、信息平台建设、大数据战略、金融服务、制造代工等进行整合，就会形成物流的立体生态经济模式。立体生态经济模式最终会掌控整个商业生态，成为最大的供应链链主平台。从我国目前物流行业整体来看，空运、铁路两大领域内主体运力较为集中，而公路物流运力较为散乱。立体生态模式物流骨干网的“骨干”整合将成为重要短板，可见，立体生态模式的整合难度非常之大。

四、趋势分析

在巨大行业前景以及资本的热捧下，越来越多的创业公司与传统物流公司开始“触网”，纷纷进入“互联网 +”物流市场，“互联网 +”物流行业也快速崛起并成为行业热点。经过近年的行业摸索，目前形成了五大“互联网 +”物流模式。对于“互联网 +”物流行业而言，接下来应该朝着建立信用评价体系、实现线上支付闭环、建立物流生态圈等方向努力。

1. 建立物流行业信用评价体系

信用不足一直是困扰物流行业的一大顽疾，物流企业跑路、驾驶人跑路以及货主克扣货款等现象屡见不鲜。未来，应该围绕物流企业、驾驶人、货主等相关方面，建立相应信用评价体系。物流企业、物流平台、信用评价企业应该共享信用数据，建立相应信用数据共享平台，实现数据实时共享。另外，政府部门也应该向企业开放相应数据接口，公安身份证系统、交通车辆管理系统、银监会数据系统等应该向物流平台企业开放，方便平台企业进行相应认证、监督及大数据跟踪。

2. 实现线上支付闭环

实现线上支付是物流货运闭环的重要环节，然而央行《非银行支付机构网络支付业务管理办法》征求意见稿规定单个客户所有支付账户单日累计金额应不超过5000元，超过这一限额的付款必须通过客户的商业银行账户进行。该政策对线上闭环的实现影响重大，成为摆在行业面前的重要问题。

3. 建立互联网物流生态圈

物流行业涵盖运输、仓储、货代、信息、金融、保险、车后市场等多方面业务内容。在解决了信息、信用、支付等问题后，互联网物流企业应该向融资租赁、保险、车后市场进军，最终建立起完善的物流生态圈。

五、建议措施

传统物流行业转型"互联网+"，将经历迎合、渗透、打破重建三个阶段：

- **迎合——行业需要什么，平台提供什么**

互联网企业在发展的初期阶段还不具备一定的规模效应，传统线下的体量依然占据市场主流份额。纯互联网物流公司"没有力气，甚至缺乏底气"直接和传统企业"掰手腕"，因此迎合市场和行业需求是生存下去的第一地步。

- **渗透——深入行业，挖掘用户**

当互联网物流企业在行业已经扎稳根时，这时候应该深入渗透到用户中去，通过服务和效率的提升将用户牢牢黏在平台之上。

- **打破重建——从规则的服从者到规则的制定者**

当互联网物流企业和传统物流企业有平等的话语权时，互联网物流企业的优势将逐渐凸显。互联网物流企业将通过高效率、低成本优势抢食传统物流企业，形成高度垄断。此时，"互联网+"物流的规则将由互联网物流企业来主导。

"互联网+"物流形成的首要因素在于改变原始的物流运作模式，全面推行信息化，实现智慧物流。"互联网+"形势下的信息化，不是单纯地建网站、搭平台、开发APP，而是利用移动互联网优势，在管理监控、运营作业、金融支付等方面实现信息共享，用互联网思维、信息化技术来改造物流产业，在新的领域创造一种新的物流生态。互联网物流企业实施"互联网+"是一种基于长远目光的战略考虑，物流作为母行业在向其他业态渗透过程中会相对容易。物流即便免费，但延伸出来的业态却依然能够盈利。各企业若深耕"互联网+"领域，在流程管控、配送效率、用户体验上做到极致，想必能够在互联网物流的红海中拥有一片天空。

第二节 物流信息平台

在浙江省相关建设成果基础上，交通运输部正在组织全国交通运输系统共同推动国家交通运输物流公共信息平台（以下简称"公共平台"）建设。浙江省政府也批复成立了浙江国家交通运输物流公共信息平台管理中心，由该中心负责公共平台的管理、维护与推进工作。

公共平台是以提高社会物流效率为宗旨，以实现物流信息高效交换和共享为核心功能，由交通运输部和省级交通运输主管部门共同推进，连通各类物流信息平台、企业生产作业系统，统一信息交换标准、消除信息孤岛的面向全社会的公共物流信息服务网络。

公共平台构成形式为“1 + 32 + nX”，其中：“1”代表公共平台国家级管理服务系统；“32”代表32个省级交通运输主管部门建设的区域交换节点；“1 + 32”是公共平台建设的主体内容和近期建设重点；“nX”是指“公共平台”拓展和衔接的信息服务体系；“n”代表n类信息系统；X代表某一类信息系统中X个具体的信息系统。公共平台的布局如图4-2所示。

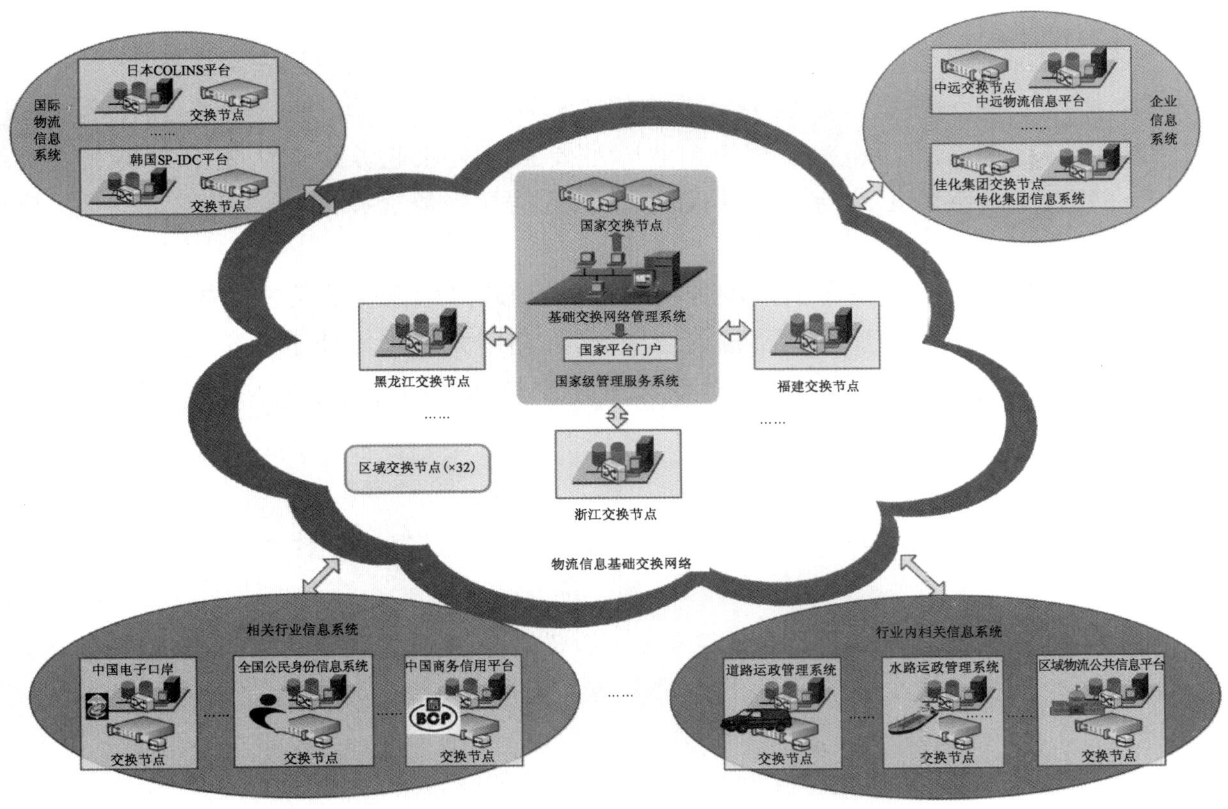

图4-2 交通运输物流公共信息平台布局

——公共平台国家级管理服务系统包括国家交换节点、基础交换网络管理系统和门户网站，负责公共平台的运行管理、相关行业和国际物流平台的衔接和公共信息服务。

——32个区域交换节点由各省级交通运输主管部门推动建设，与国家交换节点共同构成公共平台基础交换网络。

——“nX”中，n类信息系统包括行业内相关政务信息系统（n1）、相关行业信息系统（n2）、相关企业信息系统（n3）、相关国际物流信息系统（n4）等；行业内相关政务信息系统包括道路运政管理系统（X1）、水路运政管理系统（X2）、交通电子口岸（X3）、长江航运物流公共信息平台（X4）等；相关行业信息系统包括海关（X1）、公安（X2）、商务（X3）、质检

(X4)、金融(X5)等行业政务信息系统;相关企业信息系统中,包括物流产业链相关运输(X1)、仓储(X2)、商贸(X3)、制造及物流信息服务(X4)等企业信息系统;相关国际物流信息系统中,包括如日本(X1)、韩国(X2)、欧盟(X3)及东盟(X4)等相关物流合作国家的信息系统。

围绕平台构建共享、高效、标准、安全的物流网络生态圈,为物流行业企业、供应链相关企业、物流从业人员以及行业管理部门提供各类物流信息服务。平台的建设具有以下几方面的意义。

- **实现物流政务信息一站式服务,推动服务型政府职能转变**

以交通基础设施和道路运输信息资源为主要依托,实现物流相关政务信息资源的社会化一站式服务,为公众获取物流公共信息资源提供便利,有效提高行业管理部门的服务水平。

- **实现物流业务管理的云服务,推动传统物流业务运作模式的互联网化升级**

依托政府已有云基础设施服务资源与相关标准化物流管理软件与服务,推动物流业务互联网化,实现物流园区、中小物流企业等主要服务对象业务运作从线下到线上转换,实现社会物流资源高效汇聚与服务,构建综合物流信息服务资源池,逐步形成基于互联网的物流网络生态圈。

- **实现政府基于物流信息的监测分析服务,推动政府数据化决策方式转变**

依托平台所承载的物流信息及相关信息资源,利用大数据等技术手段实现高时效性、高准确性的物流业务数据统计分析,有效提升行业管理部门对物流业运行情况的量化分析能力。

第三节 “互联网 +”冷链物流平台

随着“互联网 +”概念的深入,很多传统行业借着这股新型互联网新风,根据自身特点力求转型。冷链物流属于物流行业的一个分支,互联网为冷链物流行业提供了急速发展的先决条件。

鲜活农产品冷链物流对于“互联网 +”冷链物流的需求非常大,而且正处于快速增长的通道。以 2014 年为例,仅一年时间全国冷链物流涉及金额就达到 3.74 万亿元,对冷链物流的需求达到 10488 万吨,增长率为 18%。

然而,我国农产品物流仍处于发展初期,不仅流通环节多,流通成本也高,这也是目前制约农村电商发展的主要因素。据农业部的一份调查报告显示,一些农村地处偏远,物流的触角延伸不够。如河南辉县太行山区、陕西白河县秦巴山区等地方群众反映,电商拿到了订单,备齐了土特产品,在当地却找不到物流公司,只好组织车辆运到乡镇或县城所在地,这样就增加了电商成本,不利于电商企业发展,也不利于偏远地区的土特产品与大市场对接。生鲜农产品物流业发展明显存在短板,如保鲜技术、储存能力、配送力量等存在不足,尤其是冷链物流缺口较大。相比欧美国家 90% 以上的冷链流通率,目前中国只能达到20%~30%,而且其中很多所谓的冷链物流并不是全程冷链。

在大力发展“互联网+”的国家战略背景下，冷链物流企业发展模式不断创新，生鲜电商、跨境电商以及O2O市场的快速崛起，为传统的冷链物流带来了新的生机。鲜易集团和双汇集团均建立了良好的“互联网+冷链物流”产业模式，提高了冷链设施利用率和冷链物流服务效率，降低了服务成本，突破了农产品物流运输瓶颈，实现了企业效益、社会效益和生态效益的同步提升。

一、“互联网+”冷链物流典型

鲜易控股有限公司作为“互联网+”冷链物流的典型代表，通过利用移动互联网、物联网、大数据、GPS等技术，建立智能仓储、分拣系统和智慧物流配送系统，搭建冷链物流能力资源交易平台，提高温控供应链运营能力，降低物流服务成本。该公司在冷链仓储、冷链运输和冷链物流园区建设方面取得成效，尤其是该公司搭建了冷链资源交易平台——“冷链马甲”。

2015年9月24日，李克强总理在鲜易控股有限公司视察期间，对公司通过“互联网+”改造传统产业，培育发展新动能，以创业创新推动企业转型升级的实践给予肯定，鼓励争当时代的弄潮儿。李克强总理数次在以“互联网+”流通、“中国制造2025”为主题的国务院常务会议和在中央党校的演讲中提到调研情况，并对冷链马甲平台的经济效益、社会效益和生态效益给予肯定。

2016年5月14日，河南省省长陈润儿陪同时任交通运输部部长杨传堂调研鲜易控股集团冷链物流产业发展情况。杨传堂部长提出在鲜易控股集团现有冷链物流信息化平台的基础上，结合国家物流公共信息平台和“两客一危”车辆管理信息化平台建设，建立国家冷链物流公共信息平台和冷链物流资源国际交易中心，交通运输部将在政策上、资金上给予支持。

二、“互联网+”冷链物流平台概述

“互联网+”冷链物流平台的主要功能为通过构建物流信息共享互通体系，发挥互联网信息集聚优势，搭建面向社会的物流信息服务平台，开展物流全程监测、预警，提高货物安全、环保和诚信水平，为客户提供物流金融和保险等增值服务，有利于统筹优化社会物流资源配置，创建良好的生态环境。

国家冷链物流公共信息平台和冷链物流资源国际交易中心，共同构成“物联网+冷链物流平台”。

- **国家冷链物流公共信息平台**

国家冷链物流公共信息平台包括车、库、货冷链物流资源可视化监管平台（车联网、库联网、货联网），国家冷链物流大数据平台，食品、药品安全追溯机制平台，冷链物流资源认证及信用体系管理平台。

- **冷链物流资源国际交易中心**

冷链物流资源国际交易中心平台包括冷链物流资源线上交易系统、冷链物流线下交易系统、冷链物流资源集团购买及“做市商”制度、冷链物流资源第三方支付服务系统、冷链物流资源信息服务系统。

• 两个平台的关系

国家冷链物流公共信息平台和冷链物流资源国际交易中心，依托平台大数据、云计算、物联网等资源和技术，以冷链物流能力和资源为主要交易标的，为用户提供信息发布、交易撮合、供应链优化、食品药品安全追溯、在线支付、金融保险等服务。

国家冷链物流公共信息平台的建设和运营，是冷链物流资源国际交易中心建设和运营的技术基础。冷链物流国际交易中心的建设和运营形成良好的经济效益，既保证自身的可持续发展，又能为国家冷链物流公共信息平台的运营和维护提供资金保障。两个平台相互依托、相互驱动，实现公益性和经营性的有机融合。

三、"互联网＋"冷链物流平台建设

1. 国家冷链物流公共信息平台建设

• 车、库、货冷链物流资源可视化监管平台建设

车联网系统建设：通过为每辆冷藏车安装包含GPS（北斗）、视频监控、电子标签、温控传感器等车载设备的智能终端，实现在线可视、实时监控等功能。通过车载智能终端获取货物监控和车辆定位、温度、影像在线监控、开关门时间和次数等记录，实时传输到平台，实现平台在线可视化管理。形成冷藏车的动态管理模式，为冷藏车运能的销售提供数据支撑。

库联网系统建设：冷库管理集成系统（平台）集成无线射频、自动控制、数据库、信息管理等技术，获取冷库的货品信息、冷库库位信息、冷库作业过程控制、冷库运行状态监控、制冷车间监控等，实时在平台上呈现，是一个监控管理一体化的信息系统，实现在线冷库作业智能化。

货联网系统建设：集成视频监控、自动控制、信息管理等技术，实现重点冷冻食品交易市场、工厂、物流公司货源信息管理的数字化、可视化、智能化。

• 冷链物流大数据平台建设

建设冷链物流云计算中心和大数据平台，包括大数据中心、云计算中心、中心机房、IT基础设施等软硬件建设。制定冷链物流大数据采集管理制度、开放共享管理办法。

• 冷链物流信用管理平台建设

以道路运输许可证和道路运输从业人员资格证的核发和公路水路信用体系建设为基础，建立冷链物流信用管理平台，通过信用管理促进冷链物流公共信息平台及物流撮合交易平台的健康发展。

• 食品药品安全追溯体系建设

依托现有技术与平台，开发中心数据系统、溯源信息公示查询系统、供应链管理系统、数据管理系统、安全生产系统，实现食品、药品流通全过程可视可控可追溯，并形成食品、药品安全可追溯相关标准规范和管理制度。

2. 冷链物流资源国际交易中心建设

在冷链物流公共信息平台建设的基础上，制定冷链物流资源交易规则，完善冷链资源交易平台，研究制定相关标准规范，建立冷链物流国际资源交易中心。

● 冷链物流线上交易平台建设

搭建网上信息平台，实现库容、运能及运输需求的自助式撮合，实时将货源、车源和库容等信息推送到货主、车主和业主用户端。以冷链仓储资源、冷链运力资源和冷链货物资源、冷链资产为交易标的，建立信息发布平台、搜索引擎、询价、订单管理、交易管理等撮合系统。

● 冷链物流资源线下交易平台建设

建立库容及运能的人工撮合机制，以交易所的形式整合库容和运能，形成线下交易平台。

● 冷链物流资源交易代理机构网络布局建设

依托现有生产企业物流部门、冷库流通企业、专业物流企业、配货机构，建立冷链物流的远程交易代理机制，形成覆盖冷链物流产业链的交易网络。

● “做市商”制度建设

建立“做市商”制度，充分发挥平台运营公司在物流车辆、冷库资源、货源信息等方面的自营优势，形成核心竞争力。“做市商”制度，是借用“证券做市商”的买卖流动机制，依托公司具有自营市场资源的优势，逐渐形成在撮合市场“信息不对等”的核心竞争力，不断促成交易，满足各类用户的需求。通过买卖报价的适当差额来补偿所提供服务的成本费用，并实现一定的利润，争取利润最大化。

四、“互联网+”冷链物流平台服务

1.提供冷链物流服务

在物流车辆、冷库、行业客户三个方面建立起核心层、紧密层、松散层的客户体系，并以此为基础建立行业需求信息来源渠道，建立对内透明的客户信息数据库，最终获得平台在行业内的主导者地位。

以物联网技术、GPS(北斗)技术为核心建立冷链物流园区和车联网服务体系，提供车辆定位、温度监控、订单跟踪、车辆轨迹查询和维修保养等服务。

订单跟踪：为货主提供服务跟踪体系，包括服务过程中的车辆跟踪，跟踪订单的车辆运输情况；通过服务评价，形成星级排行，作为货主选择的依据，从而规范和监督其服务质量；提供仓库及运输全程的车辆货物保险。

温度监控：货主和承运商可对在途货物温度进行实时监控，同时具有自动报警功能，若车厢温度异常，可自动报警提醒驾驶人。通过此模块，可以有效地保障冷藏货物运输途中安全，预防途中异常情况产生。

车辆定位：选择车牌号、开始时间、结束时间即可实现轨迹回放。

平台增值服务：平台整合社会资源，将众多线下供应商引流至线上，合作网点覆盖全国，创新汽车后市场全新的B2B、B2C模式，驾驶人通过线上下单，线下享受服务；平台为买卖双方提供安全的交易环境。

2. 建立冷链物流诚信体系认证

建立货主与承运商互相评分和评价体系，统计出每个承运商的统合评分及各个服务项目的平均分，计算出承运商的星级评定。资质认证包括营业执照、税务登记证、道路运输经营许可证、组织机构代码、车辆资质认证。通过跟踪用户投诉、违法违规信息，完善企业质量信誉考核体系。

3. 提供物流金融服务

物流金融是指在物流业的运营过程中，通过开发和应用各种金融产品，有效地组织和调剂物流领域中货币资金的流动。这些资金流动包括发生在物流过程中的各种存款、贷款、投资、信托、租赁、保险，以及金融机构所办理的各类涉及物流业的中间业务等。

随着交易量和信誉度的逐渐提升，能够使冷库物流各主体在运营上对公司产生依赖性；同时，利用交易完成的时间差，能够形成大量的沉淀资金。公司可以通过对业内主体的影响力，配合沉淀资金，逐渐开拓出集团加油、集团保险、集团购车（可用融资租赁形式）等业务，扩展出多种盈利模式。

4. 以 RFID 为基础的智慧物流园区

智慧物流园区，是指以 RFID 物联网识别技术为基础，配合信息管理平台，采集并处理园区内物流车辆、冷库、人员的活动信息，获得管理者所需要的各种实时的、动态的信息变动情况及运行轨迹，并依据权限共享资源和信息。智慧物流园区主要包括园区冷库管理系统、园区车辆管理系统、园区人员管理系统。

5. 以 GPS/北斗为基础的车联网技术

车联网是指对于车辆基本信息、车辆运行状态、行驶轨迹进行管理，通过平台可以对车辆进行监控和动态的调度。冷链车辆通过安装北斗导航、车载终端、RFID 芯片、传感器等设备将数据收集至系统平台进行运算以后，根据地理位置的变化或状态的变化做出不同的响应和汇总分析，最终形成功能的展示。通过系统平台的窗口可以帮助企业进行车辆监控和调度管理，采用信息化的手段满足车队在降低成本、提高效率、提升服务质量方面的要求。

6. 以"互联网 +"为基础的网络撮合平台

网络应用集成平台建设，以现有的物流管理平台为基础，将智慧物流园区、车辆网等其他应用模块和支撑模块集成到一起，利用"互联网 +"促进数据融合及交流应用，形成以冷链物流业务为中心、冷链物流周边产业为补充的一站式多功能平台。

第四节 多式联运

多式联运是指依托两种及以上运输方式的有效衔接，通过使用标准化运载单元，在全程运输组织过程中对货物本身基本不进行操作的服务模式。发展多式联运对提高运输效率、减少货损货差、降低物流成本、促进节能减排具有重要意义。在国家"一带一路"战略不断推进,供给侧结构性改革逐步深入的背景下,加快发展综合运输多式联运,是打造物流通道枢纽、构建内陆对外开放新高地的重要依托,是推动我国经济转型升级的重要路径,是加快运输供给侧结构性改革、抢占物流业发展先机的重要举措。

当前,我国经济进入新常态,结构优化、创新驱动已成为培育经济发展持久动力的必然路径,高效率、低成本、可持续已成为打造中国经济升级版的必然要求。多式联运作为一种集约高效的先进运输组织方式,对于提高运输效率、降低物流成本、促进节能减排、推进经济结构转型升级、提升区域及国家经济竞争力等具有重要作用,已成为国家制定促进经济和产业发展的重大战略政策的重要抓手。交通运输部明确提出要把大力发展多式联运作为提升运输服务效率和水平的“牛鼻子”、促进现代物流高效运作的“突破口”,强调多式联运“事关结构性改革的深化落实,事关综合交通的深入发展,事关运输工作的转型升级”。

加快推进多式联运信息化建设,满足货主和多式联运经营人获取货、车、班列、场站、口岸等动态信息的需求。逐步整合现有铁路、公路、水路运输信息系统,研发搭建多式联运公共信息服务平台,提高不同运输方式之间的信息系统对接和数据协同开发水平。完善多式联运信息共享标准和共享机制,突破多式联运信息壁垒,逐步实现不同系统间的信息共享和协同。协调海关、检验检疫等相关部门,推动不同行业间的信息互换和共享,进一步提高多式联运监管效率。

第五节 城市配送

2014 年我国社会消费品零售总额达到 262394 亿元,货物运输总量达到 439 亿吨,快递业务量达 139.6 亿件,全国的末端配送量巨大,且明显呈增加趋势。面对日益拥挤的城市交通,重污染频现的空气环境,如何建设高效低碳的末端配送体系已经成为重要的课题。“互联网 +”的出现为城市末端配送提供了解决思路。互联网与城市配送的深度融合,即构建城市智能共同配送体系新形态。2015 年 7 月,商务部明确指出,在未来一到两年内,要在全国创建 10 个智慧物流配送示范城市。“互联网 +”时代城市智能共同配送体系构建非常必要,且具有重大意义:

①降低了配送成本。目前来看,全国各地各行业的末端配送大多数都是单独运营,自建配送网点、自购配送车辆、自雇配送员工。随着消费者订单的多变和差异化,货物的配送需求也日益呈现高频次、小批量的现象,快递企业独立运营加剧了设施设备使用效率低下的问题,造成成本上升。城市智能共同配送可以有效降低成本。上海市通过公共配送服务平台推行共同配送,将平台会员平均物流成本降至总货物价值的 8%,远远低于我国平均水平。

②全面感知配送产品。城市智能共同配送体系通过传感系统、射频技术等可以全面感知配送产品的位置、状态等实时信息,保障配送产品的时效性和完好性。

③实现配送决策的智能化。如利用大数据分析每个地点的快递产生数量及时间,合理设置网点设施设备和人员安排。

④美化了城市配送环境。在学校、小区、商业区经常会看到众多的送货车辆拥挤在路边，加剧了车辆拥堵，影响了城市环境，共同配送可以完善最后一公里网点，通过一家公司完成所有末端配送，避免上述现象的产生。

第六节　农村物流

农村物流是一个相对于城市物流的概念，它是指在农村地区，为生产、销售及农村居民生活和其他经济活动所提供的运输、存储、装卸、搬运、包装、流通加工、配送、信息处理等物流活动的总称。农村物流重点服务于农村地区农副产品进城、农资和农村消费品下乡的双向流通以及农村电商、乡镇企业生产或经营等相关活动。农村物流网络节点体系包括县级农村物流中心、乡镇农村物流服务站和村级农村物流服务点三个层级。

——依托县级物流中心搭建农村物流公共信息平台，提供物流供需信息的搜集、整理和发布，物流组织管理及其他相关公共信息服务。

——以农村物流企业为主体，对乡村信息服务站、农村综合服务社、超市、邮政三农服务站、村邮站、快递网点等基层农村物流节点的信息系统进行整合和升级改造，推进农村物流信息终端和设备标准化，实现与县级农村物流公共信息平台的互联互通。

——乡镇农村物流服务站和村级农村物流服务点应培养和发展农村物流信息员，及时采集农村物流相关信息，通过网络、电话、短信等多种形式，实现信息的交互和共享。

——信息化设施设备。宜包括PDA手持终端、电脑或显示设备、无线路由器、移动信息终端。

第七节　快递物流

中国快递业近年来的发展有目共睹。2014年中国快递业务量达到了140亿单，快递收入突破2000亿元大关，双双创下历史新高。这也标志着中国快递经过几年发展，跨入了世界快递大国的行列。中国快递协会数据也显示，截至2014年底，中国快递业连续46个月同比增速超过50%；2015年前两个月，行业增速达到43.4%。

快递业快速发展的背后，电商功不可没。国家邮政局数据显示，目前快递业大约六成业务来自电商。在主要民营快递公司的业务中，电商订单占比甚至超过八成。

但是，在快递业借力电商快速做大之后，对电商的过度依赖也成为一柄“双刃剑”。价格混战导致利润稀薄、服务质量良莠不齐；对电子商务的过度依赖导致议价权不断降低；低端服务过剩、中高端服务不足等等。这些挥之不去的问题预示着快递业面临急迫的转型压力。

由于电商业务占比过高，快递业陷入同质化竞争，价格战在所难免。目前许多快递企业的利润率已经降至不足5%，甚至出现快递加盟店大面积亏损的情况。

国务院2015年10月23日印发《关于促进快递业发展的若干意见》（以下简称《意

见》)。这是国务院出台的第一部全面指导快递业发展的纲领性文件,提出了促进快递业发展的总体要求、重点任务和政策措施。《意见》提出,以解决制约快递业发展的突出问题为导向,以“互联网+”快递为发展方向,培育壮大市场主体,融入并衔接综合交通体系,扩展服务网络惠及范围,保障寄递渠道安全,促进行业转型升级和提质增效,不断满足人民群众日益增长的寄递需求,更好地服务于国民经济和社会发展。

快递行业已成为拉动消费、促进就业、推动产业结构调整的重要力量,但其高速发展的背后,始终面临着居高不下的投诉量。在行业前景利好刺激下,各类资本不断涌入快递市场,形成了盲目扩张、低价揽件的竞争方式,这导致快递行业服务水平普遍不高、快件延误与丢失频繁等现象。

《意见》提出要优化快递市场环境、健全法规规划体系、保障寄递渠道安全,实施寄递渠道安全监管“绿盾”工程,全面推进快递企业安全生产标准化建设,落实邮政业安全生产设备配置规范等强制性标准,明确收寄、分拣、运输、投递等环节的安全要求。这些举措将促进行业转型升级和提质增效,建立起消费者信得过的配送链条,实现快递企业的健康发展。

快递公司是典型的规模型、网络型企业,在国内开几千个营业网点都属正常。但按照现行“一照一址”的要求,很多营业网点虽只有十几个人,但也需要单独的执照及财务体系,这极大地增加了快递公司的运营成本。如果实行一照多址,通过减少代办费用和时间,推广规模运作,预计可以节约20%～30%的布点成本,有利于快递企业快速拓展网络规模和提升末端派送网点的经营实力。《意见》提出,要深入推进简政放权、加大政策支持力度、改进快递车辆管理,深化快递行业商事制度改革,探索对快递企业实行同一工商登记机关管辖范围内“一照多址”模式。这些举措将促进快递企业健康发展,进一步提高物流效率,构建完善的服务网络,衔接综合交通体系。

中国快递业存在大而不强的问题,除了顺丰、邮政速递等企业,中国快递企业实行的都是加盟制,但国际知名快递品牌基本都是以自营为主,因此需要引入多种资本,推动行业整合。《意见》对快递业发展提出了整体目标,要向各类资本进一步开放国内快递市场,支持快递企业兼并重组、做优做强,促进更多企业和优质资本涌入快递行业,解决整个快递行业的资金短缺和经营模式不规范问题。

快递行业与互联网技术的“强强联合”将产生巨大的双赢,互联网技术的不断普及将为快递行业发展带来重要契机。首先,快递企业成本与内部管理以及运营问题,可通过先进的大数据技术得到改善;其次,随着互联网技术渗透农村与对外交流的加强,将进一步利好农村物流与跨境物流发展;互联网时代,信息安全重要性凸显,通过积极利用信息技术提升安全监管能力,完善快递业安全监管信息平台,健全信息采集标准和共享机制,实现快件信息溯源追查,全面提高行业服务品质。

当前,快递企业首先应加强企业管理与监督机制,提高快递行业服务质量与快递运送效率,减少快递送达速度慢及快递缺失等现象;其次应降低单位快件运送成本,例如可以推出上门自提优惠业务,让消费者去附近的快递网点自行收取货物,既可减轻人力负担,自提优惠也将使消费者网购时主动选择这类配送服务;第三,在激烈竞争下应寻求差异化发展，随着海外购与农村市场网购需求不断增长，跨境物流与农村物流将是快递行业的蓝海，怎样在新的领域赢得消费者青睐，不仅要坚持用户至上，也要让服务更贴心一度，配送更加专业化并努力降低成本。

第八节　跨境物流

河南省进口物资公共保税中心集团有限公司前身为河南省三资企业物资保税中心。2002年企业改制，国有安彩集团占股51%，香港高鹏49%。2008年安彩破产倒闭企业重组，河南国有资产经营管理有限公司受让安彩51%，香港高鹏集团49%全资出让。2011年，5月11日正式封关运营，成为全国110个海关特殊监管区域之一，当年实现监管业务量全国排名第六，约29亿美元，资产增值到2.5亿元。2012年8月11日，成为全国跨境贸易电子商务服务试点承建单位。2013年第三次重组，郑州经开投资发展有限公司受让国有51%股权，香港高鹏集团有限公司占股49%。2015年公司资产增值到11亿元，主营业务收入由2亿元增长到5亿元，实现集团化经营，下属16家子公司，实现了国有资产保值增值，放大了国有资产投资效应。

一、创新一个监管模式

郑州试点创造的"1210"试点模式降低企业成本，实现国家增收，消费者受益，得到政府、企业、消费者三方认可。"1210"试点模式被李克强总理称赞为"制度创新高地"。国家在此基础上推出跨境电商税制改革，并于2016年4月8日正式实施，此次税改郑州市试点贡献巨大。

2015年12月，海关总署和国家发改委等单位共同组成的国家验收组评审意见中称："郑州试点依托河南保税物流中心，在政策、业务和技术层面改革创新成效显著，试点项目取得了显著成效，给我国跨境贸易电子商务爆发式增长创造了条件，找到了在新型经济领域制定新贸易规则的条件，给内陆对接国际市场带来机遇、带动发展，初步构建了直通全球的跨境网购商品集疏分拨中心，带动了省市对外贸易和地方经济的发展。"

二、打造一个平台——信息服务平台

郑州试点信息化平台建设已积累了三年多的实践经验，该平台操作性强、单位时间通关量大，技术水平和服务能力在全国处于领先地位。2015年实际通关5001万单，2016年第一季度已通关2200万单，日均处理能力已达到500万单，实际日均处理达到23万单。海关、国检、公安、银行等4个监管服务部门已实现互联互通，较好地满足了政府监管和企业服务的各类需求。该平台已实现关检"三个一"、查验"双随机"、跨境"秒通关"，在原有信息化平台已具备4个部门（海关、国检、公安、银行）监管服务功能基础上，再叠加其他监管服务部门的监管服务功能提供了可学习借鉴的经验。

三、建立一个园区——跨境智慧物流园项目

50 万平方米的智能分拨分拣区,配置国内最先进的软硬件系统,日均运营能力不低于 100 万包线下线上一体的“1 +9”智慧物流园,已全部投入运营。“1 +9”体系设计根据河南本土内陆特点重组跨境电子商务物流供应链体系——国际(干线、终端) + 区内(分拣分包操作) + 国内(干线、终端)。提高一倍时效,降低一半综合成本,形成和沿海具备同等条件竞争能力的供应链服务体系是实现跨境电子商务产业落地、发展壮大的根本保障。

四、建立一个好机制——PPP 模式

郑州试点构建“公益性 + 商业性”的 PPP 平台运营机制,实现政府主导、企业化运作,实现了国有资产保值增值,放大了国有资产的投资效应。从 1994 年到 2015 年,公司资产由 2500 万元增值到 11 亿元,同时实现了风险有效防范,政策精准把握,充分发挥了企业的专业性、市场的开拓性、服务的便利性。

五、构建一个商业模式——定制化、全链条

郑州试点创新跨境 O2O 商业运营模式:一是关务服务 O2O,试点信息化系统 + 线下分拣分拨中心;二是交易 O2O,线上交易平台 + 线下展示展销中心,如中大门 O2O(线上交易平台和线下展示展销中心)、中国农洽会 O2O 交易平台项目(驻马店农洽会交易平台 + 驻马店保税展示 + 粮食口岸);三是物流 O2O,线上 EHL 物流交易网 + 线下跨境智慧物流。

六、业务规模全国领先

2015 年实现业务单量 5109. 75 万单,货值 41 亿元,行邮税额约 1. 19 亿元。进口占 97% ,出口占 3% 。拉动消费回流 39 亿元。2016 年一季度,已实现出区包裹量 1699. 94 万包,货值 14. 38 亿元,行邮税额约 2169. 8 万元,同比 2015 年增长 2. 7 倍。业务单量全国领先,纳税总额超过其他试点的总和。

七、集聚一批企业

截至 2016 年 3 月 31 日,试点已完成备案企业 1008 家,其中:网商 328 家,电商 512 家,仓储企业 94 家,物流企业 18 家,报关行 14 家,支付企业 34 家,货代、分销等综合服务商 8 家。天猫国际、聚美优品、网易、唯品会、小红书、莎莎、卓越、DHL、中通国际、中国邮政、支付宝、财富通、银联等知名龙头企业纷纷入驻,产业集聚效应初步显现。同时,还带动了中大门、熊抱网、9 号店、万国优品、万国万购等河南本土电商的诞生和壮大,带动周边相关行业就业 10 万余人。交易平台(网商)全国前十强的知名企业 95% 已入驻,物流商已基本全部入住。在河南,围绕跨境电子商务试点,周边集聚了近千家网商,近百家物流企业,跨境电商产业圈已初具形态,形成了良好产业支撑基础,为中西部跨境电子商务产业

发展打造了一个样板。

八、带动作用凸显

一是催生本土跨境电子商务产业的发展。试点开展前,河南本土跨境电商基本为零,目前已形成以中大门为首的近100家本土跨境电子商务平台。

二是推动相关产业规模化开展及转型升级。具体表现在:

①对物流业:一是物流运输企业,带来近40%的业务增长,河南邮政82%的业务增长,并开始扩展到国际物流行业中去;二是仓储物流业,营业收益增长10倍,营业规模增长近100倍。

②对综合服务业:酒店由一家增加到四家,入住率不足50%到如今房客爆满。

③对地产业:周边出租房屋月租金由2012年32平方不足300元,到目前1300元一房难求。

三是对就业及市场深层次影响。2014年试点开始阶段,大数据分析显示河南跨境电子商务的消费活跃度排名全国第18位,最近已上升为第8位。这是具有深远的意义和影响,预示河南的人口红利一旦发力,将形成巨大的消费市场。目前园区内的企业带动的就业人数已达近10万。基本实现了全国知名的电商平台入驻,备案网商近千家,商品共有化妆品、食品、洗护品等20多类,10000多个品种,进口商品来自约77个国家及地区,出口约55个国家与地区,业务增长率保持30%以上。

第九节 “互联网+”航运

一、发展概述

目前,我国经济社会总体发展进入了新常态,面对国内外经济形势的不确定性,航运业需要把握“互联网+”的战略机遇,围绕国家的发展战略和地方发展的现实需要,创新经营理念、转变发展方式。

2015年,李克强总理在政府工作报告中提出制定“互联网+”行动计划,重点促进以云计算、物联网、大数据为代表的新一代信息技术与现代制造业、生产服务业等的融合创新。“互联网+”被纳入顶层设计,成为国家未来经济发展的重要战略。作为世界经济重要的基础性和服务性行业,航运业如何融合“互联网+”,推进经济结构调整,促进我国国际贸易的飞跃式发展,备受关注。

航运作为现代服务业的门类之一,与新兴业态相互交融、促进、支撑的趋势十分明显。世界海运市场已由整体繁荣期进入新一轮漫长调整期。全球航运业也正在从传统单一环节竞争转向链与链(物流链)、网与网(生态网)的竞争。在新的世界经济形势的背景下,提出“互联网+”航运发展战略,通过两者融合形成“线上资源优化配置,线下高效优质运行”的创新业务和运营模式,加快推进航运业由传统产业向现代服务业转型升级。

航运业是实现国际贸易的重要保障,是推进经济结构调整的坚实基础。互联网等信息化技术绝非新兴产业专属物,“互联网 +”本身就象征着无限想象和可能。在越来越多的行业通过“互联网 +”实现了从过去封闭、独立的发展模式向更为高效、开放的模式转变后,传统航运业也面临着这种后发先至的良好机遇,“互联网 +”是时代赋予航运业的一次绝佳契机。

二、产业现状

国务院提出“互联网 +”战略以来,互联网渗透进了很多传统行业。航运物流市场进入漫长调整期,上游船公司与货代企业经营艰难,纷纷反思传统运营管理思路,寻求互联网发展新模式,以期通过降低业务成本、提升业务效率,促进行业企业转型升级。

现代集装箱航运兴起于20世纪50年代,已有约70年历史。相较于其他行业,航运领域的互联网化程度一直不高,导致在互联网时代下,传统的运营管理方式弊端日益凸显,阻碍了航运业的发展与转型。

前瞻产业研究院《2016—2021年中国航运行业并购重组趋势与投资战略规划分析报告》指出:2015年第四季度,中国航运景气指数为83.37点,已经连续四个季度处于不景气区间;中国航运信心指数为51.44点,已经连续四年半处于不景气区间;中国的船公司、港口企业和航运服务企业的景气指数值均处于不景气区间,整体经营情况不断恶化,行业进入深度调整期。

航运业面临的主要问题有:

● 航运链条长,信息孤岛严重

以从中国出口至美国的货物为例,其物流需经历中国段的陆路拖车运输和报关、国际段的海上运输以及抵达美国后的陆路拖车运输和清关等。中间环节与手续非常多,往往耗时数月。任何一个环节有误,都会导致整票货物运输出现问题。虽然船公司、港口、海关、拖车车队都有相关的物流信息和数据,但彼此间数据未能打通,存在大量的信息孤岛,导致整个物流效率的低下。

● 行业信息不透明,提升航运物流成本

传统的货代在航运发展中发挥了重要的作用。所谓货代,指的是货运代理,其主要的工作就是接受来自客户的委托,帮助客户与船公司、海关等角色进行对接,提供货物的物流运输服务。

与国外专业货代相比,我国的航运货代呈现出素质参差不齐、缺乏行业统一规范管理的局面。我国开放航运货代许可以来,更加剧了货代行业的混乱。据不完全统计,目前全国有约20万家货代企业,其中很多货运代理利用价格与信息的不透明,靠赚取运费差价为生。这种行业的潜规则无疑抬高了航运企业的物流成本,在服务上无法得到应有的保障。

● 传统货代规模小,造成对接成本高

绝大部分传统货代规模较小,业务能力有限,导致其只能顾及某个港口、某条航线、船公司的物流服务,而无法为多个港口提供一站式的国际物流服务。这与实际货运企业的需求往往不能有效匹配,导致货物在航运过程中频繁更换代理商,既耽误了货运周期,又使得中间的交接成本升高。

随着互联网技术的发展和影响的深入,很多企业都意识到以上问题,纷纷提出基于互联网的发展新模式,意图依靠互联网技术打破传统航运行业的信息孤岛、流程闭塞等顽疾。近几年来,航运电商呈现爆发增长态势,有大量航运企业、货代公司以及第三方互联网公司在该领域布局,其中包括中远旗下的中远集运电商、泛亚航运电商、中外运的海运订舱网以及其他互联网公司或航运公司成立的锦程物流网、沃特云平台等。

三、"互联网+"航运创新产品与服务

1.航运+运价指数

以珠江航运运价指数为例,珠江航运指数由广州航运交易所于 2016 年 4 月正式发布,该指数是反映珠江航运市场在不同时期的运力、运量等因素综合变动影响运价水平变动的综合性指数,能实时、准确、客观地反映市场运价波动,是航运市场的风向标,是航运大数据的典型应用。

珠江航运运价指数采集了 55 条航线的运价数据,包括了珠江、北江、西江的主要航道干线,基本覆盖整个珠江水系。珠江航运运价指数包括综合运价指数、珠江航运集装箱运价指数和珠江航运散货运价指数。珠江航运集装箱运价指数包括内河内贸集装箱运价指数、内河外贸集装箱运价指数和香港航线集装箱运价指数,共采集了 33 条样本航线的运价数据。珠江航运散货运价指数包括煤炭、矿石、粮食、钢材和砂石自卸船五类支线的运价指数,共采集了 22 条样本航线的运价数据。

珠江航运运价指数的发布为货主、船东、政府和航运服务的第三方组织提供了有效的航运市场公共信息。通过珠江航运运价指数,货主可以掌握市场运价波动信息,正确核算运输成本,通过预定舱位,规避经营风险;船东能够制定切实可行的运价,及时调整航线分布和运力投放,形成舱位和货源调剂机制;航运服务第三方组织将珠江航运运价指数作为运价基准、间接投资价值参考和运价报价的依据,为运输期货交易做基础;同时,运价指数能为政府掌握必要的市场信息和监测水运经济运行状况提供便捷的服务,以制定相应的航运政策。

珠江航运运价指数具有四大鲜明特色:一是除了引入船公司、货主和货代等市场主体外,还创新性增加了独立报价人评估的方式,将各式各样的成交价统一到基准上来;二是珠江航运指数研发了高效保密的信息系统,能实现从电脑端和手机微信端输入运价等数据,更有直接对接电商平台引入的第一手运价信息数据;三是制定了公正、公平和公开的磋商机制,不定期召集专家和编委会成员探讨指数和航运市场的走势,及时发现问题,提出调整方案;四是引入了航运电商当日交易价,作为数据样本之一,数据稳定、准确、实时。

珠江航运运价指数由广州航运交易所于每周五编制发布,提供电脑端和无线端指数查询服务,并针对不同级别的会员提供不同的指数值、涨跌幅、指数走势图、航线指数、运价分析等专属分析服务,解读指数走向背后的细分市场动态和经济规律。

截至 2016 年 11 月 4 日,广州航运交易所已收集珠江航运指数运价数据 21718 条,发

布指数40期、综合指数评论40条。

2. 航运＋金融服务产品

为突破航运业和金融业的信息壁垒，助力高端航运服务业的发展，广州航运交易所创新研发了基于航运大数据的航运金融风控产品（航控e），利用互联网技术，结合航运行业基础数据库、华南地区船舶交易数据库、船舶AIS数据三大数据类型，为金融保险业针对航运企业提供多维度的智能风险控制。通过该智能风控产品，打造航运行业权威资信评分体系，进而推动整个港航业的健康发展，打造华南地区“互联网＋航运＋金融”创新产品。

航控e利用互联网技术，把分析结果模块化、数字化，从而把最直观的分数数值反馈给用户；通过计算机智能、标准的运算对数据进行分析与计算，最大限度地降低人工成本，并减少人为操作的影响因素，使得产品得出的评分更加客观、科学、及时；同时，它能够为用户提供独一无二的船舶估价，并对接保险理赔数据和银行贷款记录数据。航控e项目成功入围2016年中国（小谷围）“互联网＋”交通运输创新创业大赛。

3. 航运＋线上交易平台

广州航运交易所是华南地区最大的综合性航运资产交易平台。该平台以港航有关资产、产权、股权、债券等交易要素为主，包括港航企业、船厂、船东、金融机构、物流企业等交易对象。2015年，广州航运交易所共完成船舶交易艘数为575艘，同比增长34.34%；交易金额19.58亿元，同比增长28.05%。截止到2016年10月9日，广州航运交易所完成船舶交易鉴证1808艘次，交易金额60.44亿元。2016年新开设了肇庆、佛山和茂名三个船舶服务网点，目前共设立11家船舶交易服务代办机构。

未来五年，广州航运交易所将推进发展船舶交易服务，扩大和完善船舶交易在全省各地区的网点布局及相关交易服务，努力形成船舶交易及相关服务体系。拓展航运人才交易、船舶物资物料交易和港航资产交易业务，丰富航运交易市场。探索开展包括岸线资源、排放指标等公共性资源竞争性安排的平台交易模式，将航交所打造成立足广州、服务泛珠三角地区、辐射东南亚及海上丝绸之路沿线港口城市的航运全要素交易平台。

4. 航运＋信息服务平台

广州航运交易所搭建的广东航运交易综合信息服务平台是一个为整个航运生态圈提供智慧服务的综合信息平台。功能涵盖订舱、船舶交易、船公司运营、风控管理、安全考评与诚信评价等诸多业务。平台的上线，将给船东货主、船代货代等从业人士提供获取港航资讯、数据服务的新渠道，提高航运交易效率，创造新的利润增长点。广州航运交易所微信公众号是广州航交所倾力打造的华南地区一流的港航新媒体平台，集资讯与信息查询功能于一体，提供全方位、多维度的专业信息服务。

未来五年，广州航运交易所将通过建设和完善信息系统，集聚海事仲裁、法律咨询、经纪网络、船员及高端航运人才；拓展航运金融、保险业务；整合水运辅助业务资源，提升船、港、货等江海联运航运要素集聚能力和服务水平；延伸发展与航运交易相关的信用融资、保险、信息咨询、评估、竞价等增值服务项目，形成航运交易及其相关服务的体系。完善平台功能,实现全省航运交易信息多渠道、多方位集聚,使全省航运交易信息统一端口处理并对外衔接,形成有珠江水系特色的、服务于泛珠三角洲地区的航运交易服务平台,作为全省航运公共信息服务平台的重要补充。

5. 航运+电子商务平台

中远旗下的中远集装箱运输有限公司、上海泛亚航运有限公司等也纷纷进军“互联网+”航运,开发出“中远集运电商”“泛亚航运电商”等电子商务板块。这一模式作为新型的营销渠道,主要向客户提供公司的各种运输服务,将线下航运业务搬到网络上来,是航运公司服务体系的一部分,属于O2O。此外,还有航运公司或互联网公司搭建的第三方全行业交易平台,如海运订舱网、锦程物流网等,属于B2B或B2C平台。

为行业内所熟悉的“船讯网”,已在行业内积累多年,AIS定位信息作为其核心工具产品,在整个海运圈积累了无数用户。船讯网是一个实时查询船舶动态的公众服务网站,能够为船东、货主、船舶代理、货运代理、船员及其家属,提供船舶实时动态,给船舶安全航行管理、港口调度计划、物流、船代、货代带来极大的方便。随着互联网信息的获取越来越廉价,船舶动态的查询并不是一种非常好的盈利模式,船讯网不得不开始探索新的盈利点。借着自身积累的用户,船讯网推出了“快船”租船平台。

6. 航运+大数据

在航运业,数据服务大有可为。在国内,有数以百万计的班轮船期信息,并由此衍生动态船舶地理位置信息,还有全球总数高达一千七百多万TEU的集装箱实时地理位置信息,以及背后可挖掘的国际贸易相关客户信息、商品资料信息以及资金流信息等。这些庞大的数据是联通了整个世界的贸易流的信息,是世界贸易的大血管。近年来,各个港口城市正在努力兴建地域性航运中心,瞄准的都是抢占核心数据,获得话语权。可以说,谁掌控和利用好大数据,谁就首先从航运的迷雾中突围,引领行业未来。当新兴的大数据遇上传统的航运业,必将为航运企业打开新的发展局面,依靠大数据技术提升航运业务创新应用,挖掘航运业务新的经济增长点。

四、产业政策环境

1. 交通运输部《关于促进航运业转型升级健康发展的若干意见》

2013年8月26日,交通运输部发布《关于促进航运业转型升级健康发展的若干意见》,从运力调控、转型升级、市场监管、减轻企业负担、提高服务水平五个方面制定了相关的政策措施,重点在于着力改善市场运力结构、促进行业拓展新的经济增长点和节能减排、维护市场秩序、创造良好发展环境,使落后运力退出市场,促进航运企业生产经营稳定。

2. 国务院《关于促进海运业健康发展的若干意见》

2014年9月16日,国务院发布《关于促进海运业健康发展的若干意见》(国发〔2014〕32号)。文件指出深化海运业体制机制改革,完善海运企业法人治理结构,创新发展模式,优化组织结构、运力结构和运输结构,促进海运业可持续发展,推动海运企业转型升级;完善海运企业治理结构,转变发展理念,创新技术、产品和服务;加快兼并重组,促进规模化、专业化经营,提升抗风险能力和国际竞争力;在做强做优海运主业的同时,适度开展多元化经营;实施“走出去”战略,鼓励中资海运企业对外投资和跨国经营;有序发展中小海运企业,促进就业。

3. 交通运输部《关于加快现代航运服务业发展的意见》

2014 年 12 月 26 日,交通运输部出台《关于加快现代航运服务业发展的意见》(交水发〔2014〕262 号,以下简称《意见》)。《意见》指出,到 2020 年,我国将基本形成功能齐备、服务优质、高效便捷、竞争有序的现代航运服务业体系,确保现代航运业发展与航运转型升级相适应。

《意见》以市场主导、政府引导,合理布局、集聚发展,对标国际、转型升级,加强监管、规范服务为四项原则,提出深化改革,创新体制机制,扩大开放,完善政策法规,一方面加快船舶管理、船舶代理等传统航运服务业转型升级,另一方面积极培育航运金融、航运电商服务等航运服务新业态。同时,以航运中心和自由贸易试验区为重要载体,促进海运业和内河航运健康发展,切实提升现代航运服务业水平和国际竞争力。

围绕总体发展目标,《意见》部署了 11 个方面的主要任务:一是促进传统航运服务业转型升级,二是提升航运交易服务能力,三是创新航运金融保险服务,四是强化航运法律服务能力,五是提高航运信息服务能力,六是增强运价指数服务功能,七是强化船舶技术服务,八是提升船员劳务服务能力,九是完善现代航运服务业市场监管体系,十是深化国际交流与合作,十一是完善航运中心服务功能。

五、产业创新模式分析

传统航运市场信息不透明、中间链条长、信息化程度低下等原因导致航运行业发展缓慢,进入漫长的行业调整期。传统航运市场的从业者,纷纷通过利用互联网的方式,打破信息不透明、缩减中间环节,以实现提升物流效率,提高外贸企业的物流体验。

目前,国内现有的“互联网 + 航运”共有信息查询类、船公司在线订舱平台、货代间交易平台、外贸企业一站式航运服务平台等四大业务模式。

1. 信息查询类

代表企业包括运维网、船讯网、集运宝典等。

这种业务模式针对航运领域存在信息孤岛的现状,基于互联网技术建设信息查询类平台。通过整合港口、海关、船公司等相关数据,为外贸企业及货代企业提供船期、航程、预配舱单、进箱计划、海关放行等查询信息,利用互联网打破了信息相互隔离、封闭循环的行业现象。

这种模式的较好地满足行业相关从业者的信息查询需求,平台初期上线与获取用户较为容易。通过数据量的积累,有望成为行业内专业的数据服务提供商。但这种信息平台本质是 Web 1.0 时代的信息查询类网站,信息类服务壁垒不高、用户黏性较弱,无法获取用户真实的交易数据,继而导致盈利、变现难度较高。

2.船公司在线订舱平台

代表企业:一海通、海运订舱网、泛亚电商等。

这种模式是航运上游的船公司主导开发,自建在线订舱平台,为行业中的货代企业与外贸企业提供快捷的在线订舱服务。由于是依托自家的船公司,所以在舱位资源上有足够的保障能力。可通过将在线订舱平台与船公司内部的订舱系统无缝结合,带来更高效的订舱服务。

3.货代间交易平台

代表企业:365货代助手、九爪鱼、大掌柜等。

这种模式基于货代企业之间有着互相询价与交易的需求,通过搭建信息共享交流平台,解决线下大量的货代之间信息共享,可方便不同港口、不同航线间货代企业的沟通与询价。但该平台模式仅仅是围绕简单的货代圈运价交易市场,无法触及外贸企业,无法真正缩减中间环节,发展空间有限。

4.外贸企业一站式航运服务平台

代表企业:运去哪、航运城、二货网等。

这种模式主要的服务对象是外贸企业,通过整合不同港口、不同行业的优势货代企业、报关行、车队等,结合平台标准化的监管与服务,缩减传统的中间相关环节,为外贸企业提供一站式在线航运服务。

第十节 “互联网+”无车承运人

一、概况

“无车承运人”由truckbroker(货车经纪人)这一词汇演变而来,是无船承运人在陆地的延伸。无车承运人指的是不拥有车辆而从事货物运输的个人或单位。无车承运人具有双重身份:对于真正的托运人来说,其是承运人;但是对于实际承运人而言,其又是托运人。无车承运人一般不从事具体的运输业务,只从事运输组织、货物分拨、运输方式和运输线路的选择等工作,其收入来源主要是规模化地“批发”运输而产生的运费差价。

2016年8月26日,交通运输部办公厅印发《关于推进改革试点加快无车承运物流创新发展的意见》(以下简称《意见》),于2016年10月至2017年12月,在全国开展道路货运无车承运人试点工作。《意见》提出重点围绕“规范经营行为、强化信用建设、落实税收政策、鼓励模式创新、探索管理制度”五个方面开展相关工作,按照“初选论证、企业实施、过程监管、总结评估”的步骤推进。《意见》设定了规模条件、信息化条件、安全运营条件、风险赔付条件四个方面的条件,择优选择试点企业,符合条件的企业经所在地的地市级交通运输主管部门审核同意后,向省级交通运输主管部门提出试点申请。针对当前无车承运人发展中面临的经营资质、税收征管等方面的突出矛盾和问题,此次试点工作将重点针对法规制度、标准规范等方面开展试点和探索,逐步健全完善无车承运人相关的管理制度和标准规范,为无车承运人发展营造有利的制度环境。

二、发展情况

“十三五”规划牢固树立创新、协调、绿色、开放、共享发展理念,深入贯彻落实党中央、国务院加快推进供给侧结构性改革的战略部署,以运用移动互联网促进交通运输转型升级为主线,以推进无车承运人发展、促进物流业“降本增效”为目标,坚持市场引领、问题导向,多方联动、综合施策,以点带面、有序推进,以试点为载体,逐步调整完善无车承运人在许可准入、运营监管、诚信考核、税收征管等环节的管理制度,建立健全无车承运人在信息共享、运输组织、运营服务等方面的标准规范,推动大数据、云计算等先进技术在物流领域的广泛应用,培育一批理念创新、运作高效、服务规范、竞争力强的无车承运人,引导货运物流行业的规模化、集约化、规范化发展,全面提升综合运输服务能力和水平,为经济社会发展提供安全、高效、绿色的物流运输保障。

传统的物流模式中,货物从货主手上交出,到实际运输的驾驶人手中,也许已转包了三四道。据不完全统计,中国有3000万货车驾驶人,其中95%都是个体驾驶人。即使货物是交给物流公司承运,最终也有很大概率被分给个体驾驶人,个体往往局限于面对面的熟人交易模式,货与车匹配效率不高,最终的结果就是物流成本过高。无车承运人是指一般不从事具体的运输业务,只从事运输组织、货物分拨、运输方式和运输线路的选择等工作的个人或单位,相当于物流业的“滴滴”平台。一些来自企业和学者的观点认为,相比于已经蓬勃兴起的物流O2O平台,一站式物流运输服务平台将会是未来无车承运人的发展方向。一站式物流运输服务平台不仅要起到中介作用,更要解决比如确保货物的安全、确保驾驶人能够按时足额拿到运费等一系列问题。

市场证明,一站式物流运输服务平台的需求量很大。“拉货宝”成立于2015年6月,短短一年半时间,有效注册户数近2万,平台单月成交额达到近7000万元人民币;另一个平台化企业“积微网”成立于2014年,已经拥有大客户43家,在线运输量为213万吨,合作车辆超过7000辆。

三、试点发展

交通运输部发布的《关于推进改革试点加快无车承运物流创新发展的意见》,要求企业具备较为完善的互联网物流信息平台,还有与开展业务相适应的信息数据交互及处理能力。业界认为,有强大的信息系统、能够找到合格风险控制方的企业最适合发展无车承运人。入选的13家试点企业,就包括了正在向互联网转型的传统物流企业、专门从事信息技术平台化企业。拉货宝和积微网等多数企业都属于后者,这些企业最大特点就是拥有“互联网+”经验,这是无车承运人发展的基础条件。

截至2016年12月17日,湖北、重庆、浙江、四川、江西、海南、上海、福建等8省市共计105家企业入选无车承运人试点企业。2017年无车承运人试点热度不减,各省市名单陆续公布,目前已有209家企业获得试点资格。

但是,无车承运人存在难以获得道路运输的经营资质、缺乏运输担保机制两大问题。据权威人士分析,目前入选的试点企业都已经拥有资质,针对想入门却没有资质的企业,还需要交通运输管理部门商量对策;而在缺乏运输担保机制方面,部分企业已经为货物购买了商业保险,下一步需要与保险公司对接,开发适合无车承运人模式的险种。

四、无车承运人平台

当前物流产业信息化水平整体偏低,发展水平粗放落后。在基于移动互联网和大数据的无车承运人平台,货物资源通过线上平台整合,通过为现下承运人提供 APP 入口、技术支持、管理输出等方式,加速线下实际承运人的信息化和互联网化改造。例如,河南中原大易物流作为典型的无车承运人平台,实现了对货物的全程可视,在可准入、超载超限、违法违规、非诚信等方面进行有效监管,提高市场主体服务标准和规范程度;同时通过向交通、税务、公安等部门开放车辆行驶轨迹、车辆认证信息等数据,有助于交通运输管理部门对货运车辆的有效管理,帮助政府增强对货运物流行业的全面掌控,协助改善以往因广大中小型物流企业运营不标准、财务不规范、信息化不普及等问题所带来的税收难、管理难等问题。

第五章 “互联网+”汽车后市场服务

“互联网+”代表一种新的经济形态，即充分发挥互联网在生产要素配置中的优化和集成作用，将互联网的创新成果深度融合于经济社会各领域之中，提升实体经济的创新力和生产力，形成更广泛的以互联网为基础设施和实现工具的经济发展新形态。

在“互联网+”的浪潮之下，“互联网+”汽车服务逐步进入人们的生活，并成为未来汽车产业发展的大方向。“互联网+”汽车服务的发展不仅促进了汽车服务的发展，而且也对汽车服务产生深刻的影响。

互联网有助于汽车服务的运作由无序趋向于有序。在信息不充分的情况下，汽车服务业务运行有效性也往往受到影响，如物流企业往往难以选择最短路径或者最合理的路径。而在信息充分化的情况下，物流企业将会容易选择最合理的流向，从而促进物流服务的有序化。随着信息技术的发展以及信息充分化的趋势，将提高企业资源的利用程度，消除汽车服务能力供需间的不平衡，在不增加汽车服务设施的情况下提高汽车服务能力的利用率。这样，原先因汽车服务不平衡而增加的富余资源可以逐渐减少。

第一节 概 述

“互联网+”汽车服务是一个内容涵盖面较广的领域。从业务类型上说，“互联网+”汽车服务主要包括“互联网+”汽车营销、“互联网+”汽车租赁、“互联网+”汽车保险、“互联网+”汽车维修等服务。

近年来随着我国城市化和机动化的快速发展，机动车保有量的迅猛增长与有限的停车资源之间的矛盾突出。根据中国停车网的统计，我国大多数省会城市的停车泊位缺口在50%以上，同时配建停车泊位与路边停车位之间存在着比例失调问题，严重影响道路资源的合理利用。停车管理是城市交通系统管理的重要环节。依据《国务院关于积极推进“互联网+”行动的指导意见》，“互联网+”交通运输的快速发展，为有效缓解停车难问题提供了一种解决信息不对称的途径，实现了闲置车位与停车需求的精准匹配，在“互联网+”停车下，车位拥有者通过互联网将自己的闲置车位与其他用户分享，可以帮助附近的用户及时找到停车位，极大节省寻找停车位时间，并减少燃油消耗。

第二节 “互联网+”汽车服务应用的意义

所谓“互联网+”汽车服务是指利用计算机信息处理技术和网络技术，按照一定的科学比例和组织原则，在确保安全、便利的基础上选择或设置各种类型的汽车服务网络点，从而形成一个能为汽车提供全方位服务的汽车服务体系。“互联网+”汽车服务可以使天(互联网络)—地(汽车企业服务实际网点)—人(汽车服务人员和客户)完美统一,所提供的全方位服务使得车主只管开车,剩下的事全由汽车服务体系完成。“互联网+”汽车服务既优化了社会资源的合理配置,又使汽车服务更进一步专业化,还使汽车文化融入了新的经济时代,成为汽车服务发展的最高形式。

第三节 “互联网+”停车服务

一、发展背景

随着我国汽车保有量大幅增长,停车位变得极为稀缺,停车难的问题也日益严重。在“互联网+”的浪潮推动下,各种智能停车O2O平台应运而生,停车电子支付产业与互联网结合得越来越紧密。广东省内试水“互联网+”停车服务的机构可以分为三大阵营:一是以捷顺科技、安居宝为代表的传统停车场生产型企业主动拥抱互联网,2015年捷顺科技定增10亿元布局停车O2O,收购拥有通用型预付卡牌照的深圳市兄弟高登科技有限公司,通过捷顺通卡搭建“智慧停车及智慧社区运营服务平台”,安居宝同样募集19亿元资金用于城市云停车联网系统项目“掌停宝”的建设和推广;二是互联网创业公司通过智能硬件,整合线上线下资源提供服务,如深圳市前海硕极科技有限公司的“停车百事通”、深圳市神州路路通网络科技有限公司的“PP停车”以移动支付停车费为手段帮助车主快速找停车场和停车位;三是依托行政资源或自营资源提供的停车电子收费服务,如深圳市道路交通管理事务中心开发“宜停车”作为3.3万个路边停车泊位的专用收费工具。

二、市场规模

截止到2014年年底,我国汽车保有量1.54亿辆,且年均增长14%以上,每年汽车净增长约2100万辆。按照住房与城乡建设部2015年发布的《城市停车设施规划导则》,规划人口规模大于50万的城市,机动车停车位供给总量宜控制在机动车保有量的1.1~1.3倍(目前国际上小汽车与车位比通常为1:1.2~1.4)。我国每年需新增约2500万个停车位、新建约8万个停车场才能填补空缺。

基于电子支付的智能停车场系统以及停车行业O2O应用在最近几年出现井喷式增长,停车基础设施的巨大新建需求、停车管理系统的智能化升级需求和在线停车服务的拓展需求等众多因素叠加在一起,引发了停车管理行业的剧变。按全国私家车1.05亿保有量的停车需求计算,保守估计每年全国停车缴费额超过1000亿元。目前,停车场电子支付普及率还比较低,不同城市的电子支付普及率从1%~5%不等,未来停车电子支付市场规模市场空间巨大。

三、存在的问题和挑战

停车电子支付的主要支付工具是微信/支付宝、市政交通一卡通、ETC卡以及金融IC

卡。作为智慧停车的重要组成部分，停车电子支付在智慧停车项目推动中，往往面临以下问题：

①线下车位资源的整合难度大导致智慧停车项目推广并不顺利。车位资源主要来自三个方面：公共停车场；商业物业，比如商场、写字楼、购物中心；小区物业资源。由于车位资源零散、牵涉主体众多、产权结构复杂，导致资源整合难度大。

②停车场尚未形成大规模联网，商业模式不成熟。停车电子支付的核心价值在于联网、数据和流量，这些只有在停车场或车位进行大规模联网之后才可以体现。当前智慧停车项目众多，各种电子支付手段竞争激烈，数据信息不共享，系统和平台标准不统一，导致停车数据变现困难，商业模式不成熟。

③各种停车电子支付手段缺乏大规模普及的基础。以微信/支付宝为代表的移动支付是目前主流的智慧停车电子支付方案，若用户不得不在路口进行手机支付时网络信号不好或手机断电，容易造成路口拥堵，带来不愉快的用户体验。以 ETC 卡、市政交通一卡通和金融 IC 卡为代表的离线卡支付虽具有较好的安全性和便利性，但需要对停车场进行大量的设备改造，而且成本不低，加大了大规模普及的难度。

目前，已有不少智慧停车公司取得了可观的市场份额，拥有了一部分停车场数据，但资源分散的停车市场，亟须政府和大企业出面将全行业的数据进行整合。在我国城市土地资源高度紧缺和汽车拥有量快速增长背景下，单靠新建增建停车设施，并不能快速有效地弥补目前严重的停车位缺口；盘点停车场总量，建立停车场数据库，则可以为盘活停车设施存量资源、提高停车设施投资收益、制定科学的停车规划与政策，为建立停车信息化平台提供可靠的基础数据。停车场的大数据时代必将会对城市交通与管理带来巨大的变革，企业以此才能创造出新兴的商业模式，从而找到一片新的蓝海。

四、产业融资现状

大批资本涌进“互联网 +”停车服务市场，招兵买马、竞相圈地。2015 年资本涌动，“互联网 +”停车服务大崛起，而 2016 年上半年资本走向理性，创业者们也探入深水区，寻找新动向。随着相关企业不断摸索和创新，互联网渗入停车相关的方方面面。与此同时，也诞生了几种停车模式。

上海喜泊客信息技术有限公司成立于 2009 年，是一家致力于停车大数据应用的高科技公司。自 2013 年起开始布局“互联网 +”停车生态领域的各个环节，至今已形成了停车大数据采集、车联网停车应用入口、城市级线上停车数据处理支付平台、城市级智慧停车场库建设和运营的商业闭环。2016 年 11 月，喜泊客完成了 9000 万元的新一轮融资，此轮融资由浙江农资领投，浙江科投、浙商股份跟投。

据腾讯财经网报道，成立于 2015 年 5 月的“停简单”，在 2015 年 9 月 22 日对外宣布获得 2000 万美元的 A 轮融资。领投方为国内智能交通上市企业千方集团旗下资本，峰瑞资本（FREESFUND）跟投。2016 年，获新一轮数亿元 B 轮融资，由复星集团领投，红星美凯龙、中民投、峰瑞资本等跟投。

据新浪科技网报道，2015 年 6 月，国内智能停车平台“ETCP 停车”宣布完成 A 轮融资,金额高达5000万美元。2016年8月,ETCP与万达达成合作,并获得新一轮融资,并对外披露了万达飞凡领投的15.5亿元B轮融资总额。

据网易科技网报道,2016年6月,代客泊车服务平台“e代泊”获得米其林战略投资,至此完成了总额超过8000万元的A轮融资。

五、“互联网+”停车服务创新模式

“互联网+”停车服务市场主要有四类参与者:创业型公司;智能停车设备商;市政交管部门;BAT。目前主要以创业公司和智能停车设备商为主,BAT只是轻度参与。停车模式一般有以下几种。

- **设备铺设+线上支付模式**

这种模式的代表是ETCP停车,通过铺设智能设备,对停车场的停车流程做升级改进,引导用户线上支付。这种模式一定程度上节约了停车时间,给停车场管理也带来了便捷。瓶颈在于如何与足够多的停车场展开合作。此外,引导用户线上支付停车费需要一定的补贴,我国停车场数量十分巨大,补贴模式难以覆盖;停车支付模式本身容易被模仿,容易遭遇类似企业的竞争。因此,此种模式下,通过垄断支付盈利的可能性较小,发展空间不大。

- **实时数据+车机系统模式**

这种模式的代表是“喜泊客”。这种模式是通过研发智能停车系统,查看实时停车信息、预约停车位、线上支付停车费等。

- **个人车位共享+盘活资源模式**

这种模式的代表是“丁丁停车”。这一模式将车主的空闲车位共享出来,为想停车的车主提供对接服务让车主不再停车难;为业主创收盘活车位空闲时间,提高车位的使用率。其存在的问题是更倾向于依赖弹性社交,很容易使客户体验不佳;同时,不可避免地会牵扯到物业、停车管理公司,这很容易形成推广的瓶颈。

- **人工代泊+切入后市场模式**

这种模式的代表是“e代泊”。该模式以人工代停车,使车主从停车难中完全解放出来,节约车主的时间成本,同时把代泊点附近的空闲停车资源盘活,以时间换空间。代客泊车模式瓶颈在于车辆长时间脱离车主控制,安全和信任问题是车主接受代客泊车模式的主要障碍。此外,不同城市或许有不同地点的停车痛点,可复制性不强。但该模式盈利模式比较清晰,目标客户是高时间价值车主,价格敏感度低。汽车后市场也是盈利重点,替车主在停车空闲期间洗车、保养是顺势之需。

第四节 “互联网+”汽车营销服务

对我国汽车服务企业来说,“互联网+”汽车营销服务是利用互联网技术最大限度地满足客户的需求,开拓市场,增加赢利的经营过程。对于汽车服务消费者,网络化汽车营销服务将提供最详尽的购车资讯和最便捷的购车通道,从订货到配送的时间大大缩短。

消费者可以减少中间环节的层层加价。通过网上购车平台,消费者可以查询指定车型所有经销商的信息(价格、促销措施、促销价值)、最新车市活动,并可在网上提交购车意向;对于汽车经销商,网络化汽车营销服务可以加快信息流和物流,减少中间环节,提高效率、降低成本,合理、及时地调整整车库存、备品,降低商家的生产和销售成本。

随着汽车消费需求的个性化发展,用户将在订货时选择自己喜爱的配置和颜色,商家将按照客户的要求进行组装,这种“量体裁衣”式的生产方式,将大大增加网上汽车贸易的机会。网上购车平台将提供最有效的营销推广平台、在线的CRM平台。“互联网+”汽车营销服务可以全天候、立体式地展示汽车产品的品种、配置、性能、价格、售后服务等信息,起到有形汽车市场的媒体宣传作用,节省传统商务人员往返、住宿、交易设施投入等许多费用。通过网上购车平台,经销商可直接收集潜在客户资料。注册成为网上购车经销商会员,经销商将获得功能齐全的网络信息管理平台,用以管理和发布公司介绍、最新新闻、促销活动、经销车型(价格、促销措施、促销价值),并可在线管理购车意向。这种方式使汽车经销商节省了大量的储存空间和费用,加快了资金的流动,扩大了产品的行销范围。

第五节 “互联网+”汽车租赁服务

汽车租赁与互联网结合,不只是实现网上下单,还可以最大限度利用互联网的聚集作用,整合社会闲置车源,实现汽车共享。

据相关报告的保守预测,汽车租赁的市场规模将从2016年的200亿元增至2018年的500亿元。假如汽车租赁规模达到20万辆,仅北京的市场规模就可以轻松超过100亿元。预计“十三五”乃至今后相当长的一段时期,我国汽车租赁业仍将保持较高的增长速度。2015年7月15日,由中国道路运输协会主办,征驰联信(北京)科技有限公司承办的“2015中国‘互联网+’汽车租赁暨信用体系建设研讨会”在北京召开。会议研讨的重点和主题是如何利用互联网技术和“大数据”改造传统的汽车租赁行业经营管理模式,助力汽车租赁企业防范经营风险,促进行业的健康发展及社会和谐稳定。实现网络化租赁服务的企业不仅可以支持用户异地甚至全球租车、还车,还可以借助互联网快速获取用户资信,减少风险、加快业务办理速度。

第六节 “互联网+”汽车保险服务

所谓互联网保险是指保险企业(包括保险公司和保险中介机构)以信息技术为基础,以互联网为主要渠道来支持企业一切活动的经济行为。它主要包含两个层次的含义:一是保险人利用网络进行内部的管理,如通过网络向员工传达公司保险业务最新信息部署任务,开展公司员工和代理人的培训,利用网络与公司股东、代理人、经纪人等商业伙伴和其他机构进行信息交流,利用网络向保险监管机构定期提交各种法定报告、报表等;二是指保险公司通过互联网络开展电子商务，如利用互联网进行营销、促销、广告宣传、市场调查、在线咨询服务、网上投保、实时核保、理赔、签单等。

互联网保险一般通过建立和维护一个中立的网上保险商城，利用最先进的互联网技术平台协助保险公司、保险中介、保险相关机构和为保险服务的相关行业以专业性网上门店形式实现电子商务，充分利用互联网的优势，直接与客户沟通，开展业务。这需要构建一个以呼叫中心和互联网中心为核心，包括门店服务中心和业务员直销在内的3A（任何时间、任何地点、任何方式）化服务网络，为客户提供金融超市式的服务。

对消费者来说，能够花费更低的保费，而不同需求的客户能够通过这种技术得到所需的服务。对保险公司来说，能够做产品创新，降低产品同质的影响，而且可以增加客户的黏性，例如保险公司可以每天跟客户接触，提供驾驶报告和分析，让客户时刻感受到保险带来的价值，对整个车险的积极意义是非常巨大的。

第七节　“互联网+”汽车金融服务

汽车金融是指为汽车的生产、销售及消费者购买提供资金融通以及由此衍生的其他相关业务的金融服务。在中国，汽车金融的全部含义几乎就是汽车消费信贷，但在国外，汽车金融服务的范围主要是：为汽车生产厂商提供维护销售体系、整合销售策略、提供市场信息的服务；为经销商提供存货融资、营运资金融资、设备融资、财务咨询及培训等服务；为用户提供消费信贷、批售融资、租赁融资、维修融资、保险等业务。“互联网+”汽车金融与“互联网+”汽车保险的含义基本相同，互联网汽车金融最大的优点是可以共享信用体系，减少业务风险。

第八节　“互联网+”汽车技术服务

众所周知，汽车故障随机性与修理厂定点性之间客观地存在着矛盾，也即车辆故障往往不发生在修理厂门口，车主无法及时获得抢修服务这一矛盾有损车主的满足感。因此，只有及时提供全程性服务、缓解这一客观存在的矛盾，才能获得车主认同。现在不少汽修厂已经认识到这一点，纷纷配备抢修车，为客户提供施救抢修服务。然而，这仅仅是“我的抢修车为我的客户服务”（更大程度上属于“售后”服务），而不是“我的抢修车为潜在的客户服务”，是一种点（修理厂）和点（修理厂的客户）之间业已确定服务关系的线式延伸。

点对点的服务关系对整个汽车社会和整个“汽车族”而言，并没有太大的整体意义。而且，基于一个点对另一个点的可控性随其间距增长而衰退，这种单干式的施救抢修服务，无法及时满足全程服务需求，也难以使车主获得满足感，无助于以“服务”来解决维修服务的营销问题。

“互联网+”汽车技术服务可以从根本上解决这一问题。一个点或一条线无论如何也无法顾及一个面，而只有一个张网才有可能捕捉住一个面。因此，提供全程服务是解决这一问题的最有效办法,即成立维修服务网络,有序地把分散在各地的社会汽修厂,系统地组织起来,结群成网,覆盖某一区域乃至全国。使所有网络单位都有随时待命去抢修自己附近的故障车辆的机会,从而为客户提供更及时的施救抢修服务。

第九节 “互联网+”汽车配件服务

汽车配件网上交易对顾客、经销商和汽车配件生产企业都有诸多益处。首先,对于汽车配件生产企业来说,互联网可以更方便地收集顾客购买汽车配件过程中所遇到的各种问题,并及时将这些信息反馈给汽车配件生产企业,生产企业可以据此分析出顾客的购买意愿,从而尽早生产出符合市场需求的汽车配件,这样既节约了时间和费用,又抢得了市场先机。其次,利用互联网的信息和便捷服务,生产企业可以及时得知配件销售商的库存情况和销售情况,从而调整生产和汽车配件调配计划,汽车配件销售商减少了库存并加快了资金流通,而用户可以通过互联网像“点菜”一样选购自己所需要的汽车配件。

市场信息对于汽车配件生产企业和销售商来说至关重要。通过互联网,互联网汽车配件销售商可以给生产企业实时提供顾客信息,这种需求信息可以帮助生产企业降低汽车配件销售费用。销售商所经销的汽车配件中总有一部分畅销,而另一部分滞销,滞销部分占用资金所引起的费用就要分摊到卖出去的汽车配件上。通过互联网,生产企业和销售商都可以及时减少生产和采购市场销售量不好的汽车配件。互联网的便捷服务不仅节约了时间和费用,更重要的是,互联网还可引起观念的变革,使汽车配件生产企业、销售商和顾客贴得更近。

网络化汽车美容店、网络化物流网点等也是网络化汽车服务中不可缺少的一部分。要做到网络化汽车服务,不仅需要网点的配合,同时也需要电子商务、网络营销、客户关系管理系统等信息技术和专业系统来保证,以更好和有效地为客户服务。

第十节 “互联网+”汽车驾培服务

一、发展概述

安全出行、文明交通已经成为社会文明的重要组成部分。交通安全意识的建立与养成大多是从驾驶培训开始的。随着政府各部门积极推进“互联网+”行动,传统驾培行业走到了历史转折点,一个封闭和传统的行业在新的历史时代推动下逐步走向开放、透明、高效,通过互联网技术的洗礼和融合,极大地提升了驾培维修行业管理效率和服务水平,有力地推动了驾培行业的转型升级。

在“互联网+”时代背景下,传统驾培维修行业必须适应时代发展需要,结合互联网技术推进行业升级和改革。目前,驾培市场已趋向饱和,行业竞争不断加剧,要想在新的时代背景下寻求业务和发展突破,就要认清当前的发展形势和把握未来趋势。数字化时代的来临,改变了人们的生活方式和日常行为,“互联网+”对于传统行业的颠覆性影响也逐步渗透到各行各业。在“互联网+”成为时代潮流的今天,驾培行业也不可避免地受到冲击,可谓是机遇和挑战并存。

传统驾校曾经一度凭借垄断驾考资源的先天优势,利用驾培市场供不应求的状况,成为学员考取驾照的唯一通道,用“躺着赚钱”来形容传统驾校毫不为过。然而好景不长,随着驾培行业迅猛发展,供需关系已发生根本性变化,由以前学员等教练,变为教练等学员,学车资源日益过剩,而且落后的服务方式和管理效率已严重阻碍了驾培行业的进一步发展。截至2015年10月,全国近15000所驾校年培训能力达4000多万人,但实际培训人数不到2500万人,市场供给远大于需求。为求生存,部分驾培单位打起价格战,通过降价来吸引学员,但是长此以往,势必扰乱整个驾培市场,导致低进高出、偷工减料、学时不足等问题,最终损害学员利益。因此,驾培行业必须转变发展思路,在用户为王的时代,必须把用户需求放在行业发展的第一位,破解困境,推进整合,树立互联网思维,加快产业转型升级,促进驾培行业又好又快发展。

面对消费者需求的变化,如今单纯的驾照培训已经不能满足越来越多的消费者,学车需求多元化、个性化的发展趋势越发明显。除了基本的驾照培训,消费者渴望更多定制化的贴心服务。随着整个驾培行业的竞争发展,消费者市场也在逐步进化。

树立互联网思维,拥抱“互联网+”,合理利用驾校资源,在当前驾培市场大背景下,通过移动互联网,与广大学员及社会人士进行线上线下的沟通与互动,通过提供主动陪练、汽车资讯、销售金融、维修维护等服务来推动驾培行业转型升级,促进驾培行业又好又快发展。

二、产业现状及市场规模

近年来,中国驾驶人数量呈爆炸式增长。据公安部数据显示,截至2016年6月底,全国机动车保有量达2.85亿辆,其中汽车1.84亿辆,新登记1328万辆;机动车驾驶人达3.42亿人,其中汽车驾驶人2.96亿人。预计2020年驾驶人数量将达到4.7亿,汽车驾驶培训行业市场规模将达2365亿元。未来的汽车驾培市场将迎来新一轮市场爆发期。

三、存在的问题与挑战

1.我国安全驾驶形势严峻

与成熟的汽车社会国家相比,我国交通事故发生率和致死率偏高,远远高于发达国家,道路交通安全形势依然十分严峻;与快速的汽车化进程相比,汽车文化的积淀和汽车文明的养成尚不匹配,交通违法和交通陋习普遍存在,驾驶人安全文明素质亟待提高,面临“交通文明之失”的挑战。

2.传统驾培模式弊端多

以前,我国主要实行的是“驾考合一”制度。所谓驾考合一,简单地说,没有参加驾校培训、不经驾校统一申请办理,学车人无法直接参加申领驾驶资格考试。这种制度有方便管理的优点,但该制度也容易形成驾驶培训行业的垄断。此外,随着全国各地驾校招生火爆,加上集中安排预约考试的名额有限等,加剧了学车人的练车难、约考难。驾考合一还容易导致驾校与相关管理部门勾结,诱发腐败。

传统的驾培行业缺乏透明的管理制度和规范,导致学员利益无法得到有效保障,具体表现以下五个方面。

①驾培收费乱象突出。随着学员的增多,驾培市场的不断扩大,学员拥挤、教练员供不应足的现象日益严重,有些驾培单位或教练员为了个人私利,不惜罔顾法规,私下与学员达成协议,收取额外费用。

②制度不规范,监管漏洞多。由于教练与驾校是挂靠关系,教练为了多招学生就多头挂靠,这是驾校管理的不到位和教练对学员的不负责表现。在培训中,教练员经常出现违规、违法行为,由于教练车是以教育为主的工具,管理部门没有扣除教练车的权利。这样导致了教练员不规范教学、无人管理等现象突出,反映出监督管理机制的不完善和法律法规的严重漏洞。

③培训质量差。教练员不严格按照教学大纲的方式教学,在教学过程中,片面追求考试的合格率,不重视提高教学管理水平。国家相关规定中对教练员准入门槛设置相对较低,教练员文化程度普遍不高,教学能力和水平都相对较低,从而制约着培训质量的提升。

④信息化程度低,教学模式落后。在互联网发达的今天,驾驶培训的理论教学依然采用传统授课模式,有的虽然开通了驾校培训网站,但往往局限于网上预约报名、理论模拟考试,没有全面的安全、文明驾驶等知识的教育。实操培训则依然沿用一对多的师傅带徒弟的培训模式,远远不能满足多结构、多层次学员们的多元化需求。这不但使驾校的服务受到影响,且易滋生吃拿卡要等不良现象。

⑤缺乏健全的学员管理机制。目前驾培机构在培训和管理驾驶人方面基础工作不扎实,没有建立有效的学员管理机制,没有为每位学员建立电子学籍档案,从而无法进行后续的学员培训跟踪记录,而且未考虑学员能力的差异性和个性化需求,导致培训效果较差。

四、产业政策环境

1. 国务院办公厅印发《关于推进机动车驾驶人培训考试制度改革的意见》

2015 年 12 月 10 日,国务院办公厅印发《关于推进机动车驾驶人培训考试制度改革的意见》,出台多项措施推动我国驾驶人培训考试制度全面改革。推行试点小型汽车驾驶人自学直考、鼓励建设使用社会考场、推行自主约考、全面放开驾驶证的异地申领和审验等。随着这些措施的落地,驾驶培训行业的垄断将被打破,学车贵、练车难、约考报名不自主等问题有望得到解决。这一政策的出台有效降低了驾培行业的门槛,为“互联网 +”学车模式的发展提供了良好的政策土壤,促使“互联网 +”驾培行业得到快速的发展。

2. 广东省公安厅、广东省交通运输厅《关于推进机动车驾驶人培训考试制度改革实施方案的通知》

2016 年 7 月 12 日,为进一步落实国务院办公厅印发的《关于推进机动车驾驶人培训考试制度改革的意见》,广东省人民政府办公厅转发广东省公安厅、广东省交通运输厅《关于推进机动车驾驶人培训考试制度改革实施方案的通知》(粤府办〔2016〕77 号)。通知提出,建立统一的考试预约服务平台,提供互联网、电话、窗口等多种报考方式,考生完成培训后可按规定自主选择考试时间和考试场地,改变完全由驾驶培训机构包办报考的做法,保障考生选择权;并要求 2016 年 12 月底前,全省公安机关交通管理部门要全面提供互联网交通安全综合服务管理平台网上自主约考服务,实现考生网上自主预约考试。同时,广东省各地也陆续出台相关的机动车驾驶人培训行业改革配套方案,引入“互联网 +”学车理念,推行“自主约陪、计时收费、诚信评价”新模式,搭建驾培信息服务平台,为学员提供报名、预约、学车、点评、付费全流程便捷优质的服务。

五、产业创新模式分析

在“互联网 +”势不可挡的发展趋势下,传统驾校行业亟待转型升级,开始探索“互联网 +”驾考的模式,这里对驾培行业出现的四种新型模式进行分析。

1. 导流模式

导流模式的代表有“驾考一点通”“车轮驾考”等。这种模式的特点是,通过构建驾培行业的流量入口吸引人员报名,依靠互联网平台服务为学员提供便捷的报名通道,与驾校建立长期的招生关系,通过提供招生服务获取收益。但这种模式的缺点也是明显的,对服务质量无法把控,后期发展空间容易受局限。

2. 互联网 + 全直营驾校

这种创新模式的代表是“猪兼强”。其特点是直营训练场,自己聘教练员、自主招生培训考试。这种模式能保证教学质量,而且过程风险容易得到控制。缺点是资产模式重,需要庞大的资金流支持。在移动互联网时代,轻资产受到网络服务平台推崇,这种模式不容易得到推广。

3. 互联网驾校模式

这种模式的代表是“58 学车”“1217 驾驶学院”等。其特点是针对全直营驾校的缺点进行了改进,通过租用驾校车辆方式,摆脱了重资产负担,自己聘教练员、招生和培训,自营模式控制学车体验。其缺点是本质上还是驾校,运营需租赁车辆和场地,一旦发生教学事故,由于责任主体不明确,容易导致法律纠纷。

4. 教练员 + 抢单模式

这种模式的代表是“优车车”“91 恋车”等。其特点是运用共享经济理念,把教练员置于整个平台之下,自己作为招生平台,学员发布学车需求,距离最近的教练抢单,实现需求配对。其缺点是法律主体混乱、难以把控质量,同时也容易被模仿。

六、产业融资情况分析

自从驾培行业政策开放以来,互联网企业纷纷进入传统驾培行业,为驾培行业的改革和发展带来了一股勃勃生机，同时传统驾培行业也积极寻求转型，拥抱互联网，与互联网企业开展合作，推动了这个传统行业的发展，涌现一批极具代表性的“互联网＋”驾培企业，吸引了资本市场的广泛关注，改变了驾培行业的产业融资格局。“互联网＋”驾培行业典型融资案例如下。

①2016年1月，“互联网＋”学车专业平台“四个轮子”完成450万元人民币的天使融资，公司整体估值3000万人民币。四个轮子以考驾照为入口，为用户持续提供团购买车、租车、陪练、陪驾等更多车生活相关的服务，打造从“考驾照”到“车生活”一站到底的标准贴心服务。

②“快来学车”获得数百万天使投资。2016年2月22日，互联网驾考平台快来学车宣布，获得唯嘉资本和同道齐创数百万元天使轮投资。快来学车主要以撮合形式对接教练与学员，支付方式为在线支付，快来学车平台担保交易，扣除10%尾款，学完后支付教练。

③“好好学车”完成800万天使融资。2015年11月23日，成立于2015年6月的北京移动互联网驾校好好学车团队宣布完成800万元人民币的天使轮融资，本次融资由e袋洗发起的众创共享基金领投，征和惠通基金跟投。“好好学车”APP实现了快速预约、按时付费、标准服务、专车模式的学车体验，APP上线一个月，已拥有1500多名学员。目前已经在北京、深圳、广州、厦门、泉州、福州等区域市场展开业务。

④“91恋车”获2000万元天使融资。2015年9月28日，“互联网＋”学车平台91恋车宣布完成2000万元天使轮融资，由深圳股权交易中心、金诺投资等多家投资机构联合投资。91恋车专注于解决传统学驾乱收费等混乱现象，前期主打学生市场。A轮融资完成后，致力于开拓北京、上海、广州等一线城市以及西安、成都、武汉等二线城市。91恋车被称为“学车版的滴滴打车”，通过整合本地中小型驾校，打破因信息不对称产生的各类不公平交易行为，对接学驾供需双方。

⑤“小木学车”获千万级天使融资。2015年9月，平台已获得千万级天使投资。小木学车是一个集驾校、学车、考证服务于一体的平台，提供全国驾校推广、团购学车和报名服务等。产品上线之初专注于学车线上报名服务，随后功能涵盖学车报名、汽车陪练、教练预约、试题练习等多项内容，带给广大用户全新的驾考体验。

⑥“趣学车”获500万元天使融资。2015年7月成立于北京的互联网驾校平台趣学车宣布完成Pre-A轮1亿元人民币融资，由凤凰祥瑞领投，好望角、兴和跟投。目前已在全国24个城市开通驾培服务。趣学车APP有预约驾校和直接选择教练两种方式，收费方式为注册费加课时费，如果学时超过10小时不再额外收费，直到学员学会为止。

⑦“易驾考”获300万元天使融资。2015年4月6日，驾考学车品牌易驾考公布，自2014年10月上线获得150万资助后，顺利完成第二轮天使轮投资，融资金额达300万元。易驾考提供驾考相关服务，主打从科目一到科目四的驾考资讯信息。

⑧“58学车”完成千万A轮融资。58学车在2015年初完成数千万人民币A轮融资，由华创资本领投，58同城跟投。58学车是58同城旗下自营互联网驾校，致力于为用户提供最优质的学车体验。

七、发展趋势

“互联网＋”驾培理念的出现，使得传统驾培行业迎来一场深刻变革。让学员拥有更多更好的选择，是驾培行业改革的根本方向。自主约考、自学直考、异地考试一系列改革试点工作相继推行，对于扩大学员自主选择权来说无疑是重大的政策利好。利用“互联网＋”技术有助于把驾培行业资源进行有效整合，最大限度地激发利益相关方进行自发性调整的意愿。

在“互联网＋”潮流的冲击之下，传统驾培行业的“包办式”学车模式也会不攻自破。通过面向公众提供驾培信息服务平台，学员可以自主选择驾校、教练员、教练场、培训时段、付费方式，学员与教练员之间不再是徒弟与师傅的关系，而是回归到消费者与服务者的关系，学车体验与效果更加值得期待。

“互联网＋”时代，是用户主导的时代，这种变革思维将倒逼驾培行业重新洗牌。可以预见，面对学员的个性化、精细化、多元化需求，驾培行业准入门槛将会水涨船高，一批规模较小、管理松散、服务较差的驾校将会遭到市场抛弃，有利于净化驾培市场、规范行业管理。

驾培行业必须迎合时代进步，直面挑战，紧握机遇，通过整合驾校资源，拥抱“互联网＋”，加快产业转型升级，全面提升驾培服务水平，做到基于用户需求出发，提升整个驾培行业服务水平，真正做到驾培行业健康、有序、可持续发展。

八、建议措施

1. 确立行业标准，适应互联网时代发展

主要从以下两方面思考：第一是质量和标准。这是最根本的条件，具体到驾校层面，是“标准＋规范＋服务质量”，标准和规范是“硬标准”，服务质量是“软实力”，只有这样，才能适应未来市场、产业发展需求。第二是创新和创意。充分利用互联网技术与服务的便捷性，创造差异化的商业模式、人性化的服务，尤其是个性化的驾培体验，建立用户思维，围绕用户的核心需求，推动驾培行业的良性发展。

2. 基于互联网技术，建立透明的驾培行业诚信评价机制

按照国务院《社会信用体系建设规划纲要（2014—2020年）》等文件要求，交通运输部对当前交通运输行业信用体系建设的现状、问题和具体措施等进行了认真研究，于2015年5月13日下发了《关于加强交通运输行业信用体系建设的若干意见》（以下简称《意见》），从制度层面对行业信用体系建设进行了规划和设计，明确推动全行业形成统一的信用信息平台，统筹行业信用体系建设工作。包括机动车驾驶培训企业在内的交通运输行业各领域将按照《意见》的要求，开展本领域信用体系建设，特别是加快推进统一信用评价标准、实现信息互联互通。2016年底前，在工程建设、运输服务和安全生产等领域取得重点突破，开展单位和个人信用记录档案建设。2020年底前，形成交通运输行业信用建设的规章制度和标准体系，建成统一的行业信用信息系统，信用评价结果在全行业各领域有效

应用,守信激励和失信惩戒机制切实发挥作用。

3.依托互联网,开展多元化业务

驾培行业作为传统服务行业,服务品质是其持续发展的重要因素。驾培服务企业通过融合互联网技术和产业资本,开展驾驶培训、汽车陪练、维修、汽车消费金融、汽车美容、汽车租赁、汽车销售等多元化服务链,较好地分散行业风险,提升自身服务配套设施,凭借良好的服务口碑,建立起卓越的品牌形象,才能更好地挖掘学员价值,吸引更多学员,提升企业自身盈利能力。

新兴产业篇

第六章　新能源汽车与智能电桩

第一节　市 场 规 模

2016 年 8 月 1 日，中国汽车技术研究中心等发布《新能源汽车蓝皮书：中国新能源汽车产业发展报告（2016）》。蓝皮书称，综合对新能源市场各领域的分析，预计 2020 年我国新能源汽车市场规模将达到 145 万辆。新能源汽车需求来自于乘用车和商用车两大市场，乘用车市场由私人家庭需求、单位需求和出租租赁等构成；商用车需求主要来自于公共交通、市政环卫以及物流等领域。而公共交通市场中，公交车是新能源汽车在公共领域推广的重点突破口之一，到 2020 年我国新能源公交车需求量将达到 4 万辆左右。此外，在国家政策支持下，地方政府将逐步加大对出租车电动化的推进力度，比如北京提出出租车领域力争更新车辆全部电动化，按照 6 年更新的标准，平均每年更新 1 万辆，深圳也提出到 2020 年出租车全部电动化。

专用车是新能源商用车推广的重点领域之一。一方面，专用车的城市属性很强，城区环境对于车辆的环保要求高，新能源汽车环保的特征成为城市不二选择；另一方面，专用车尤其是城市物流配送车，具有线路固定、单程里程相对不长、使用频度高等特征，而且拥有专用的停车位，便于建设充电基础设施，这些都与新能源汽车续驶里程较短、需要充电设施等要求非常符合。2015 年财政部、工业和信息化部、交通运输部《关于完善城市公交车成品油价格补助政策加快新能源汽车推广应用的通知》规定了新能源公交车发展的数量要求：大气污染治理重点区域和重点省市新增及更换的公交车中，新能源公交车比例最高，达到 80%；其他地区也规定了 30% ~65% 的比例要求。根据国家发改委等四部委《关于继续开展新能源汽车推广应用工作的通知》的要求，政府机关、公共机构等部门车辆采购要向新能源汽车倾斜，新增或更新的公交、公务、物流、环卫车辆中新能源汽车比例不低于 30%。除上述领域外，新能源汽车在公务用车市场也存在巨大的发展空间。2016 年 2 月，国务院常务会议要求，中央国家机关、新能源汽车推广应用城市的政府部门及公共机构购买新能源汽车占当年配备更新车辆总量的比例要提高到 50% 以上。随着公车改革实质性推进，公车购买需求大幅下降，公务出行开始逐步向新能源车转移，为新能源汽车购买和租赁市场注入新的发展活力。

《节能与新能源汽车产业发展规划（2012—2020 年）》的主要目标要求：产业化方面，到 2015 年，纯电动汽车和插电式混合动力汽车累计产销量力争达到 50 万辆；到 2020 年，纯电动汽车和插电式混合动力汽车生产能力达 200 万辆、累计产销量超过 500 万辆，燃料电池汽车、车用氢能源产业与国际同步发展。为满足 500 万辆电动汽车充电需求，需要建

480 万个分布式充电桩、1.2 万座集中式充换电站。由估算，未来每年将需建设至少 96 万个充电桩，按照目前建设费用计算，直接市场规模将超过 1300 亿元。

目前，国内已经建成 723 座充电站，充电桩配备量为 2.8 万个，充电设施与新能源汽车保有量比例维持在 1∶4 左右，而标配为 1∶1。无疑，充电桩建设的滞后是新能源汽车发展的软肋。根据“十三五”规划，预计到 2020 年新能源汽车超 500 万辆，按充电接口与新能源汽车数量比例不低于 1∶1，一辆车对应 1 个慢充、0.2 个快充计算，2015 年对慢充和快充的市场需求至少分别有 50 万和 10 万个。可以预见，充电桩在短期内将迎来爆发式增长，且新能源汽车与充电桩建设互为正反馈，充电设施建设和运营的巨大投资机会来临，充电设施市场预计达到千亿元。

第二节　应 用 前 景

汽车是现代工业文明的象征之一，也是推动一国或地区经济发展的重要引擎。随着环境保护、低碳经济、降低能耗的理念为人们所重视，传统汽车因其尾气排放污染环境、高能耗等一系列负效应，面临日益严峻的挑战。相对于传统的燃油汽车，新能源汽车能够有效降低汽车排放废气污染。从环境角度讲，新能源汽车废气排出量比传统汽车可减少 92% ~98%，从而实现交通能源多元化，保护环境；从能源角度讲，全球石油危机日益严重，传统汽车又是能耗的最大组成部分，新能源汽车的开发和使用有效解决了交通能源重消耗的问题，实现低碳经济可持续发展。经过“十二五”启动阶段的发展，2016 年中国新能源汽车产量为 51.7 万辆，销量为 50.7 万辆，比上年同期分别增长 51.7% 和 53%。“十三五”期间，中国将成为世界最大的新能源汽车市场，成为世界新能源汽车的核心主战场。

充电桩作为智能电网的重要组成部分，不仅是能源变现的渠道，也是能源数据流量的导入端口。虽然现在这个行业还在享受政府补贴，但随着电动汽车的上路数量的增长，充电桩发展前景可观。在数据为王的互联网时代，率先对充电桩进行布局，无疑具有极强的战略意义。目前，我国充电桩的商业模式主要有“充电桩 + 商品零售 + 服务消费”模式、“充电 APP + 云服务 + 远程智能管理”模式、“整车厂商 + 设备制造商 + 运营商 + 用户”模式。作为车联网、智能电网的“入口”，充电桩业务潜在价值巨大，在未来智慧城市、智能小区建设中将发挥重要的数据采集与分析、资源优化配置等作用，充电桩业务具备广阔的发展前景与商业模式创新空间。

一、经营模式分析

1.以压缩运营成本为主的经营模式

该模式主要存在于电动汽车充电基础设施运营的初期阶段，其特点是盈利方式比较单一，主要依靠收取充电服务费作为收入来源，这也是众多涉足该行业企业在发展前期所采取的经营模式，即通过降低运营成本使效益最大化。其优点就在于经营模式较为稳定，可以有效提升企业的运营管理能力。但同时也存在一定的挑战，即如何将购电成本、运营成本降到最低，这不仅需要企业人员具备很高的议价能力，还要保证运营成本降低的同时，充电使用不打折扣。

2. 以解决方案为主的经营模式

相对于充电桩生产和运营企业来说，这类企业主要是以行业客户为出发点，为充电运营商、充电设备生产商、汽车厂商和商业地产商提供充电解决方案和综合服务。这种模式的优点在于，能够抓住充电桩市场的切入口，扩展涵盖的领域，但与其他模式相比，企业回本风险较大。

3. 以充电为主的大数据经营模式

该模式主要基于充电设施掌握的海量信息数据，进而延伸发展以数据为依托的增值服务，从而靠充电和增值服务来共同盈利。企业以充电网建设为起点，未来引入电动车线上销售、汽车维修数据服务、金融支付服务、互联网电商和工业大数据等业务。这种模式的优势在于盈利的来源多种多样，但增值服务的专业化与用户的使用效果直接挂钩，如何做到与市场标准持平的专业化增值服务是企业面临的最大挑战。

二、盈利模式分析

1. 广告收入盈利模式

在充电桩上做平面媒体广告，在充电桩上安装液晶屏或广告灯箱，顺便在这些地方宣传新能源和充电桩使用方法、注意事项、安全须知、停车指示、服务推送等内容。

2. 电力差价盈利模式

2014 年 8 月，国家发改委正式下发《关于电动汽车用电价格政策有关问题的通知》，明确充换电设施经营企业可向用户收取电费和一定的充换电服务费。其中电费按照国家规定的电价政策执行，充换电服务费由地方按照“有倾斜、有优惠”的原则实行政府指导价管理。2020 年前，各地要通过财政补贴、无偿划拨充换电设施建设场所等方式，降低运营成本，合理制定充换电服务费。

3. 增值服务盈利模式

寻找合伙人，有的提供场地，有的提供建设支持，有的则提供充电桩本身。建成后合作方共享服务费收益。从成本和风险上来说，各方都有所降低，并能很快收回成本。

另外，还可以通过给新能源车辆的车主发放充电卡来对相关费用进行统一结算，并通过预付费获得现金流。手机 APP 可以获得一批优质客户信息，通过统计充电时间计算出行距离等方式增加客户黏性，还可以推送广告内容和相关服务。

第三节　产业政策

新能源汽车可以降低汽车产业对不可再生能源的依赖，同时减少对环境的污染，其研发和产业发展在很大程度上受到政府的资助和推动。2015 年 11 月 3 日通过的《中共中央关于制定国民经济和社会发展第十三个五年规划的建议》,把新能源汽车推广列入国家的重要计划之中,要求提高电动汽车产业化水平。这表明在“十三五”期间,新能源汽车的发展在整个国民经济和社会发展中将处于十分重要的地位,明确了新能源汽车在国民经济和社会发展中的战略定位。为实现这一重要战略定位,政府明确提出了市场主导、创新驱动、重点突破、协调发展的工作方针。这个工作方针的关键变化是由政府主导变成市场主导,新能源汽车的发展要在市场主导下实施创新驱动、重点突破,达到协调发展的目标。

新能源汽车企业必须把发展重点放在技术创新、产品创新、商业模式创新上,尽快降低产品成本、优化产品性能,以性价比合理、符合消费者需求的标准来开发、拓展、壮大市场,这是新能源汽车企业成长、壮大的唯一出路。当然,由于新能源汽车产业仍处于发展艰难、不确定因素多、技术和产品尚未成熟阶段,政府对于这一新兴产业还应给予强有力的支持。但这种支持不是直接拿财政资金去补贴消费者或生产商,而是转向全面的社会公共政策支持上,这就是“十三五”期间由政府主导转变为市场主导的含义。

在社会公共政策上,政府政策的运作空间仍然很大,比如国务院明确提出的新能源汽车不限行限购政策,不少地方政府正在研究减免新能源汽车停车费及过路过桥费等。如果新能源汽车用户能够享有购买的优先权、使用的优惠权,相信其对市场的促进作用不亚于财政补贴。社会公共政策还包括基础设施建设的优惠政策。城市的基础设施建设不仅是大投入行业,还受制于土地、环境等制约因素。如果在“十三五”期间,城市基础交通建设方面向新能源汽车倾斜,将给新能源汽车的发展创造良好的外部环境。

“充电难”是制约我国电动汽车发展的主要瓶颈。充电桩是新能源汽车的基础配套设施,但处于极度的供不应求。2014 年 6 月开始,国家能源局已经开始制定电动汽车充电基础设施建设的有关规划,从建设、运营、管理等多层面进一步加强对充电基础设施建设的支持。2015 年 10 月,国务院办公厅印发《关于加快电动汽车充电基础设施建设的指导意见》(以下简称《意见》),部署加快推进电动汽车充电基础设施建设工作。《意见》明确,我国将以纯电驱动为新能源汽车发展的主要战略取向,按照统筹规划、科学布局,适度超前、有序建设,统一标准、通用开放,依托市场、创新机制的原则,力争到 2020 年基本建成适度超前、车桩相随、智能高效的充电基础设施体系,满足超过 500 万辆电动汽车的充电需求。《意见》提出,要加强充电基础设施建设专项规划设计和指导;各地要将充电基础设施专项规划有关内容纳入城乡规划;原则上,新建住宅配建停车位、大型公共建筑物配建停车场、社会公共停车场建设或预留建设充电设施安装条件的车位比例分别为 100%、10%、10%,每 2000 辆电动汽车至少配建一座公共充电站。根据《意见》要求,各地方政府将于 2016 年 3 月底前发布充电基础设施专项规划,制定出台充电基础设施建设运营管理办法。国家发展改革委、国家能源局将会同有关部门,加强部门协调配合,强化对各地的指导与监督。下一步,国家也会把充电设施标准等作为示范城市的考核标准,以促进地方政府对充电基础设施建设的积极性。

当前,国家在充电设施的建设和运营补贴方面已出台了多部相关规划和文件,为新能源充电汽车的推广应用提供了政策保障。

● **充电设施顶层设计逐渐完善，建设目标明确**

2012 年 3 月，科学技术部发布《电动汽车科技发展“十二五”专项规划》，规划到 2015 年建成 2000 个充换电站、40 万个充电桩。

2012 年 6 月，国务院《关于印发节能与新能源汽车产业发展规划(2012—2020 年)的通知》将充电设施建设纳入城市综合交通体系和城市建设相关规划，指出充电设施数量应适度超前于新能源汽车的推广。

2014 年 5 月，国家电网公司《关于做好电动汽车充换电设施用电报装服务工作的意见》提出，充电接口与新能源车比例不低于 1∶1；充电设施建设纳入城市建设发展总体规划。

2015 年 7 月，国家能源局《配电网建设改造行动计划(2015—2020 年)》规定，2020 年配电网要满足建成 1.2 万座充换电站、480 万台充电桩接入需求。

2015 年 9 月，国务院办公厅《关于加快电动汽车充电基础设施建设的指导意见》明确：2020 年充电设施要满足 500 万辆电动汽车需求；新建住宅配建停车位应 100% 建设充电设施或预留安装条件，大型公共建筑、社会公共停车场的比例不低于 10%。

2015 年 10 月，国家发改委发布《电动汽车充电基础设施发展指南》，提出到 2020 年新增集中式充换电站超 1.2 万座，分散式充电桩 480 万个，分区域、分场所规划充电设施建设。

2016 年 2 月，国家发改委等十部委制定《关于促进绿色消费的指导意见》，明确具备条件的公共机构利用内部停车场建设电动汽车专用停车位的比例不低于 10%，此外将引进社会资本利用既有停车位建设充电桩。

2016 年 4 月，国家能源局发布《2016 年能源工作指导意见》规划，2016 年建设充电站 2000 多座，公共充电桩 10 万个，私人专用充电桩 86 万个，充电设施总投资 300 亿元。

● **补贴政策助力充电设施建设**

2014 年 5 月，国家电网公司《关于做好电动汽车充换电设施用电报装服务工作的意见》规定，国网在充换电设施报装服务中不收取任何费用，居民社区充换电设施用电执行居民生活电价。

2014 年 7 月，国务院办公厅《关于加快新能源汽车推广应用的指导意见》明确：充电设施用电执行峰谷分时电价政策；经营性集中式充电设施用电，执行大工业电价；居民住宅小区等非经营性充电桩按所在场所执行分类目录电价；党政机关、企事业单位和社会公共停车场充电设施用电执行一般工商业用电价格。

2014 年 6 月，国家发展改革委《关于电动汽车用电价格政策有关问题的通知》明确，充换电设施经营企业可向电动汽车用户收取电费及充换电服务费，2020 年前充换电服务费实行政府指导价管理。

2014 年 11 月，财政部等四部委印发《关于新能源汽车充电设施建设奖励的通知》，提出 2013—2015 年对新能源汽车推广达到一定数量的地区安排相应充电设施奖励。

2016 年 1 月，财政部等五部委发布《关于“十三五”新能源汽车充电基础设施奖励政策及加强新能源汽车推广应用的通知》，决定 2016—2020 年对充电基础设施建设、运营给予奖补，根据新能源汽车推广情况分区域实行不同的奖励标准，奖补资金最高 2 亿元。

第七章　车联网和无人驾驶技术

第一节　发 展 现 状

互联网改变了世界,大数据时代的交通路况、地理位置、汽车行驶状况等各种车辆交通信息整合在一张电子地图上,使车辆网成为现实。尽管城市道路越来越拥堵,停车场位置越来越少,然而,大数据时代的车联网可以提供更全面的交通信息,例如:电子路牌、信号灯指示、周边交通环境、路况拥堵信息、汽车行驶信息等,车联网让车与车、车与人、车与环境相互联通并进行对话。

汽车,曾几何时只是一个代步工具,“互联网 +”的浪潮不断改变着人们的生活,就连“历史悠久”的汽车行业也开始改变,汽车产业链及产品将面临重大挑战和变革,这一次变革或许是汽车工业历史上继“流水线化”“多样化”“精益化”之后的第四次变革,汽车将成为跨行业的新技术前沿,随着技术的跨界融合,人们的用车习惯、汽车产业模式都将随之改变。科技企业、互联网公司、汽车巨头,这些原本不同行业的参与者,将因为一场互联网汽车的革命而紧密团结在一起。

我们越来越希望自己的汽车不再只是代步工具,智能化已经成为最明确的需求,它应该还能满足更多需求。因此,当下的车企在推出一款新车时,不再只是纯粹地谈外形、讲动力,车联网已经成为一个绕不开的卖点。车联网将汽车产业链延伸。汽车远程服务提供商 TSP(Telematics Service Provider,远程信息服务提供商)将从车联网产业链核心转变为枢纽,上接汽车、车载设备制造商、网络运营商;下接内容提供商,数据在所有行业之间高速流动。中国产业信息网发布的《2015—2020 年中国车联网行业市场全景调研与投资策略分析预测报告》中显示:中国车联网用户数量 2020 年将突破 5000 万。2014—2020 年车联网用户的年均增幅有望达到 33.48%,行业渗透率超过 20%。市场规模将从 130 亿元增长到 665 亿元,年增长率 30% ~50%,连续保持高速增长。

我国车联网行业有广阔的市场空间,但是由于汽车厂商系统封闭,没有统一标准,造成平台与其他行业信息割据,很难建立起可持续发展的创新模式与杀手级应用,反过来又造成了用户续约率较低,难以形成有效的数据积累,陷入恶性循环,根本无法达到车联网所需的大数据功能,在互联网大打免费策略的今天,车联网的收费模式也难以为继。而国际国内互联网巨头的入局以及车载智能终端制造商拥抱互联网,共享中控屏有望打破行业割据局面,打造行业大平台,创造新的盈利模式。未来,车联网将走向以基于云端的车联网平台为代表的应用。传统汽车交通工具属性会逐渐弱化,车载信息服务、智能驾驶、汽车后市场泛服务将会成为智能汽车新蓝海。

国内目前已有大量的新兴科技公司参与到造车，其中包括百度、阿里、腾讯、蔚来、车和家、电咖等，这些新兴科技公司除了受益于资本力量和工程师红利外，还将利用所掌握的社会化资源以及新思维，有望在汽车智能化、环保化进程中承接更多的全球分工。

第二节　政策环境

车联网是我国智能交通及物联网战略的重要一环。作为全球下一个万亿元级规模的战略性新兴产业，物联网的发展已经渐渐从概念层面进入实施阶段。因汽车行业的规模效应和产业带动作用，以及移动互联网的快速发展，车联网作为物联网战略中的排头兵将得到优先发展，也必然迎来全球相关产业更多的关注与支持。

车联网项目已被列为国家重大专项中的重要项目，首期资金投入达百亿。实施国家科技重大专项是科技工作的重中之重。《国家"十二五"科学和技术发展规划》中的重大专项第三项要求：加快突破移动互联网、宽带集群系统、新一代无线局域网和物联网等核心技术，推动产业应用，促进运营服务创新和知识产权创造，增强产业核心竞争力。而车联网作为物联网领域的核心应用，第一期资金投入达百亿级别，扶持资金将集中在汽车电子、信息通信及软件解决方案领域。

2012 年交通运输部发布的《交通运输行业智能交通发展战略(2012—2020 年)》中，明确了到 2020 年我国智能交通发展的总体目标是：建成能够基本适应现代交通运输业发展需求的智能交通体系、关键技术体系、标准体系以及产业，实现跨区域、大规模的智能交通集成应用和协同运行，让智能交通成为提高运行效率和安全水平的主要手段。

2015 年 3 月，李克强总理在政府工作报告中首次提出要制定"互联网 +"行动计划。7 月初，国务院发布《关于积极推进"互联网 +"行动的指导意见》，着重提出加快车联网、智能汽车技术的研发、应用及标准化，车联网成为"互联网 +"最典型的应用领域之一。

2016 年 7 月工业和信息化部《智能网联汽车发展技术路线图》基本完成，该路线图将为行业发展提供清晰思路和方向，同时为相关政策和行业标准的推出奠定基础。

第三节　发展趋势

车联网是一个云架构的车辆运行信息平台，是车内网(CAN/LIN)、车际网(V2V/V2I)、车载移动互联网(INTERNET)"三网"融合的智能系统，通过解决车与人、车与车、车与网、车与路之间信息的互联互通，实现车辆自组网及多种异构网络之间的通信与漫游。在功能和性能上保持实时性、可服务性与网络泛在性，是实现智能动态信息服务和车辆智能化控制的重要手段。

未来语音输出入与车载智能终端信息互动将是车联网发展的一大趋势。导航技术将更加直观易用，静态导航将逐步被动态导航所取代并不断向 3D 导航和实景导航发展。基于人、车、路、后台信息交互下的辅助驾驶将逐步向无人驾驶发展。

随着车联网通信技术进入5G时代，在汽车本身的汽车电子数据标准统一和开放、驾驶数据逐步积累、云计算能力和模型升级完善的基础上，以车联网大数据为核心的保险UBI、无人驾驶深度学习、智慧交通服务等领域将创造巨大的市场价值。

第四节 无人驾驶

无人驾驶汽车是通过车载传感系统感知道路环境，自动规划行车路线并控制车辆到达预定目标的智能汽车。它利用车载传感器来感知车辆周围环境，并根据感知所获得的道路、车辆位置和障碍物信息，控制车辆的转向和速度，从而使车辆能够安全、可靠地在道路上行驶。它集自动控制、人工智能、视觉计算等众多技术于一体，是计算机科学、模式识别和智能控制技术高度发展的产物，也是衡量一个国家科研实力和工业水平的重要标志，在国防和国民经济领域具有广阔的应用前景。无人驾驶汽车相关法律和政策的不断完善，将会为无人驾驶汽车量产以及上路行驶障碍消除。

中国汽车工程协会发布的无人驾驶技术路线图，详细展示了2030年前中国汽车行业各领域的发展蓝图。该报告指出："我们要尽快在智能网联汽车技术上达成共识。"报告制定了无人驾驶汽车发展的三个五年阶段需要达成的目标，力求高度或完全自动驾驶汽车在2021—2025年能够上市。报告还指出，2026—2030年，每辆车都应采用无人驾驶或辅助驾驶系统。无人驾驶技术路线图的制定，能规范中国汽车行业的发展，加速中国自动驾驶汽车的生产和销售。

无人驾驶汽车需要通过感知系统去辨识正在运动的物体（汽车、行人）及固定不动的物体（路灯柱、路的边缘）。ADAS（Advanced Driver Assistant System，先进驾驶辅助）是汽车无人驾驶的前提，其硬件核心是传感器（摄像头、雷达）和处理器，软件核心则是深度学习算法。无人驾驶技术不是完全依赖于预先设定的地图，而是仅将地图作为其中一个数据流，并结合传感器获取的数据帮助系统进行决策。ADAS系统装车率提升，使得驾驶辅助到自动驾驶成为现实。

2016年发布的《"十三五"汽车工业发展规划意见》提出，具有驾驶辅助功能的智能网联汽车在未来5年内新车渗透率将达到50%。中投顾问发布的《2017—2021年中国汽车高级驾驶辅助系统（ADAS）市场深度调研及投资前景预测报告》预计，随着国内法规进一步健全，市场对于ADAS需求的日益严格，前装市场迎来渗透率大爆发，保守预计新车渗透率增速30%，汽车销量年增速4%。受整车销量、渗透率两方面因素驱动，预计至2020年，ADAS市场可形成788亿元空间，年复合增速近35%。

第八章　交通大数据技术

第一节　发 展 现 状

大数据已成为新的技术制高点和经济增长的新动力，深刻改变着宏观经济环境，受到各国高度重视。

一、我国交通大数据产业发展态势良好

首先，大数据产业发展政策日益完善。大数据是云计算技术、物联网和移动互联网广泛普及的结果。早在2011年，工业和信息化部发布的《通信业"十二五"发展规划》就把云计算定位为构建国家级信息基础设施、实现融合创新的关键技术和重点发展方向。2015年8月，国务院印发了《促进大数据发展行动纲要》，全面阐述了我国发展大数据产业的意义、目标、任务和政策，此纲要的出台标志着大数据产业已被提升为国家战略高度，逐渐完善的政策体系为大数据产业发展提供了良好条件。

其次，各地逐渐建立起了交通大数据产业发展平台。随着国家和地方政府大数据产业发展政策的制定和实施，大数据产业发展的相关平台也逐步建立。

另外，交通大数据的市场空间广阔且在持续扩大。大数据产业主要涉及数据的收集、存储、分析和运用等环节，其在金融、电子商务、政务、社会管理等领域发挥着越来越重要的作用。

二、我国交通大数据产业仍处于起步探索阶段

交通大数据产业面临的一大困境是，信息壁垒降低了交通大数据产业资源配置效率。大数据产业发展必须实现数据信息的自由流动和共享，如果数据不开放、不共享，数据整合就不能实现，数据价值也会大大降低。然而，这一问题并没有得到相关政府部门的足够重视。这主要是由于地方政府没有形成全局思维，想要独占数据信息不开放共享，并将其视为抢占大数据产业发展先机的优势条件。

此外，政府部门是社会信息的主要控制者，信息又被不同部门和区域所控制，而不同部门和区域间的数据标准各异，信息资源也就难以实现共享。

另外，数据安全管理薄弱增加了交通大数据产业的发展风险。数据安全和隐私保护是大数据产业发展的世界性难题，这主要体现在三个方面：其一，数据的海量存储增加了数据安防的难度，可能造成大量数据损坏或丢失，造成难以想象的后果；其二，在大数据时代，数据的多元性和复杂性要求人们形成更强的安全意识，但现实中不论企业还是个人的

安全意识都还没有从传统的非信息时代转变过来，存在巨大潜在风险；其三，网络攻击带来了数据安全风险，随着大数据在政府、金融、公共事业等领域的广泛运用，数据泄露带来的损失远远超出行业范畴，成为全局性的国家安全问题。

我国交通大数据产业仍处于起步阶段，主要体现为：各领域大数据企业分散现象普遍；产业发展、政策、平台、创新、环境等不协调；大数据企业之间分工不明确、交流合作不足、协同力度不够。

第二节　技 术 创 新

交通大数据具有种类繁多、异质性、时空尺度跨越大、动态多变、高度随机性、局部性和生命周期较短等特征。如何有效地采集和利用交通大数据，满足高时效性的交通运输行政监管、交通企业经营管理、交通市民服务等应用需求，是交通和智慧城市面临的前所未有的机遇和挑战。作为数字化时代的新型战略资源，大数据成为驱动创新的重要因素，正在改变着人类的生产和生活方式。从技术上看，大数据与云计算密不可分，一个是问题，一个是解决问题的方法。交通作为经济社会的重要组成部分，对于大数据的需求也是最急迫的。智能交通的发展以“保障安全、提高效率、改善环境、节约能源”为目标，已经受到各国的重视。我国的智能交通也实现了快速发展，许多技术手段都达到了国际领先水平。

尽管我国交通运输领域已经基本实现了数字化，但是数字化和数据化根本不是一回事，数字化只是局部地提高了采集、存储和应用的效率，本质上并没有太大的改变。而大数据时代的到来必然带来破解难题的重大机遇。大数据要求我们改变小数据条件下一味地精确计算的现状，而是要更好地面对混杂，把握宏观态势；大数据要求我们不再热衷于因果关系而是关注相关关系，使得处理海量非结构化数据成为可能；也将促使我们加大技术创新力度，努力把一切事物数据化，最终实现管理高效、服务便捷。

交通大数据技术创新包括以下三个方面的内容：一是数据量巨大、来源多样与类型多样，需创新数据采集方式、方法；二是创新数据处理和分析技术；三是运用数据分析形成新的价值。

为了应对大数据的发展趋势，更好地为行业用户和个人提供数据分析的服务，亟须构建各类不同的大数据平台，支持用户对数据的多种需求。构建大数据平台就是要将不同渠道、不同来源、不同结构的数据进行有机的整合。与传统数据平台不同的是，大数据海量的规模、多样的类型、快速的流动和动态的体系以及巨大的价值是大数据平台构建需要重点考虑的几个因素。除此之外，数据的分类存储、数据平台的开放性、数据的智能处理以及数据平台与用户的交互，都为大数据平台的建设带来前所未有的挑战。

第三节　应 用 领 域

随着“互联网＋”交通运输产业的深入发展，大数据技术服务在交通运输行业逐渐凸显其重要的应用价值，可为政府部门管理、企业经营决策、公众信息服务等提供科学的数据支撑。

第一,为政府部门提供交通行政监管支持,包括提供精细地理信息服务、交通管理服务、应急响应服务、路边车位监管服务、公共交通监管服务等。

第二,为公众搭建基于手机应用的交通信息服务,通过交通信息服务也可采集公众日常出行行为的数据,主要有精细地理信息服务、精准实时路况服务、精准交通信息服务、实时车辆信息服务、交通诱导信息服务、停车诱导信息服务等。

第三,为企业提供交通信息增值服务,主要有精细地理信息服务、公交车公司车辆调度及辅助决策、商业数据分析等。不同用户通过共享行业数据、计算资源、个性化情报分析结果,通过数据采集共享、大规模数据实时处理和分析,辅助应对突发事件,大大节约社会资源和成本,提升社会整体运行效率。

第四节　商　业　模　式

人类当前同时处于物理世界、网络世界和数据世界之中,只不过每一个人在不同世界的“存在感”不同,有人仅仅能够理解物理世界的事情,难以理解网络世界和数据世界的事情;也有人仅仅能够理解物理世界和网络世界的事情,对于数据世界并不理解。当然,处于不同世界的人,其思维方式和行为方式是有差异的,所导致的结果往往也是完全不一样的。传统的物理世界,因为时空限制,信息是严重不对称的。我们以往所有的商业模式都是基于信息不对称的物理世界建立的,很多商业模式都是靠信息不对称营利,如电视台、报纸、网络等广告模式。当地球上的人、事、物都因为产生大量数据而构建起“关系”,让人类顷刻间获得了无限的信息对称,一切基于信息不对称的物理世界而建立的商业模式势必发生变革,这也是不得不面临的变革。未来,主流的商业模式将是以大数据为基础的产业互联网,主流的创新模式将是在物理世界、网络世界和数据世界中自由穿行的创新、未来会有一种主流的商品,那就是数据应用商品。

大数据产业具有无污染、生态友好、低投入、高附加值的特点,对转变我国过去资源因素型经济增长方式、推进“互联网 + ”行动计划、实现国家制造业 30 年发展目标具有重大战略意义。

“大数据 = 海量数据 + 分析软件 + 挖掘过程”。大数据产业链自底向上主要由三层构成:第一层是企业内部交易数据和企业外部的用户行为数据、物联网数据等,这一层次的主要任务是数据的采集、存储和传输等工作;第二层次是信息层,去粗取精、提炼后形成价值密度更高的信息,这一层可以产生诸如数据包销售、租赁等业务模式,也会诞生一批以搜集各类数据为主业的公司,如区域数据提供商;第三个层次是知识层,服务提供者通过强大的分析软件来提供多样性的数据挖掘服务。由此,交通大数据产业链派生出数据自营模式、数据租售模式、数据平台模式、数据仓库模式、数据众包模式、数据外包模式等不同的商业模式。

第九章 “互联网+”交通一卡通技术

第一节 概 述

电子支付是通过安全的信息传输手段,采用数字化方式进行货币支付或资金流转的一种方式。作为一种新兴的支付服务,电子支付是新时代信息技术飞速发展的产物,它的出现改变了大众的生活和消费方式,也代表了社会时代的进步。

交通一卡通技术,顾名思义是电子支付在交通运输与出行领域的应用,是交通运输工具从静态到动态或从动态到静态过程中,利用交通一卡通方式进行支付、消费的过程。随着信息技术的不断发展和交通信息化进程的加速,交通运输与出行作为社会经济活动的基础环节,对电子化支付的需求也逐渐显现。通过安全、便捷、高效的电子支付方式解决目前交通运输行业中现金支付存在的种种问题,无疑将大大提高行业服务水平和管理效率,对改善公众生活出行方式和提升生活质量、推动国民经济和社会信息化进程均具有重要意义。

交通一卡通目前已广泛应用于公交、地铁、公共自行车、轮渡及部分公共服务应用,未来将拓展至城市停车、长途客运、农村客运、城际轨道等交通出行链。随着一卡通技术的发展,基于不同的场景需求,交通一卡通的支付形态可分为城市(公交)一卡通、互联网支付、手机(移动)支付、信用支付等。

第二节 发 展 现 状

一、交通一卡通发展现状及产业规模

城市公共交通一卡通系统自二十世纪九十年代初建设以来,特别是在国家“金卡工程”的推动下,经历了二十多年的快速发展与推广应用,取得了辉煌的成就,为大众的公共交通出行提供了便捷、安全、廉价的支付环境,已成为交通信息化服务的重要组成部分,交通一卡通已经成为名副其实的城市一卡通,应用领域从单一的公交应用扩展到包括公共交通、公共事业缴费、智慧社区、公共自行车、道路客运等40多个领域。

经过二十多年的发展,全国共有400多个城市已经建成了不同规模的城市一卡通系统,全国一卡通累计发卡量达8.5亿张,覆盖8亿以上人口,涵盖全国所有的直辖市、90%以上省会城市及大部分地级市。由于历史原因,城市交通一卡通呈现多部门主导、行政区

域分割的发展现状，在全国范围内形成系统建设标准不一致、业务规范差异明显的行业特点，最终造成全国一卡通无法互联互通，给市民大众的出行带来了不便。为更好地解决全国一卡通区块分割、互不相通的历史问题，2015 年 4 月 30 日，交通运输部印发《关于促进交通一卡通健康发展加快实现互联互通的指导意见》（交运发〔2015〕65 号），提出全面推广普及全国交通一卡通，逐步实现跨区（市）域、跨交通方式互联互通。据专业机构预测，随着全国互联互通的加快推进，一卡通市场规模未来每年将以 15% 的速度增长，规模将可达千亿级，蕴含着巨大的市场空间和广阔的应用前景。

二、全国交通一卡通互联互通现状

根据交通运输部计划，2016 年底实现 100 个以上城市的互联互通，2020 年基本实现全国范围内跨市域公共交通一卡通的互联互通。截至 2016 年 12 月 26 日，全国共有 110 个城市交通一卡通已实现互联互通。江苏、河北、福建、广西、四川、贵州、海南、广东等 17 个省份已加入全国互联互通，到 2016 年底，124 个城市交通一卡通系统实现跨区域、跨交通的互联互通。基于交通运输部标准的各地互联互通卡累计发卡量达 125 万张，目前除港澳台外，全国 31 个省、自治区、直辖市都已经向交通运输部提交了一卡通密钥申请，共涉及 279 个地州市。全国交通一卡通互联互通的应用领域将从公共交通拓展至水上客运、城市停车场、城际轨道、道路客运、民航铁路、新能源充电桩等交通出行链全覆盖。

第三节 政策环境

● 国务院《关于城市优先发展公共交通的指导意见》

2012 年 12 月 29 日，国务院发布的《关于城市优先发展公共交通的指导意见》（国发〔2012〕64 号）中指出，按照智能化、综合化、人性化的要求，推进信息技术在城市公共交通运营管理、服务监管和行业管理等方面的应用，重点建设公众出行信息服务系统、车辆运营调度管理系统、安全监控系统和应急处置系统。加强城市公共交通与其他交通方式、城市道路交通管理系统的信息共享和资源整合，提高服务效率。十三五期间，进一步完善城市公共交通移动支付体系建设，全面推广普及城市公共交通一卡通，加快其在城市不同交通方式中的应用。加快完善标准体系，逐步实现跨市域公共交通一卡通的互联互通。

● 交通运输部印发《关于促进交通一卡通健康发展加快实现互联互通的指导意见》

2015 年 5 月 5 日交通运输部发布的《交通运输部关于促进交通一卡通健康发展加快实现互联互通的指导意见》（交运发〔2015〕65 号）中指出，推进以区域为重点的互联互通，选择京津冀、长三角、珠三角、长江经济带中游城市群等条件比较成熟、有内生需求的重点地区，以及公交都市创建城市，率先启动实施城市间交通一卡通互联互通工程。大力开展交通一卡通在出租汽车、长途客运、城际轨道、水上客运、公共自行车及停车场等交通运输领域的应用，积极推进在高速铁路、民航等领域的应用。

• 国家发展改革委、交通运输部联合印发《推进"互联网+"便捷交通促进智能交通发展的实施方案》

2016年7月30日，国家发展改革委、交通运输部联合印发《推进"互联网+"便捷交通促进智能交通发展的实施方案》（发改基础[2016]1681号），针对完善智能运输服务系统方面明确提出，实现"一站式"票务支付。稳步推进全国道路客运联网售票系统建设，推动实名制长途汽车客运、重点区域水路客运电子客票试点应用，旅客凭身份证件、电子凭证可实现自助购（取）票、检票、进出站。推动机票、道路客运售票系统等向互联网企业开放接入，积极研究铁路客票系统开放接入条件，鼓励互联网企业整合集成，为旅客提供全方位、联程客票服务，形成面向全国的一站式票务系统。稳步推进交通一卡通跨区（市）域、跨运输方式互联互通；加快移动支付方式在交通领域应用。

第四节　问题与挑战

在互联网技术和移动终端的大量普及，以及第三方支付以资本和技术优势大举进军交通电子支付领域的背景下，原有的传统交通电子支付市场面临着一定的威胁。特别是随着新兴支付业务的拓展和模式创新，传统交通出行领域以其覆盖用户广泛、刚性需求能力强、用户黏性高等优点，吸引了众多非传统交通电子支付企业争相布局。随着政策的进一步开放及鼓励交通出行领域的创新应用，第三方支付方式进入交通出行领域已成为未来发展的趋势。日前，杭州市率先尝试将手机二维码扫码应用于公交车缴费支付，同时推出在线支付的优惠政策，吸引了部分愿意尝鲜的原有一卡通用户，在市场上产生了不小的反响。与交通一卡通同属IC支付领域的金融IC卡（银联卡），凭借其安全性高、不易被仿制、线下市场成熟等优点，获得商业银行大力推广，在金融消费和交易领域集聚庞大的用户群体，意图通过交通电子钱包模式推出公交、地铁支付服务，意欲取代现有交通一卡通的应用。在移动互联时代，种种迹象表明，来自外部具有竞争性支付产品和服务的竞争和威胁，进一步加剧了传统交通电子支付行业战略调整的迫切性和必要性。随着移动支付技术快速发展，交通电子支付市场环境发生了深刻的变化，促使传统行业面临历史性变革。面对激烈的外部竞争环境和极度不确定的市场格局，传统交通电子支付整体行业格局在长期的发展过程中形成了一些问题和挑战，主要表现在以下几个方面。

①国内公共交通一卡通行业缺乏统一的管理，一卡通公司各自为政，导致行业欠缺规范性管理。

②国内公共交通一卡通工作仍为局域网状态，互联网局面尚未形成。

③公共交通一卡通行业松散，企业分布不均衡且实力弱小。

④交通一卡通行业应用的广度和深度有待拓展，应用领域仍然偏少，应用场景不够丰富，缺少具有特色和大规模吸引力的普适性应用。

⑤交通一卡通行业受理环境还需要进一步完善，跨机构转结和系统连接平台等基础设施需要完善，以利于支付规模化发展和行业资源共享利用。同时需要加快对支付受理终端的改造，使其能够与快速增长的用户规模和支付需求相匹配。

⑥交通一卡通行业与互联网的融合有待进一步加强,促进互联网技术与交通电子支付产品的结合,提升电子支付服务水平和管理效率,满足一卡通用户的各种支付需求。

第五节 创新应用

一、一卡通+网上充值

随着城市交通一卡通使用范围的逐渐扩大,现有的人工充值、自助充值存在网点不足、布局不合理、管理不便、维护费用高、高峰时段需排队充值等问题,给公众的出行消费造成不便,不利于城市一卡通业务的发展。随着互联网技术的快速发展,电子商务平台的快速崛起,互联网充值的功能也得到了一卡通行业的重视,为顺应交通一卡通互联化转型,大部分城市交通一卡通企业纷纷上线一卡通网上充值系统,有效地解决了一卡通传统的人工充值和自助充值存在的不足,满足用户随时随地的充值需求,进一步激活一卡通市场潜能,拓展一卡通市场消费占有率。这既是推动智能交通建设的必要手段,也是智慧城市发展的必然要求。

二、一卡通+移动支付

随着“互联网+”技术的快速发展及移动智能终端的广泛普及,一卡通与移动支付技术的快速结合和产品演进,一卡通行业内涌现出了多种基于 NFC 功能的一卡通移动支付创新产品,这是对一卡通网上充值模式的又一次升级,将在线服务升级为移动服务,很好地解决了一卡通用户随时随地充值、消费与业务查询的需求,进一步加强了一卡通服务与用户的连接关系,提升了用户的支付体验。随着一卡通移动支付服务的成熟推广,一卡通运营企业将思考进一步利用互联网技术提升一卡通的服务承载能力,基于庞大的用户规模进行一卡通增值服务应用,例如一卡通金融服务、功能定制化服务等,满足用户提供个性化产品服务需求。

三、一卡通+APP

一卡通 APP 应用软件将传统一卡通的服务体系转移至线上,为一卡通用户提供便捷的一卡通综合服务。基于一卡通 APP 应用,可为用户提供移动充值、余额查询、网点查询、在线客服等服务,随着一卡通在线系统的成熟应用,进一步结合用户的需求,未来可接入客运联网售票系统,为广大目标用户群体提供客票查询和购买服务。

第六节 建议措施

移动支付引起的支付革命改变了互联网行业,改变了整个社会。基于此背景,交通一卡通形成了具有独特意义的产业。

交通一卡通技术门类多、产业链条多、关联行业多，在互联网时代地位显著，具有产业杠杆撬动作用。积极促进交通一卡通行业健康有序发展、优化制订政策扶持业内企业，有利于推动交通一卡通行业的发展，有利于发挥杠杆作用撬动关联产业协同发展以及区域经济融合。

一、构建基于大数据的"互联网＋"交通一卡通信用评价体系

交通一卡通与智慧城市、智慧交通、"互联网＋"等多个国家推动的重点项目相关联，未来的交通一卡通发展将在国家现有的信用体系的基础上完善符合自身行业特点的信用评价体系。以小额支付为特点的交通一卡通适合建立独立的信用评价体系，一是可以与交通运输服务和生产结合，有助于行业管理；二是可以和其他小额消费结合，有助于拉动消费需求。

交通运输部已经出台《关于加强交通运输行业信用体系建设的若干意见》，将在政务诚信、工程建设、运输服务、安全生产、信息统计、价格、企业管理、关键岗位从业人员八大领域重点推进信用体系建设，实行行业5级信用评价制度和奖惩机制，逐步建立跨部门、跨行业的信用奖惩联动机制。

二、打造开放的多模式交通一卡通支付平台

全国交通一卡通互联互通实施后，将会拉动城市交通一卡通的异地消费以及跨领域消费需求。基于交通一卡通发行区域和支付手段互相融合的发展趋势，亟须提高卡片用户体验，激发产业活力。在多种卡功能融合后，高速公路ETC卡、银联支付、第三方支付、城市交通一卡通互相之间存在重大挑战，拓展支付应用场景成为其自身发展的需求。因此需要有一个聚合平台将各地区各形式的交通一卡通功能统一起来，形成规模效益，实现互利共赢。因此，未来将打造全国范围内的交通卡统一支付体系，由统一支付平台运营方打通与各交通卡的支付渠道，实现多种电子支付手段均能不分时间、地域、行业地进行使用。

三、加强企业间合作，促进行业凝聚力，构建交通电子支付生态共融

改变一卡通行业主体分散、资源分散的行业现状，进一步凝聚行业共识，构建行业企业资源共享生态，汇聚行业发展力量。

在交通一卡通行业内，建立交通运输部层面的高端联盟组织或行业协会，通过构建紧密的多方关系，依托高端联盟平台聚拢行业资源，彻底改变交通支付行业传统的松散关系，实现企业抱团合作发展的战略目标，共同维护行业发展和稳定。根据实际的发展需求适时推出有利于推动行业发展的政策措施，进一步优化交通电子支付行业发展环境，为行业转型升级提供良好的制度和政策保障。

在产业链上，加强垂直产业链整合，重视横向产业链之间的合作，构建交通一卡通生态发展战略。企业要改变传统的经营思路，建立用户思维，通过数据信息共享方式将用户需求直接传导至上游企业，打破下游用户、商家、终端网点与上游企业之间的界限、隔阂，

真正实现一卡通垂直产业链的高度整合和互融互通。

交通一卡通企业通过加强与横向产业间的跨界合作，以下沉管道的方式建立开放性的合作平台，实现资源优势互补。通过与通信运营商、手机厂商之间的合作，推动交通一卡通业务由“线下”向“线上线下融合”方向发展，推出多样化的在线充值、移动支付、在线客服等线上服务，推动线上与线下业务融合发展，满足用户随时随地充值消费需求。通过接入第三方支付接口，拓展一卡通线上资金导入渠道，完善一卡通充值和消费多样化场景。

第七节 发展意义

一、大力发展“互联网+”交通一卡通有助于推动交通运输产业结构调整

交通运输产业作为国民经济的支柱产业，是社会经济重要的基础结构之一。交通运输体现的社会公益性、资本密集型、地域型的特点，都是区域经济实力强弱的重要指标。当今传统的交通运输生产模式已不能适应经济社会的发展，交通运输产业面临着结构升级、产业范围扩大的需求，行业亟须以信息化、智能化推动交通运输的效率提升、服务质量提升、流程更加规范透明。

公交、客货运、铁路、航空、海运等交通运输方式都是典型的规模经济，需要大规模固定资产投资。通过大量采用先进的交通一卡通技术，以规模经济拉动规模经济，使交通运输效率提升、边际成本不断下降，形成具有网络效益的产业。

在国家大力推进供给侧改革的大背景下，交通运输行业亟须积极引进先进的交通一卡通支付和智能交通手段，盘活存量市场，开发增量市场。交通一卡通推动交通运输产业结构调整还体现在：一是，基于交通一卡通的信息化改造给交通运输企业带来效益和效率上的提升；二是，基于交通一卡通的“互联网+”交通应用给人们出行带来极大的便利，提升了交通运输和汽车后市场相关行业的效益，降低出行和物流成本；三是，基于交通一卡通的“互联网+”金融的价值链正在形成，势必给交通运输产业带来质的提升。

二、大力发展“互联网+”交通一卡通有助于催生支付革命，带动经济增长

基于开放式互联网、移动互联网的创新型交通一卡通技术体现了更低的交易成本以及更开放的产业圈。总的来看，在互联网媒介作用下，创新型交通一卡通技术以及与互联网结合的传统电子支付所积极适应的消费、制造和服务生产方式正在悄然发生内在革命。未来五年里，“互联网+”、新型服务业、传统产业升级和新技术这四个领域都将可能成为新的经济增长点。传统交通运输及其关联行业中，基于互联网的交通一卡通将会推动和引领产业升级与技术创新，使之成为新的经济增长点。

随着区域经济融合和一体化综合交通运输进程的加快，城市公交、高速公路联网收费、公路客运联网的区域互联互通乃至全国互联互通已成为突破行政界限、推进城际交通

与城市交通的对接融合、增强区域快速通行能力的重要载体，也是信息技术发展到一定高度的自然表现。这将进一步起到拉动内需、带动和刺激消费、提升服务业质量的重要作用。

三、构建“互联网+”交通一卡通平台有助于推动行业转型升级

充分发挥传统交通行业的刚性支付优势、转变传统消费方式，充分借助互联网技术，为出行大众提供基于互联网的一卡通空中发卡、网上充值及支付服务，打造线上、线下融合服务的新模式，利用“互联网+”庞大的出行链条拓宽交通互联互通支付业务的广度与深度。借助NFC手机、可穿戴设备、智能终端为支付载体，通过手机APP、微信、网充终端等新媒介实现多功能、跨领域的支付服务，融合上下游供应商、互联网服务商等产业资源，调动行业积极性，创新交通一卡通商业模式，催生新的经济增长点，促进消费升级和产业转型。

将现有交通一卡通服务拓展至移动互联网领域，打破实体网点服务存在已久的时空局限，将有效缩短服务周期、提升服务便捷度。平台承载了大量的线上信息和服务，通过与线下消费活动互动，实现线上线下服务协同，将有效优化服务体验，更好地践行交通领域便民利民的公共服务要求。

通过构建统一、使用方便、基于互联网的交通一卡通公共服务平台，有利于推动互联网行业与社会公共服务的优化整合，促进传统公共服务事业的优化升级；有利于大幅提升现代交通行业的服务水平，让人们充分享受“互联网+”带来的高效、便捷和创新体验；有利于推动跨行业、跨领域的资源整合和经济融合；有利于进一步提升政府对社会的管理水平。

第八节 热点分析

一、一卡通+信用支付

目前国内交通一卡通业内的支付模式是预付费模式，即“先充值、后消费”。用户需先到服务网点购买一张公交卡，充值之后才能刷卡乘车消费，就像银行的借记卡一样。而银行业早已推出信用消费模式，用户使用信用卡可以先消费、后还款。

最近在一卡通行业内受到广泛关注的一卡通信用支付产品正打破以往传统的支付模式。一卡通信用支付是在空中发卡技术的基础上，通过绑定银行信用卡获取信用额度以实现信用支付的一种全新产品。用户无须到服务网点购买，也无须充值，只需通过具有NFC功能的手机下载一张虚拟卡片，绑定银行信用卡获取信用额度，通过卡片激活即可以类似信用卡的形式实现在公交、地铁、超市或便利店进行刷卡消费。

二、一卡通+综合运输

依托公共交通全覆盖和城乡交通一体化，以交通一卡通互联为基础平台，以联网售票和电子客票系统为支撑，实现一卡通在综合交通联程联运领域的应用，推动包括城市公共

交通、停车场、城际轨道、道路客运等出行链的全覆盖，打造“一卡通行、一票到家”的全程出行链服务。

三、一卡通+电子票证

传统行业的纸质票证，如优惠券、车票、门票等应用十分广泛，为解决人们基于消费的服务凭证和信息确认起到一定的作用。随着技术进步，特别是智能IC卡广泛应用，可通过电子化方式将相关票证信息下载至IC卡中，利用IC卡便捷、安全特点实现票证支付方式的变革，降低票证交易成本和企业运营成本，提供便捷的交易载体和身份识别方式。一卡通+电子票证模式突破了传统票证单一功能，一卡通电子票证可通过承载多个服务凭证，方便用户对多个服务凭证进行集中管理，为用户提供购买、查询、业务请求和身份验证等多样化功能。

四、一卡通+开放平台

构建开放式交通一卡通电子支付平台，通过接入各种支付系统、资金渠道、产品终端等聚集相关交通一卡通资源，将一卡通支付功能下沉为一种支付渠道，打通不同支付方式间的节点，打造成极具兼容性的聚合平台模式。移动互联网发展到今天，平台开放的商业模式已经成为主流，各个垂直领域都出现了平台型服务商，一卡通支付平台也可以根据类似的发展模式建设一卡通领域的平台型服务。

交通一卡通开放式支付平台就是为产业链合作参与者（银行、通信运营商、设备制造商等）和客户（商户、社区或个人用户等）提供一个合作和交易的软硬件相结合的平台环境。平台商业模式是通过双边市场效应和平台的集群效应，形成符合融合、共享、共赢定位的平台分工。搭建平台的一卡通运营商，负责聚集产业链资源和合作伙伴，为用户提供多样化的产品和服务，通过平台聚集人气，扩大用户规模，使参与各方受益，实现平台价值、客户价值和服务最大化。

第十章 “互联网+”ETC技术

第一节 概 述

我国从1997年开始由交通部对ETC(Electronic Toll collection,电子不停车收费系统)技术进行科技立项,先后在ETC装备设计和计算、联网应用技术体制选择、交易安全保障等方面提出了一套与未来技术发展相适应,同时与中国国情和服务需求相配套的技术方案。从技术研发、标准制定、工程试验、跨省市联网不停车收费示范工程,到ETC全国联网工程最终实现,我国建立起了适合本国国情的完整的ETC技术体系和联网服务系统。

随着“互联网+”、大数据等上升为国家战略,极大地调动了ETC业界的创造力,推动产业迸发新活力,为运营服务单位和用户出行带来了极大的便利。

“互联网+ETC”是为了落实交通运输部“综合交通、智慧交通、绿色交通、平安交通”四个交通的建设任务,以高速公路信息化为带动,积极推动互联互通,实现信息共享、业务协同和智能决策。一方面,满足行业监管部门对国家公路网全网、全时的可视、可测和实时监管的战略需求;另一方面,为提升人民群众出行服务质量、推动国民经济建设提供技术支撑。

第二节 产业现状分析

一、产业发展规模

2015年9月,在交通运输部的部署下,全国已有29个省(自治区、直辖市)实现了高速公路ETC联网。截至2017年1月底,已联网省、直辖市、自治区累计建成收费站8027个;ETC专用车道14262条,MTC车道51857条,混合车道2585条;主线收费站ETC车道覆盖率约为98.8%;建成自营服务网点1112个,合作代理网点37471个,各类服务终端30146个;发展ETC用户约4650.23万,其中广东用户总量接近600万,居于全国首位。已联网地区非现金交易总量、非现金总交易金额、跨省清分交易量和交易额均呈现大幅比例增长,我国已建成和运行着全球规模最大的ETC联网生产型信息系统。ETC后联网时代,全国ETC用户规模高速增长,预计2018年全国ETC用户将达到8000万。

从探索到发展ETC大规模应用,国内目前已诞生了一大批从事ETC产业的行业企业和科研机构,形成了完善的ETC产业链。ETC设备、软件服务产品由于巨大的市场容量和国家标准支持,近几年呈现快速发展的态势。同时,随着运营模式由建设管理向内容服务转变,各省、自治区、直辖市运营服务方在扩展 ETC 增值应用方面积极开展探索试点。

二、创新服务、产品应用

ETC 后联网时代,随着业务体验及服务体验的需求进一步提高,基于云计算、大数据、互联网的 ETC 产业变得更加“新型”,ETC 产业向创新服务、创新应用发展是大势所趋。

1. 新型 ETC 运营服务

目前,全国 ETC 跨省自治区、直辖市联网收费结算工作由国家路网中心统筹协调,各省的 ETC 运营服务工作由各省相关机构负责。一方面,各省不断加深与各大银行等机构的合作,继续推进 ETC 的发展,发展用户资源;另一方面,以 ETC 进城为方向,基于 ETC 开拓停车、加油等汽车后市场服务,拓展和沉淀 ETC 用户。

以山东和广东为例。山东高速集团有限公司将“互联网 + ETC”作为公司的创新性业态,以互联网为依托,基于用户的不同需求打造两大生态:一是面向客车用户,融合银行卡、支付宝等代扣途径,实现 ETC 联网服务;二是面向货车用户推出金融信贷产品,实现“金融 + 智慧物流”。广东联合电子服务股份有限公司把握“互联网 + ”上升至国家战略的契机,在公司十三五战略规划中提出以“车联网 + 互联网”为核心,充分发挥类金融资源的优势,坚持联网收费业务与增值业务双轮驱动、协同发展,实现“由单一服务向综合服务转变、由线下服务向线上服务转变、由自营服务向‘外包 + 自营’服务转变、由路上服务向城市服务转变、由省级运营商向区域级运营商转变”,大力拓展车主 O2O 服务、城市智能停车、交通大数据、第三方支付等增值业务。

随着 ETC 运营服务的拓展,行业内涌现了很多的创新产品,例如互联网 ETC 后视镜、蓝牙电子标签、多途径应急终端、天线检测反馈系统、货车 ETC 通道等。

2. ETC 汽车后市场服务

ETC 应用场景和增值服务的拓展,需要“互联网 + ”产业和 ETC 产业技术创新共同推动。2014 年北京速通公司推出手机 APP“乐速通”之后,2016 年广东联合电子服务股份有限公司“粤通卡 · ETC 车宝”上线,各省运营服务公司以及行业相关企业早已着手基于 ETC 市场化的尝试,开始布局汽车后市场服务。

此外,ETC 融合相关物流信息资源,助力建设全国物流信息服务网络,无疑是 ETC 服务应用的另一种提升。江西、山西、河北等省份目前都对货车 ETC 进行了相关的研究和试点工作。2016 年 9 月,经江西省交通运输厅批复同意,江西省在全国率先对皮卡等 11 型 2 轴货车发行 OBU 业务,并计划在 2019 年底前,全省完成货车计重 ETC 车道建设,积极开展 ETC 在物流园区等领域的拓展应用试点;山西省从 2014 年就开始着手开展货车 ETC 的试点应用研究,并对试点应用车道选择了“一站式”称重解决方案、“两站式”称重解决方案和“两站式”运行模式下出口重量数据缓存队列一致性解决方案三种模式;2016 年 10 月,河北省高速公路管理局与河北宝兑通电子商务有限公司合作发行了联名储值卡“宝兑通 ETC 联名卡”,该卡具备河北高速 ETC 低碳畅行卡的全部功能,不仅让货车用户实现安全、便捷、省钱的高速通行,还可在宝兑通现有合作商户处进行加油加气、车辆维修、配件购买等其他消费，实现了货运车辆运营的“一卡通”模式。与此同时，货车帮、车旺、陆鲸等平台型企业选择以 ETC 为入口打造“物流 + 金融”的商业模式。

第三节　存在问题

目前，ETC 技术主要体现在公路收费和车辆身份识别领域，在与手机支付和其他识别技术的激烈竞争中，仍然存在一些问题，主要体现为：

①ETC 技术的使用门槛仍然较高。当初我国是以相对国外 ETC 的较低成本实现国产化的，但在智能手机和移动支付大面积普及的今天，这个成本优势不再存在；此外，得益于 ETC 卡符合银行 PBOC 2.0 标准，在 ETC 卡的发行中带来很多好处，但与互联网支付相比，ETC 卡扩展用户的方式仍显得较慢。

②客户服务渠道和服务水平有待进一步提升。随着 ETC 用户的剧增，ETC 车道通行质量问题日益凸显，现有的服务水平已经满足不了不断升级的用户需求，ETC 客户服务渠道和服务水平有待进一步挖掘和提升。

③功能单一，应用领域有待拓展。尽管目前多地将港口、航站楼、公交枢纽、火车站等交通领域的停车场作为 ETC 先行先试的示范点；但是以 ETC 进城为主要方向，加速向服务区消费、停车、汽车加油、充电桩等多种交通应用场景的覆盖，仍有待逐步实现。

④未来技术演进方向有待明确。ETC 与互联网的深度融合将极大改变智能交通业态的发展，围绕收费与车路信息交互两大核心技术应用，ETC 未来的技术演进方向仍有待探讨与明确。

第四节　趋势分析

移动互联网和网络支付的飞跃发展，给 ETC 的技术变革和理念变革提供了一个大好机会。通过“互联网 +”服务提升 ETC 运营管理能力，实现 ETC 网上充值与在线服务，打造更加便捷化、多样化的交通出行信息服务，这一系列的技术创新和融合都将成为互联网时代 ETC 发展的动力。

在互联网的影响下，未来 ETC 运营商、内容服务商、设备制造商、软件服务商等加速将自身业务向产业上下游延伸，打造硬件、软件、应用服务一体化的产业模式，抢夺互联网以及移动互联网“入口”，提升商业价值。

• 趋势一——ETC 运营和服务更市场化，场景更加多元化

由于体制和机制的问题，ETC 发行和服务体系仍然较为封闭，ETC 若要可持续发展，未来必然要走向市场化、多元化。一是通过标准升级推动服务升级和产业升级；二是 ETC 的运营管理更加走向市场化，打破垄断鼓励竞争是发展必然，以此推动应用场景多元化；三是 ETC 的市场化将直接推动 ETC 汽车前装的应用，促进智能网联汽车的发展。

● 趋势二——运营管理信息化、智能化

ETC建设之初,不仅只是针对高速公路领域的收费工作,而且考虑了路网运行检测、信息服务等方面的需求和未来技术的演进。目前,随着高速公路联网收费系统的纵深发展,其所涉及的车辆检测感知、车辆身份特征识别、车辆比对等计算机视觉与深度学习技术的实现,解决了传统基于收费结算中无牌车无法处理、违规逃费等问题,为高速公路出入口不停车收费、停车场管理、交通大数据分析等方案作支撑。随着物联网、大数据与云计算等技术的发展和支撑,ETC的运营管理将朝着信息化、标准化和智能化的方向发展。

● 趋势三——更高效、安全、便捷的在线化智慧服务

目前,国家正积极推进ETC系统的拓展应用,包括提高ETC系统安装、缴费的便利性,加大用户发展力度,促进ETC系统与互联网的深度融合,实现ETC系统在公路沿线、城市公交、出租车、停车、道路客运、铁路客运等交通领域的广泛应用。各省也在积极研究并尝试性地推出各项ETC在线化服务:一方面,不断完善ETC线上服务功能,如空中快速充值、网点查询、业务查询等高效便捷的服务;另一方面,以ETC进城为主要方向,基于ETC开拓更广阔的应用场景,如智慧停车、线上商城、车友社交等深度垂直的在线化智慧服务。

● 趋势四——交通大数据逐步形成,ETC数据应用深层挖掘

ETC作为智能交通未来的主要发展方向之一,有助于推动大数据在高速公路收费服务中的应用,通过充分挖掘和利用信息数据的价值,盘活现有数据,强化数据应用、评价、决策,服务于交通部门的管理与决策,促使ETC业务快速发展。通过ETC与移动互联网技术相融合,可以全方位实施车车、车路动态实时信息交互,充分实现人、车、路的有效协同。此外,借助国家推动"营改增"的契机,利用ETC在信息流、资金流、货物及人流的数据资源优势,实现"三流合一",推动公路收费领域"营改增"以及ETC快速增长。

第五节 建议措施

综上所述,"互联网+"ETC应用模式充分把握新兴技术快速发展的契机,创新服务能力,建设与行业未来发展和智慧高速各项职能相适应的、可持续发展的、以人为本和动态满足各层次需求的ETC服务体系,促使高速公路公众服务和运营管理能力不断提高,质量和效率不断提升,推动"互联网+"时代下ETC与各领域的深度融合。

具体推进措施可归结如下:

● 运营服务市场化,提供"便捷、高效、安全"的交通服务

在ETC收费站建设方面,增建ETC车道,完善和升级ETC标准和收费路段基础设施建设,建设更完善的收费异常应急处理体系,采用更智能的车流引导措施,提升服务区运营效率和服务。在公众出行方面,提供更便利的ETC充值方法,为各类用户定向推送出行服务信息和相关提示服务信息,如工程占道预警、恶劣天气预警等,走市场化的运营服务路线,提供便捷、高效、安全的交通服务。

● 高速公路ETC运营管理信息化,打造智慧管理体系

借助全国ETC联网的东风,构建一套人、车、路和谐一体的智慧高速公路应用体系架构,将大数据、物联网、无线传输、数据融合、机器学习等“互联网＋”新兴技术应用于智慧高速,推动基于ETC的车载单元、路侧单元的探索研究。在此基础上,研究应用ETC技术优化改造收费站,提高高速公路出入口车辆通行效率,减少收费站不必要的人员开支,打造高速公路ETC智慧管理体系。例如增建智慧收费ETC车道,采用可变信息情报板标识不同运营模式,建立便捷、高效的智能业务培训渠道,科学、合理安排人员排班制度等。

• 基于云计算技术建立大数据平台,开创ETC智慧收费分析应用

利用云计算、大数据等先进技术手段,积极开拓基于数据分析应用创新业务,构建基于ETC的智慧收费站研究,增强收费业务系统的稳定性、安全性。开展高效、广泛的ETC出行服务。打破壁垒,构建信息共享服务平台。

第六节　热点分析

一、ETC智慧停车场

目前车牌识别技术、移动支付技术纷纷进入停车场领域,虽然它们能解决停车场“出”和“入”的问题,但是仍然无法解决不停车支付的问题。停车场是ETC未来发展的一个重要方向,随着ETC与互联网的深度融合,ETC在停车场场景下也将能够实现快入、快出、快支付的功能。北京、深圳、山东、重庆、广州、武汉等地已经就ETC智慧停车场展开了相关试点和应用。

二、ETC景区应用

“互联网＋”ETC深度融合的态势下,ETC打破传统硬件供应模式,未来将实现ETC产品的多元化服务,打造更好的用户体验。除了把ETC拓展到停车场、物流产业、加油站等领域之外,旅游景区也为ETC的场景拓展提供了广阔的空间。对于旅游景区,可以使用ETC预约停车场和景区,完成对景区车流的实时监控,对已预约的车主可实现通过VIP通道进入景区的功能,并且用户可利用高速公路通行卡在景区内进行支付。

三、基于ETC卡为核心的多卡融合业务

“互联网＋”时代下,更追求的是共享之道,未来智能交通领域的资源都会朝着整合、共享这个方向发展。只有优化行业架构,实现资源共享,才能更好地形成规模效益,提供更好的用户体验。ETC卡由于拥有统一的国家标准规范和交通运输部密钥体系,快速便捷、支付安全的特性使得以ETC卡为核心的多卡融合业务成为可能。通过多卡融合,丰富用户出行场景,在出行过程中可以通过ETC卡完成通行费、停车费、公交费等各类交通费用支付,并且还可实现车后充值、加油、违章处理等功能,把车前市场、车后市场、大众出行的多个场景串联起来,提升ETC卡的应用范围和服务能力,充分发挥ETC卡的效益。随着“互联网＋”ETC的深度融合,云计算、大数据、在线化等前沿技术的落地,将进一步打破城市间、应用间、专业间、区域间的边际,逐步形成交通业务生态圈。

第十一章　交通区块链技术

第一节　概　　述

交通运输行业作为支撑经济良性发展、促进社会全面进步的基础性、先导性产业，是构建和谐社会的重要组成部分。作为国家基础设施的重要组成部分，交通运输在人们的日常生活中发挥了极为重要的作用，也是一个国家现代化程度的体现。各种经济活动离不开交通运输，因此其发展状况直接影响着经济活动的效率。自改革开放以来，在党中央、国务院的正确领导下，公路、铁路、水路、民航、城市出行、交通物流等行业深化改革，加快发展，取得了举世瞩目的巨大成就，为促进经济发展、改善人民生活做出了重要贡献。然而，由于城市化进程的加快和地域经济发展的不均衡，使得人口流动规模异常庞大，交通运输行业面临巨大压力。当前全国大、中、小城市均面临着不同程度的交通拥堵、交通安全、能源消耗、环境污染等问题，这些问题严重制约着城市的可持续发展，日益严峻的生态和生存环境不断考验着生活在城市的人们。因此，构建统一的智慧交通平台以提升交通运输服务水平和服务效率、改善公众体验、优化交通资源配置是当前交通运输行业最重要的任务，对于实现经济可持续发展具有重要意义。

智慧交通是在以人为本、可持续发展的理念指导下，将物联网、云计算、大数据、移动互联网等技术为代表的智能传感技术、通信传输技术、数据处理技术和信息网络技术等有效集成，并运用到交通系统中，以提高交通管理服务效率、提升人们的出行体验为目的，以更精确的信息在更广的时空范围内构建的智能化、人性化、立体化的综合交通体系。智慧交通系统是一个开放的复杂的巨型系统，由许多关系密切的不同领域、不同功能的子系统综合集成。其中，人、车、路和环境是交通的四大基本要素；管理者、行人与驾驶人构成交通中人的要素；公交车、地铁、出租车、自行车、商用车、特种车辆等构成交通工具要素；普通公路、高速公路、轨道、航线、公交站、停车场、综合交通枢纽等构成交通基础设施要素；自然灾害、天气状况等构成交通中的环境要素。以上几者之间依靠互联网、物联网、移动互联网等互联，构成以车联网为中心的交通信息广泛采集、即时传输的网络，将交通流信息和气象信息等输送到城市交通云中心，利用云计算等新兴技术手段对交通信息进行储存处理，并进一步利用大数据、人工智能等手段对交通数据进行深度处理，将结果输出给公众，向管理者、出行者提供随需而变的服务。最终形成集节能环保、绿色低碳、智能高效于一体的智慧交通体系，涵盖交通管理系统、出行者信息服务系统、车辆运营管理系统、电子收费系统、智能车辆、自动公路、综合运输、紧急事件与安全以及车联网等系统。

近年来，我国交通运输行业积极推动移动互联网、云计算、大数据、物联网等新技术在公共交通、客运、城市轨道、民航、水路、物流等交通运输领域的创新应用,虽然取得了良好的成绩,但是我国交通智慧化水平距离发达国家还有一定差距。目前,我国交通运输行业整体仍面临信息不开放、协同效率低、治理能力较弱、服务质量较差等问题,突出表现在以下几个方面:

①交通运输行业跨地域、跨部门、跨行业数据共享困难。交通运输行业数据涉及多部门、多地域,彼此间数据规范与标准不一,孤岛现象严重,数据难以共享,信息不对称;交通运输行业数据与其他行业紧密相关,由于政府数据开放程度低,很难与其他行业数据相互利用以实现数据的最大价值。

②交通运输行业跨地区结算困难,对账烦琐。目前城市一卡通已经比较成熟,可以集成公交、地铁、出租、充电等支付业务,但各支付平台间大量的对账工作需要人工参与,协同效率低,建设成本高;另外,由于各地区信息系统标准不一,跨地区结算难度大,不能很好地给用户支付提供便捷服务。

③数据安全性与系统可靠性低。交通运输行业涉及大量的个人出行、交易数据,传统中心化系统一方面难以有效保护个人隐私,另一方面可靠性低,一旦被攻击将造成大量的数据丢失,在数据就是财富的时代这将是巨大的损失。

④交通基础设施的自我管理程度低。目前,诸如充电桩、交通信号灯、交通摄像头等基础设施没有实现真正的智能化管理。大量的交通基础设施连接中心平台,一方面势必造成中心平台难以维护,另一方面很难保证设备之间彼此通信的安全性和数据的私密性。实现设备的自治,建立设备之间点对点通信和交易的标准可以有效提升交通基础设施管理效率并降低系统运维成本。

区块链技术为上述问题提供了很好的解决方案,其共享总账、点对点交易、智能合约、不可篡改等特征可以有效解决目前智慧交通平台建设中的痛点。将区块链技术与物联网、大数据、云计算等相结合,打造基于区块链的智慧交通平台,才能真正提升交通服务水平和服务效率,改善人们的出行体验,实现交通行业的可持续发展。

第二节　区块链概述

区块链技术的发展及其广阔前景,已经引起世界范围内的广泛关注和各行各业的高度重视。作为一个迭代性的重大创新技术,一种标准的底层协议,区块链将实现从信息互联网到价值互联网的升级,构建基于信用的下一代互联网。

一、区块链的概念

区块链技术起源于化名为“中本聪(Satoshi Nakamoto)”的学者在2008年发表的奠基性论文《比特币:一种点对点电子现金系统》。狭义来讲,区块链是一种按照时间顺序将数据区块以顺序相连的方式组合成的一种链式数据结构,并以密码学方式保证的不可篡改和不可伪造的分布式账本。广义来讲,区块链技术是利用块链式数据结构来验证与存储数据、利用分布式节点共识算法来生成和更新数据、利用密码学的方式保证数据传输和访间的安全、利用由自动化脚本代码组成的智能合约来编程和操作数据的一种全新的分布式基础架构与计算范式。

二、区块链的特征

区块链具有去中心化、时序数据、集体维护、可编程和安全可信等特点。第一是去中心化：区块链数据的验证、记账、存储、维护和传输等过程均是基于分布式系统结构，采用纯数学方法而不是中心机构来建立分布式节点间的信任关系，从而形成去中心化的可信任的分布式系统。第二是时序数据：区块链采用带有时间戳的链式区块结构存储数据，从而为数据增加了时间维度，具有极强的可验证性和可追溯性。第三是集体维护：区块链系统采用特定的经济激励机制来保证分布式系统中所有节点均可参与数据区块的验证过程（如比特币的“挖矿”过程），并通过共识算法来选择特定的节点将新区块添加到区块链。第四是可编程：区块链技术可提供灵活的脚本代码系统，支持用户创建高级的智能合约、货币或其他去中心化应用，例如以太坊（Ethereum）平台提供了图灵完备的脚本语言以供用户来构建任何可以精确定义的智能合约或交易类型。第五是安全可信：区块链技术采用非对称密码学原理对数据进行加密，同时借助分布式系统各节点的工作量证明等共识算法形成的强大算力来抵御外部攻击、保证区块链数据不可篡改和不可伪造，因而具有较高的安全性。

三、区块链的形态

区块链的形态有三种：公有链、联盟链、私有链。联盟链介于公有链和私有链之间，实质上仍属于私有链的范畴。公有链的支持者对联盟链和私有链持一致的反对态度，在他们眼里，这就是 Permissionless vs Permissioned。

①公有链。任何人都能读取区块链信息，发送交易并能被确认，参与共识过程的区块链，是真正意义上的去中心化分布式区块链。比特币区块链即是公有链最好的代表。

②联盟链。根据一定特征所设定的节点能参与、交易，共识过程受预选节点控制的区块链，它被认为是“部分去中心化”或“多中心化”的区块链。

③私有链。写入权限仅在一个组织手里，读取权限可能被限制的区块链。私有链没有去中心化特点，但具有分布式特点。私有链对公司政府内部的审计测试以及银行机构内的交易结算有很大价值。

四、区块链的核心技术组件

区块链的核心技术组件包括区块链系统所依赖的基础组件、协议和算法，进一步细分为通信、存储、安全机制、共识机制 4 层结构。

①通信。区块链通常采用 P2P 技术来组织各个网络节点，每个节点通过多播实现路由、新节点识别和数据传播等功能。

②存储。区块链数据在运行期以块链式数据结构存储在内存中，最终会持久化存储到数据库中。对于较大的文件，也可存储在链外的文件系统里，同时将摘要（数字指纹）保

存到链上用以自证。

③安全机制。区块链系统通过多种密码学原理进行数据加密及隐私保护。对于公有链或其他涉及金融应用的区块链系统而言,高强度、高可靠的安全算法是基本要求,需要达到国密级别,同时在效率上需要具备一定的优势。

④共识机制。区块链系统中各个节点达成一致的策略和方法,常用的共识机制主要有 PoW、PoS、DPoS、Paxos、PBFT 等,应根据系统类型及应用场景的不同灵活选取。

五、区块链的应用及发展

区块链技术被认为是继大型机、个人电脑、互联网之后计算模式的颠覆式创新,很可能在全球范围引起一场新的技术革新和产业变革。联合国、国际货币基金组织,以及美国、英国、中国、新加坡、日本、德国、法国、印度等国家对区块链的发展均给予高度关注,积极探索推动区块链的应用。2016 年 1 月,英国政府发布区块链专题研究报告,积极推行区块链在金融和政府事务中的应用;2016 年 1 月 21 日中国人民银行召开数字货币研讨会,探讨采用区块链技术发行虚拟货币的可行性,以提高金融活动的效率、便利性和透明度。美国纳斯达克于 2015 年 12 月率先推出基于区块链技术的证券交易平台 Linq,成为金融证券市场去中心化趋势的重要里程碑。德勤和安永等专业审计服务公司相继组建区块链研发团队,致力于提升其客户审计服务质量。截止到 2016 年初,资本市场已经相继投入 10 亿美元以加速区块链领域的发展。区块链初创公司 R3CEV 基于微软云服务平台 Azure 推出的 BaaS(Block chain as a service,区块链即服务),已与美国银行、花旗银行等全球 40 余家大型银行机构签署区块链合作项目,致力于制定银行业的区块链行业标准协议。目前,区块链的应用已延伸到物联网、智能制造、供应链管理、数字资产交易、跨境支付、供应链金融、身份认证、数字版权、文件存储、公证防伪、电子商务等多个领域。

区块链技术作为一种特定分布式存取数据技术,通过网络中多个参与计算的节点来共同参与数据的计算和记录,并且互相验证其信息的有效性(防伪)。从这一点来看,区块链技术也是一种特定的数据库技术。互联网刚刚进入大数据时代,但是从目前来看,大数据还处于非常基础的阶段。但是当进入到区块链数据库阶段,将进入到真正的强信任背书的大数据时代。区块链中所记录的数据都获得无可辩驳的可信性,任何人都没有能力也没有必要去质疑。

目前,我们正处在一个重大的转折点之上——和工业革命所带来的深刻变革几乎相同的重大转折的早期阶段。不仅仅是新技术指数级、数字化和组合式的进步与变革,更多的惊喜将会呈现在我们前面。在未来的 24 个月里,这个星球所增长的计算机计算能力和记录的数据将会超过之前所有历史阶段的总和。这些数字化的数据信息还在以比摩尔定律(所谓摩尔定律,是指在成本不变的情况下,集成电路上面积可容纳的元器件数目,约每隔 18 ~24 个月便会增加一倍,性能也提升一倍)更快的速度增长。区块链技术将不仅仅应用在金融支付领域,而将会扩展到各行各业,让人类以无地域限制的、去中心的方式进行大规模协作。

第三节　政 策 环 境

区块链作为下一代全球信用认证和价值互联网基础协议之一，越来越受到政府机关和国际组织的重视。数字货币作为区块链技术在金融领域最广泛、最成功的应用，也受到了中国人民银行的重视。2014 年，央行成立发行法定数字货币的专门研究小组，论证央行发行法定数字货币的可行性；2015 年，对数字货币发行和业务运行框架、数字货币的关键技术等进一步深入研究，形成了数字货币系列研究报告；2016 年 1 月 20 日，央行召开的数字货币研讨会上，又进一步明确了央行发行数字货币的战略目标，指出央行数字货币研究团队将积极攻关数字货币的关键技术，研究数字货币的多场景应用，争取早日推出央行发行的数字货币。2016 年 11 月，中国人民银行印制科学研究所公开招聘相关专业人员，从事数字货币研究与开发工作。目前，央行发行法定数字货币的原型方案也已完成两轮修订，原型系统样本有望在 2017 年发布。央行科技司副司长兼数字货币研究所筹备组组长姚前曾表示，区块链技术的合理利用有助于提高金融交易效率，降低金融交易成本和提升金融服务，央行会进一步加大包括区块链技术在内的新型创新技术的研究力度和利用程度，以更好地提升金融服务水平，充分预见、及时反应、有效解决在技术应用中可能出现的风险。

2016 年 12 月 20 日举行的首届“中国深圳 FinTech（金融科技）峰会”上，在深圳市政府指导下，中国民生银行、招商银行、平安集团、微众银行、大成基金等国内外 40 多家知名金融机构共同发声、发布倡议，筹建中国（深圳）FinTech（金融科技）数字货币联盟及中国（深圳）FinTech 研究院，通过市场化、国际化、创新性的联盟组织和研究院机制，探索推进中国数字货币的科技研发和市场运用。这是继央行宣布成立数字货币研究所后，国内首个由城市从国家金融创新开放、推进人民币国际化等战略高度，发起成立的数字货币联盟和研究院。这有助于在国内乃至全球金融开放竞争中率先抢占制高点、赢得主动权。

2016 年 10 月 18 日，由工业和信息化部指导的中国区块链技术和产业发展论坛成立大会暨首届开发者大会召开。会上工业和信息化部电子标准研究院宣布成立“中国区块链技术和产业发展论坛”。在工业和信息化部信息化和软件服务公司和国家标准化管理委员会指导下，会议发布了《中国区块链技术和应用发展白皮书》。根据白皮书建议，国家将会出台区块链相关的扶持政策。

工业和信息化部信息化和软件服务公司司长谢少锋表示，我国在区块链技术产业领域已具备一定的技术和产业基础，在部分领域开展了卓有成效的应用探索，市场关注度和企业参与度持续增强，正处在区块链创新发展和应用机遇期。未来将重点从三个方面推动区块链技术和产业的发展。一是营造区块链良好的发展环境，要加强和相关部门的沟通协调，汇聚产学研用等方面的资源，密切跟踪国际产业的前沿动向；通过各种形式共同推动区块链相关领域的研究、技术研发和应用推广等工作，优化区块链产业发展的环境，力争在新一轮产业竞争中取得先机。二是要加速推动区块链技术的应用落地，引导软件和信息技术服务业，重视区块链技术对数据存储、管理、使用方式的优化重构作用，加强技术储备,加大研发投入,加快推动,形成行业应用的解决方案;面向基础条件好、示范应用强的行业和领域,探索和组织开展试点示范工作,推动区块链技术和行业应用的融合发展。三是要加快推动区块链领域的标准体系建设,围绕产业发展的重点环节,逐步完善区块链技术应用和标准体系;积极参与相关国际标准的研制工作,对接国际化标准的开源机构和社区组织,加强与国家标准化管理委员会以及国际标准化组织的交流与合作,不断提升我国标准工作的国际话语权。

2016 年 12 月 27 日,经李克强总理签批,国务院印发《"十三五"国家信息化规划》(以下简称《规划》),区块链技术正式被提到国家战略层面。《规划》中明确提出,到 2020 年,"数字中国"建设需要取得显著成效,未来五年我国要打造自主先进的技术体系,强化战略性前沿技术超前布局,推动产业协同创新。其中强调需加强区块链等新技术的创新、试验和应用,以实现抢占新一代信息技术主导权。

第四节　区块链在智慧交通中的应用

分布式账本可以实现更多的用途,而不仅仅是管理像比特币这样的数字货币。分布式账本技术的概念、架构以及所使用的区块链技术是可以移植到其他领域的。因此,在智慧交通平台的构建中,区块链技术有着深远的应用潜力。

一、应用场景 1——区块链交通支付结算平台

1. 现状

交通支付包括有卡支付和无卡支付。在有卡支付方面,城市一卡通具有重要地位。然而城市交通一卡通呈现多部门主导、行政区域分割的现状,在全国范围内形成系统建设标准不一致、业务规范差异明显的行业特点,最终造成一卡通无法实现全国范围的互联互通。无卡支付虽然提供了较大的便利,但也涉及繁杂的多方对账工作,而且第三方机构的存在增加了支付成本,资金几乎不能实时到账。

城市公交、地铁、出租车以及高速 ETC、停车场等的支付系统基础设施架构、业务流程各不相同,同时涉及很多人工处理的环节,极大地增加了业务成本,也容易出现差错。

从智慧城市的角度出发,这些交通支付系统自成孤岛,数据难以共享,不符合智慧城市理念。同时,系统数据安全性及系统可靠性也面临严重问题。

2. 区块链解决方案

构建一条交通支付联盟链,提供统一的标准化接口,地铁、公交、出租车、网约车、充电、ETC、停车场系统等都可以接入,实现基于区块链的统一账户管理。只要在交通支付链上注册后,就可获取钱包地址,便捷地完成跨系统、跨地域的支付。区块链技术能实现点对点的价值转移,资金无须沉淀在第三方支付平台,实时到账,大幅提升交易效率和降低交易成本。同时,区块链技术提供了共享账本,可大幅度提升支付后清、结算效率并降低成本,并可在很大程度上解决支付所面临的现存问题。区块链是天然的数据共享平台,

提供了一套高效安全的数据共享机制,可以成为智慧城市的大数据平台。

二、应用场景2——区块链车位管理平台

1. 现状

目前,城市停车难的问题非常严重。一方面,城市车辆快速增加,直接导致车位资源紧张;另一方面,车位管理缺乏有效的机制,导致车位利用率低下,往往车位空缺但车主找不到车位。虽然有很多的停车类手机应用在一定程度上解决了寻找车位的问题,但仍没有实现城市车位的跨平台共享、车位资产的自我管理以及车主和车位业主的点对点交易。

个人数据沉淀在停车类应用平台,一方面容易泄露,另一方面可能被第三平台进行商业利用,而且难以与其他平台或者政府数据库实现共享。

2. 区块链解决方案

构建一条车位资产链,将车位资产进行数字化并将其权益归属登记在链上。一方面不会被篡改,保证了业主的权益;另一方面,可以实现车位资产的自我管理,当车位空闲时即挂单租赁,大幅提升车位的利用率。区块链提供统一的接口,各类应用平台可以方便地接入,成本低易实施。利用区块链的点对点特性,便捷地实现车位资产的跨平台共享与点对点交易,权益归属由区块链提供的唯一数字化凭证确认。

三、应用场景3——区块链共享约车平台

1. 现状

网约车极大地方面了用户,也在一定程度上缓解了交通的压力。国家与地方层面相继出台了相关运行管理办法,网约车将是未来城市出行的重要组成部分。无论是滴滴还是Uber,都是一个中心化的平台,并非真正意义上的点对点交易。中介平台的存在,不仅增加了系统对账的成本,也提升了用户出行的成本,资金没有实时到账,平台存在信用风险。同时,用户数据存储于第三方中心化平台,安全性低,且数据归属权不明确,易被第三方进行商业利用。

2. 区块链解决方案

构建一条约车链,车主将车辆信息与个人信息登记至链上,不会被篡改,能有效保护车主权益,同时对违规车主可便捷追责。客户发布出行信息,车主发布空闲信息,区块链进行配对交易,实现真正的点对点交易,无须第三方参与,省去了交易的中介成本且实时到账。交易数据与评价数据被记录至区块链,由记账节点进行维护,这些数据不会被篡改,可以作为个人信用的积累,为征信平台共享数据。

四、应用场景4——区块链驾照认证平台

1. 现状

目前,我国人口流动大,而且随着部分城市限牌,驾照基本都是本地颁发,异地使用。

由于数据没有实现互联互通。驾照异地更换、异地年审困难。对于违章处理,异地处理手续也比较麻烦,效率低下。

2. 区块链解决方案

构建一条车主身份链,任何人都可以通过区块链实时检查驾照是否有效,所有这些应用形式都可以成为电子钱包的一部分,用户可以安全登录并查到记录。所有个人的违规记录都被记录至区块链上,不会被篡改,成为个人信用的一部分。驾照的签发和审核都有当地交管部门的签名,无须人工重复核验,省去大量线下工作,提升了服务质量和服务效率。

五、应用场景5——区块链与物联网

1. 现状

物联网作为互联网基础上延伸和扩展的网络,通过应用智能感知、识别技术与普适计算等计算机技术,实现信息交换和通信,同样能满足区块链系统的部署和运营要求。根据有关机构预测,2015 年全球物联网设备数量将达到49 亿台,2020 年将达到250 亿台左右。随着物联网中设备数量的增长,如果以传统的中心化网络模式进行管理,将带来巨大的数据中心基础设施建设投入及维护投入。此外,基于中心化的网络模式也存在安全隐患。

物联网的连接更加深入企业的生产核心和人们的生活隐私。在现在的物联网中,形成信任是非常困难的,而且维持信任的成本非常高。物联网数据通过管理中心节点进行交换,在现有的安全技术和人的道德约束条件面前,其安全性始终是一个令人担心的问题。

2. 区块链解决方案

区块链网络是典型的 P2P 网络,具有分布式异构特征,而物联网天然具备分布式特征,网中的每一个设备都能管理自己在交互作用中的角色、行为和规则,对建立区块链系统的共识机制具有重要的支持作用。区块链的去中心化特性为物联网的自我治理提供了方法,可以帮助物联网中的设备理解彼此,并让物联网中的设备知道不同设备之间的关系,实现对分布式物联网的去中心化控制。

区块链技术与物联网结合,应用于智慧交通领域,可以实现交通基础设施的自我管理,如交通路灯、信号灯、充电桩、公共自行车等,智能化、自动化的交通基础设施将成为可能。在德国,已经将区块链技术应用于电动汽车充电桩,充电桩基于智能合约和分布式总账,按时租赁,电池电芯生命周期数据记录在区块链。

六、应用场景6——区块链交通政务平台

1. 现状

目前,交通政务涉及多个机构,包括财政部门、税务部门、环保部门、科技部门、公安部门、安监部门、物价部门、公交公司、出租车公司、港口、码头、客运公司、铁路、机场、航空公司、民航部门、驾校、车辆检测机构、保险公司、银行、医院等,由于交通数据的开放程度低,

导致交通政务各参与机构数据共享困难，协调办公效率低下，各部门重复审核，纸质材料烦琐，公众服务体验差。此外，交通数据不能为其他部门利用，没有发挥其最大价值。

2. 区块链解决方案

根据数据载体、数据接收方、数据提供方三方的敏感程度，构建涵盖交通政务各参与机构的区块链联盟和面向公众的公有链，打造可信的交通政务数据共享平台，保障各参与机构数据开放的安全，解决大数据关联风险。公众可以通过平台办理交通政务，所有的凭证通过区块链签发，各参与机构无须重复审核，大幅提升协同效率与用户体验。构建身份公信力系统，对数据的共享、获取与使用的主体及其行为进行登记与公信力评价，沉淀为个人或者企业的信用，最终为大数据征信和社会信用体系建设服务。

七、应用场景7——区块链交通物流追溯平台

1. 现状

物流领域环节长，参与角色多，流程复杂且各环节相对独立，信息散落在各公司，无法共享、交易，面临严重的信息孤岛现象。此外，物流行业经常出现车货不对称、货物丢失难以追责、驾驶人失信等问题。

2. 区块链解决方案

构建一条物流联盟链，通过移动客户端或者PC客户端连接各参与角色（包括货主、驾驶人、物流公司、企业、高速管理机构、GPS数据提供机构等）。基于一定的共识机制，解决各参与角色互不信任的问题。将所有物流数据进行分布式存储，任何一方不可篡改，可便捷地实现对任一货物或者车辆的全程追溯和监控。货物的交接需要双方签名，没有签名则没有收到货物，有效解决驾驶人因个人信用问题导致的货物丢失问题，同时所有凭证通过区块链进行数字化管理，无须线下纸质材料交互，减少人工工作量，提升物流服务效率。

第十二章 “互联网+交通”指数

第一节 “互联网+”指数体系

中国“互联网+”指数由腾讯研究院提出依照由基础产业到产业创新、最终实现移动互联普惠社会民生的思路，设置“互联网+基础”“互联网+产业”“互联网+创新创业”和“互联网+智慧城市”四个分指数(图12-1)，并赋权加总而成“互联网+”总指数。腾讯、京东等互联网企业在2016年中国“互联网+”峰会上共同发布的《中国“互联网+”指数(2016)》中提出的“互联网+”指数，汇总腾讯、京东、滴滴、携程、美团、大众点评等公司的全样本大数据，用产业互联网、消费互联网全领域的数字脉动精准刻画中国数字经济地图，并细分至零售、金融、交通物流、医疗、教育、文化娱乐、餐饮住宿、旅游、商业服务、生活服务十大行业，涵盖中国移动互联用户在社交、支付、视频、新闻、购物、旅游、交通出行、餐饮、生活服务等领域及零售电商、交通出行、旅游、生活服务等行业的代表企业数据，总扫描数据超过73500000GB。“互联网+”指数构建使用的数据均为不可追溯的总量数据，不涉及用户个人信息安全。在此基础上对各类数据进行汇总和标准化，以便统一研究方法和统计口径，对全国31个省(自治区、直辖市)、351个城市的标准化总量数据进行分析。

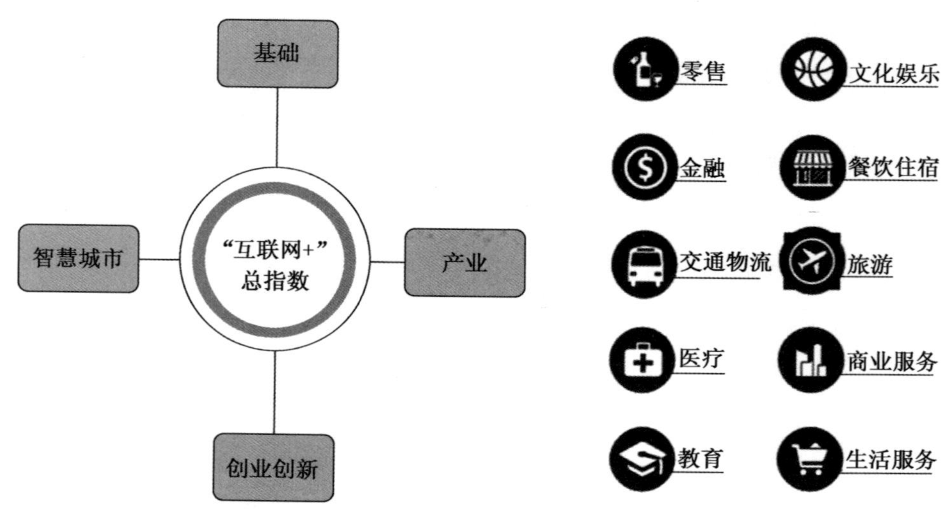

图12-1 “互联网+”指数体系

第二节 “互联网+交通”指数计算方法

“互联网+交通”指数由带有交通物流行业标签的腾讯微信公众号和移动支付以及滴滴出行数据测算得出。腾讯微信公众号数据包含公众号总数、公众号累计粉丝数、公众号活跃粉丝数、公众号月群发文章数、公众号月均转发文章数、公众号月均点击PV(Page View,页面浏览量)、公众号菜单月均点击次数、公众号开通支付情况、公众号客服接口月调用量以及公众号模版消息接口月调用量,共计10个特征指标;移动支付包括移动支付笔数和移动支付金额,共2个特征指标;滴滴出行数据包括订单总数和注册驾驶人总数,共2个特征指标。在计算“互联网+交通”指数过程中,首先对全部351个城市14个特征指标的2016年数值,以2015年全年值作为基准进行标准化,然后依照专家打分的权重对标准化后的14个指标进行加权。每个城市数据加权的结果即为该城市“互联网+交通”指数数值。“互联网+交通”指数刻画了全国351个城市“互联网+”融入交通物流行业的全景图。

第三节 2017全国“互联网+交通”指数

将31个省、自治区、直辖市的“互联网+交通”指数进行分级绘图,以较深色块代表指数值较大的省、自治区、直辖市,随指数值降低,所用色块颜色逐次变淡,见图12-2。可以看出,全国“互联网+交通”指数具有显著的地域分布差距,呈现出“东高西低”的产业格局,即东南沿海地区的“互联网+交通”指数显著高于中西部地区,其中排名靠前的为广东省、北京市、浙江省、四川省和江苏省。

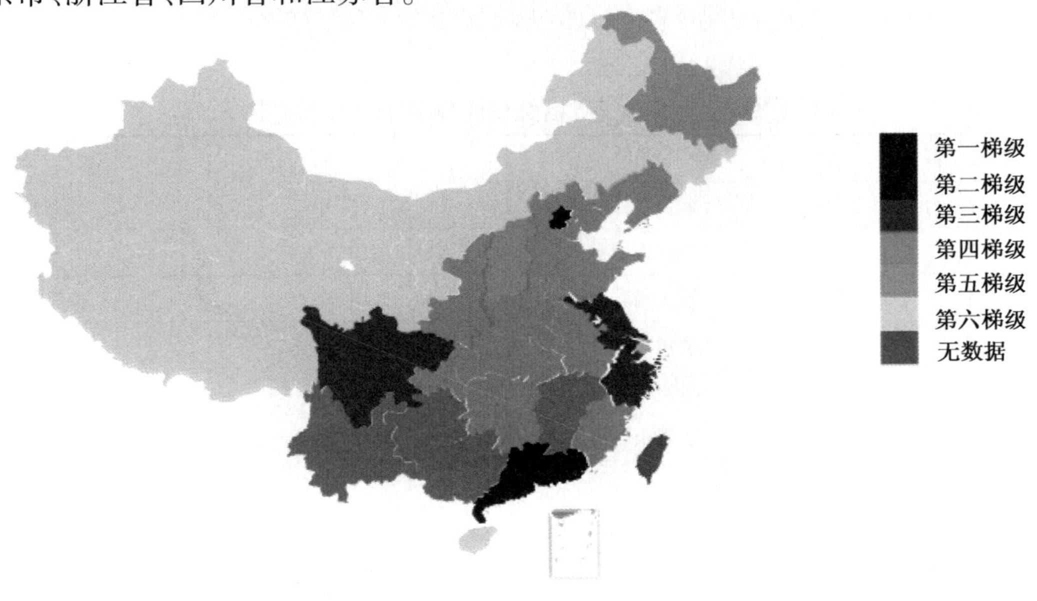

图12-2 “互联网+交通”指数分布图

注:所有数据截至2016年1~8月。

一、城市“互联网＋交通”指数

选取由腾讯研究院发布的“互联网＋交通”指数排名前20的城市(表12-1),并对其所在区域进行分析。以北上广深为首的主要大都市排名靠前,其次是经济发达省份的省会城市及直辖市,另外还包含一部分经济较为发达的地级市。排名数据由腾讯研究院提供,截止到2016年第3季度。

“互联网＋交通”指数排名前20的城市 表12-1

排　名	城　市	排　名	城　市
1	北京市	11	苏州市
2	深圳市	12	长沙市
3	成都市	13	青岛市
4	广州市	14	南京市
5	上海市	15	西安市
6	杭州市	16	宁波市
7	重庆市	17	郑州市
8	武汉市	18	佛山市
9	天津市	19	合肥市
10	东莞市	20	大连市

从“互联网＋交通”指数排名前20的城市所在地域来看,华东地区占比最大,为40%,包含8个城市;其次是华南地区,包含4个城市;第三是华中地区,包含3个城市(图12-3)。

从“互联网＋交通”指数增速来看,增速排名前20的城市主要为经济发展速度较快、发展潜力较大的地级市,包括经济增长速度较快省份的省会城市和具有较大发展潜力的二、三线城市(表12-2)。

“互联网＋交通”指数增速排名前20的城市 表12-2

排　名	城　市	排　名	城　市
1	烟台市	11	郑州市
2	长沙市	12	大连市
3	重庆市	13	成都市
4	泉州市	14	惠州市
5	西安市	15	海口市
6	昆明市	16	南昌市
7	天津市	17	南充市
8	南京市	18	珠海市
9	长春市	19	东莞市
10	青岛市	20	太原市

从"互联网 + 指数"指数增速排名前 20 的城市所在地域来看(图 12-4),依旧是华东地区占比最大,为 25%,包含 5 个城市。华北、华南和西南地区均占 20%,各包含 4 个城市,表明这些区域的城市增长潜力较大,增长速度较快。第三是华中地区,包含 2 个城市。

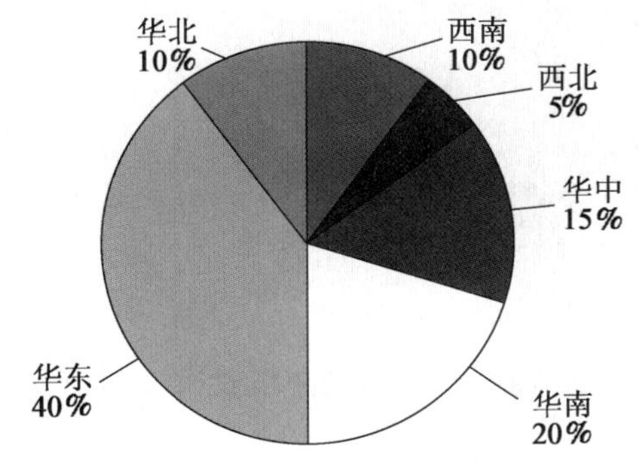

图 12-3 "互联网 + 交通"指数排名前 20 的城市区域分布图

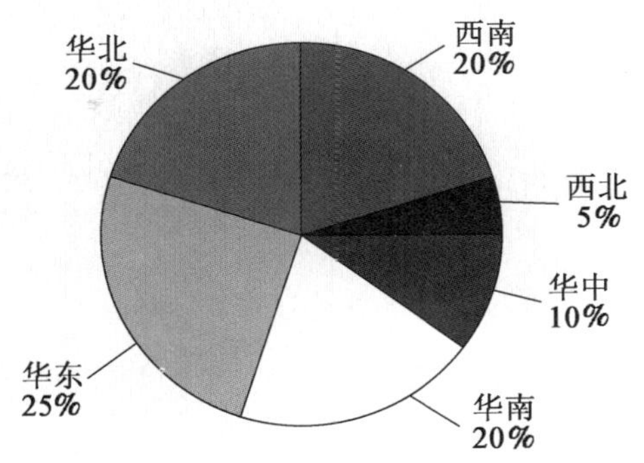

图 12-4 "互联网 + 交通"指数增速排名前 20 的城市分布

二、分省"互联网 + 交通"指数

位列"互联网 + 交通"指数排名前 10 的省、自治区、直辖市主要分布在东南沿海地区(表 12-3);而从指数增速(表 12-4)来看,增速最快的 5 个省、自治区、直辖市大多位于中西部地区,表明其发展潜力较大。排名数据由腾讯研究院提供,截止到 2016 年第 3 季度。

"互联网 + 交通"指数排名前 10 的省、自治区、直辖市 表 12-3

排名	省份	排名	省份
1	广东省	6	上海市
2	北京市	7	山东省
3	浙江省	8	湖北省
4	四川省	9	湖南省
5	江苏省	10	福建省

"互联网 + 交通"指数增速排名前 5 的省、自治区、直辖市 表 12-4

排名	省份	排名	省份
1	重庆市	4	云南省
2	湖南省	5	陕西省
3	天津市		

三、区域"互联网 + 交通"指数

全国 7 大地理区域的"互联网 + 交通"指数占比如图 12-5 所示。其中,占比最大的为华东地区,占比 29%;其次是华南地区,占比 22%;第三是华北地区,占比 19%;占比最少的是东北和西北地区,各约占 4%。各区域"互联网 + 交通"指数的占比与当地指数高低直接相关。排名数据由腾讯研究院提供,截止到 2016 年第 3 季度。

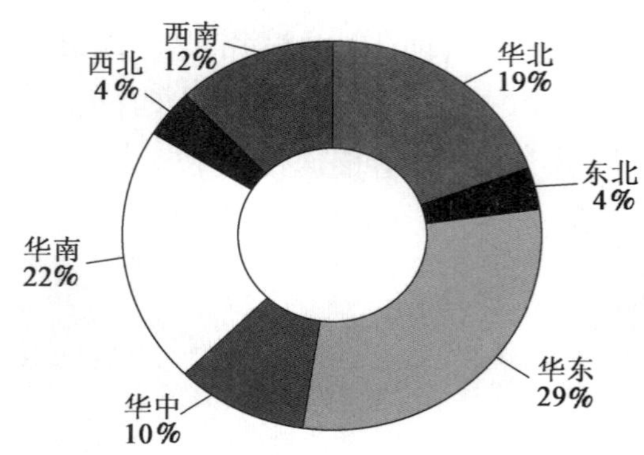

图 12-5 "互联网 + 交通"指数区域分布

选取"互联网 + 交通"指数排名前 50 的城市进行区域联动分析,以排名 1 ~ 20 位的城市为核心,排名 21 ~ 50 位的城市为节点,可得到"互联网 + 交通"全国发展轴幅图,如图 12-6 所示。从区域联动关系中可以看出,东南沿海地区的射线分布非常密集,表明区域联动性更强。

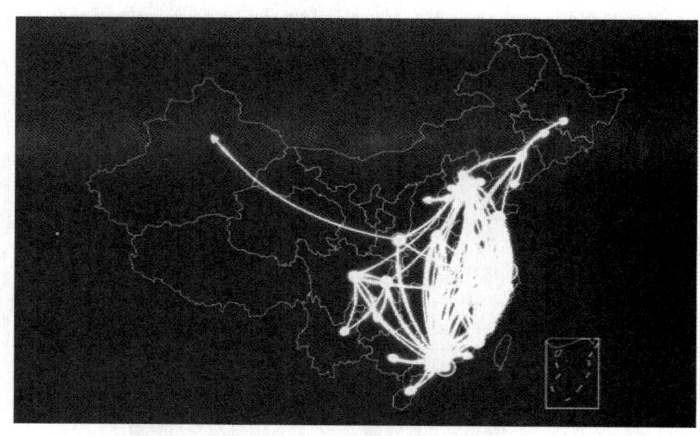

图 12-6 "互联网 + 交通"全国发展轴幅图

第四节 "互联网 + 交通"指数与实体经济协同发展

传统产业的良好积淀和发展环境有利于"互联网 + 产业"的发展,可视为城市"互联网 + 产业"发展的催化剂;而互联网思维、平台、分享理念的注入,又为各行各业带来了新业态、新动能、新发展。将"互联网 + 交通"指数排名前 100 的城市的国内生产总值(GDP)与"互联网 + 交通"指数进行线性回归分析,二者相关系数为 0.6235,表明国内生产总值(GDP)与"互联网 + 交通"指数有较强的相关性。"互联网 + "发展从另一个侧面反映了城市的传统产业发展状况。

探　索　篇

第十三章　中国“互联网+”交通运输治理模式的创新发展

互联网与交通运输服务的融合，不仅变革了传统的交通运输组织和经营方式，改变了交通运输主体的市场结构，也对政府部门交通运输治理模式提出新的要求，需要对传统交通运输管理模式进行变革创新。“互联网+”交通运输具有巨大的潜力，发展迅速、生态浩大，需要政府顺势而为，紧跟发展态势，加强引导，转变职能，创新政府管理与市场监管的模式。

第一节　“互联网+”交通运输公共服务平台发展

“互联网+”将是主导中国经济未来十年发展的重要旋律，传统行业实践“互联网+”经常要对旧有商业模式进行变革甚至重构，这需要极大的勇气和魄力。政府机构往往是一个产业的发起者和引导者，其对“互联网+”的理解，也影响着产业发展的进程。在智慧交通不断立项、规划建设的大背景下，政府“互联网+”交通运输公共服务平台已经初具雏形。随着“互联网+”大潮来临，基于互联网、移动互联网的海量学习、培训需求不断产生，平台建设将会大大加速。但是各级政府必须站在更高的角度去认识“互联网+”交通运输公共服务平台建设工作的重要性。

一、平台建设的必要性及其意义

①组建服务平台是推动科技创新，顺应时代发展要求的需要。“互联网+”已上升为国家发展战略，充分整合和优化各类资源，加快建设一个社会化、网络化、专业化、多功能的“一站式”公共服务平台，对于促进交通运输行业资源高效配置和综合利用，提高全行业自主创新能力，推动智慧交通建设具有重要意义。

②组建服务平台是服务企业，培育和发展优势产业的需要。建设一个以网络技术为基础、信息服务体系为支撑、共享机制为保障的综合性公共服务大平台，实现资源整合、系统集成、便利服务，积极为企业、高校、科研机构等创新主体提供优质、高效的服务，才能有效改善产业规模小、实力弱和集约化程度低的状况，是增强自主创新能力的有力措施，是促进产业转型升级和全面提升产业竞争力的需要。

③组建服务平台是转变政府职能，提高政府决策水平和服务能力的需要。建设创新型政府，根本的要求是转变政府职能，为社会创新提供公共服务。通过“互联网+”交通运输公共服务平台建设，既能规范、简化和优化办事流程，提高工作效率，使交通运输行业各

项事务和服务更加公开、公正、公平;同时,也便于对在平台上开展的各类公共服务活动和机构进行评估和监控,为促进政府决策合理化、管理科学化、服务高效化起到积极作用。

④组建服务平台是促进科技资源共享,提高资源利用率的需要。条块分割体制造成重复建设,交通信息资源存在分散、遗漏、重复、浪费情况,同时也加大了获取知识信息的难度,增大了知识流动障碍,不利于创新发展。因此,“互联网+”交通运输公共服务平台建设在不改变专业服务机构原有隶属关系、资产关系、人事关系的基础上,统一规划、共建共享、互惠互利,发挥仪器设备、人才资源、科学数据、图书文献等信息资源的共享,可以避免资源浪费和重复建设,提高资源使用效率,使科学资源使用更加便捷。

二、平台建设应遵循的原则

①统筹规划,分步实施。从交通科技资源现状和科技创新需求出发,实施整体推进,分步建设,成熟一个建设一个。

②整合集成,资源共享。激活存量资源,通过整合优化,大幅提升资源潜能,实现资源数据的互联互通、共建共享。

③因地制宜,同步发展。以创新需求为导向,以适用性为标准,以应用促建设,并结合区域特点和产业优势进行拓展,形成网络与实体相互推动、同步发展。

④政府引导,多方共建。政府负责对基础研究、社会公益服务类平台建设的投入;对以经营为主体的互联网平台市场建设,主要通过政策引导和市场调节,引导社会力量建设。

第二节 “互联网+”交通运输模式和组织模式发展

近几年,互联网与零售、金融等传统产业相结合,取得巨大成功,且在更多领域有蓬勃发展之势。为更好促进互联网与传统产业融合创新,2016年3月,国家政府工作报告中首次提出“互联网+”行动计划,正式将“互联网+”战略提升至国家层面。交通运输作为传统行业和以互联互通为服务形态的产业,也正与互联网尤其是移动互联网在更广泛的领域更深入地融合。

一、移动互联网与交通运输的融合,正在彻底改变交通运输发展生态

互联网已经对交通运输产生了很大的影响,未来随着更广泛、更深入的融合,必将产生更大的影响和改变。

1.移动互联网改变了信息收集手段,让互联网企业构建全国交通信息平台成为可能

移动互联网、物联网使得旅客、货物、运输工具等要素成为新的数据采集源,改变了原有的信息收集手段。例如,城市道路、公路交通量等数据采集,最初由埋在地下的感应线圈、监控视频等固定检测设备完成,后来出现了装有GPS的出租车所产生的浮动车数据,

而现在每个使用高德或百度等电子导航软件的驾驶人和使用打车软件的出租车驾驶人，既是信息使用者，也是信息提供者，这些平台都可以实时获取用户使用数据，数据源的数量远远超过浮动车数据，使加工的交通拥堵信息具有更高准确性；而且其数据源在地域范围上不存在壁垒，涵盖了全国所有城市和公路网络，因此直接建立了全国范围内的道路交通状况和导航平台，避免了原有模式下各地区、城市平台间的整合。这种精度更高、适用全国、由企业建立的交通信息引导平台，打破了过去交通信息主要来源于政府的状况，已经受到公众的广泛认可。

2. 移动互联网实现了供需双方信息实时对接，可按预约需求提供更为个性化、人性化的运输服务

移动互联网背景下，旅客和货主作为需求方，随时发出客货运输需求信息，通过网络平台与供给方（运输企业）实现直接、实时对接；运输企业在运输组织方面及时按需求状况提供相应服务，改变了原来按固定需求、计划排班，甚至毫无计划的组织模式。例如，定制公交受到广泛欢迎并得到迅速发展；又如，打车软件、专车等方式，使预约逐步替代出租车巡游扬招方式，成为主流运营模式。

3. "互联网＋"交通运输服务平台整合了供需双方海量资源，使集约化的运输组织、共享理念得到更好的实现

"互联网＋"交通运输服务平台上，集中了海量的出行或货运需求信息，同时也汇集了海量的车辆等供给要素资源，必然会实现更集约的运输组织方式，也更容易实现资源的共享。例如，以滴滴、快的为代表的出租车打车软件平台降低了出租车的空驶率；路歌管车宝等货运平台促进供需双方对接，从而提高了货车利用率；汽车共享平台提高了私家车使用率；互联网拼车平台推动了拼车、顺风车发展等。要素资源的集约、共享带来的效益是"互联网＋"交通运输自身持续发展的动力源泉。

4. "互联网＋"交通运输服务平台催生了新的组织方式，一定程度上改变了运输市场的主体结构

交通运输业具有典型的规模经济效益，企业规模越大，集约性越强，效益越好，因此各运输企业都努力做大。"互联网＋"交通运输服务平台的出现在很大程度上实现了企业功能整合，平台上所有的运营主体成为一个大联盟，平台也作为一个品牌赢得旅客、货主的认可和信任；"互联网＋"交通运输服务平台企业还可进行运输组织调度、诚信体系考核等，成为"无车承运人"。"互联网＋"交通运输服务平台有效整合了小微运输企业，"大数据平台＋小微企业"的模式更有利于小微企业、个体经营的发展，逐步形成若干互联网企业与大量实体运输经营户相结合的运输组织形态。

5. "互联网＋"交通运输服务平台在推动要素资源共享的同时，模糊了营运与非营运的界限

"互联网＋"交通运输服务平台最大的作用和效益是整合要素资源，不论是租赁公司车辆还是私家车，都可以通过汽车租赁或汽车共享的形式加入平台，实现车辆的集约利

用。根据车辆和驾驶人两个要素的自由组合，可以实现出租车、约租车、顺风车或拼车等多种运营模式，提供出行服务。由此，“互联网＋”交通运输服务平台使得专职与兼职、营运与非营运的界限逐步模糊、难以界定。

6.“互联网＋”交通运输服务平台企业集成了各种出行信息和票务购买功能，逐步成为真正的综合出行信息平台

例如高德等电子地图软件，不但可以为车辆导航，还可以提供公交、地铁线路、火车站、机场等各种信息，引导各种交通方式出行；通过携程等网站，可以购买飞机票、火车票以及租车等。这些平台以大众的出行需求为目标，实现了各种出行方式的信息指引和票务购买，并整合了饮食、住宿、游玩等其他功能，与理想的综合交通出行信息平台越来越近。此外，移动支付的快速发展，使全国范围内、各种交通出行统一收费变得更为简单和可能，例如ETC实现了过路费银行卡统一支付，滴滴、快的实现了出租车费手机移动支付。目前全国已有上海、杭州等12个城市通过支付宝钱包同步上线包括交通快速处理业务等在内的“城市服务”。

二、“互联网＋”交通运输产业发展潜力巨大，市场竞争和发展主导权争夺激烈

互联网尤其是移动互联网与交通运输产业的融合，推动了行业的快速发展。用户基础广泛使得“互联网＋”交通运输成为“互联网＋”首要的争夺阵地。资源集约共享带来的巨大经济、社会效益产生了巨大的市场潜力，支撑着持续发展；新兴业态、生态前景广阔，需要各方共同努力，推动健康发展。

1.移动互联推动行业快速发展

以淘宝、阿里巴巴为代表的网上交易技术目前已经日臻成熟。但对于交通运输行业来说，提供的是客货位移服务，运输工具和旅客、货物都是移动的，旅客出行需求还可能随时变化，货主也需要实时掌握货物的信息，这都是以台式计算机为终端的传统互联网难以实现的。而以手机为终端的移动互联网对交通运输产生了革命性影响，如各种互联网打车、专车、拼车、汽车共享、停车诱导等技术快速发展，使“互联网＋”交通运输出现了质的变化。

2.交通出行成为互联网企业必争之地

交通出行作为人们日常生活中必不可少的内容，涉及人群广，是互联网企业争夺客户资源的重要领域。互联网企业经营的关键是规模经济，因此，对于互联网平台企业而言，客户数量至关重要，在互联网企业发展初期，无不以扩大客户数量为首要目标。例如，互联网打车平台——滴滴、快的，2015年的“烧钱大战”主要是为自己和背后支撑的移动支付企业争夺客户，培养出租车乘客约租和移动支付的习惯。“互联网＋”交通运输易于培养庞大客户群体的特点，使得交通运输领域人士看来无法盈利的事物，互联网企业也积极地区进入和开拓，如百度、高德等电子导航平台，就是通过提供免费、便利的出行信息，赢得客户的信任和使用，再从交通以外的业务获取利润。

3.资源集约共享产生巨大市场潜力

要素资源的充分利用和集约化发展带来的价值是推动"互联网+"有运输持续发展的主要因素。在交通运输领域,大量资源没有得到充分利用,例如货运车辆和出租车都存在较高的空驶率、私家车的时间利用率不高、许多停车泊位出现空闲等。如果使这些资源通过互联网打车、汽车共享、拼车等渠道得到集约利用,将会带来直接的巨大经济效益。另外,通过电子导航,可以使得交通流量更均衡分布,道路资源利用更充分,既方便了出行者,节省了时间,还减少了油耗和环境污染,经济效益和社会效益十分显著。

三、顺应"互联网+"交通运输发展新要求,创新政府监管方式

"互联网+"交通运输实现了供需双方信息的实时交换,大数据促使精准匹配,改变了运输交易、组织方式,影响着运输生产经营模式,极可能成为颠覆传统发展方式的先导领域。而且市场潜力巨大,发展非常迅速,生态浩大,交通运输企业和市场必须做好准备,把握新的发展机遇;政府行业管理部门也应顺势而为,紧跟发展态势,在鼓励创新的原则下,加强引导,创新监管方式。

1.充分利用"互联网+"交通运输特点与优势,推动行业改革

"互联网+"交通运输企业新的组织形式使小微企业、个体进入行业更加简单容易,降低了市场准入门槛。这既对传统的市场主体、市场格局提出了挑战,也为行业的改革和发展带来机遇。一方面,政府应利用该契机加快推动行业改革,如利用预约出租车即专车的发展,推动传统出租车行业的改革;应基于互联网改变运输供需双方信息不对称的状况,对行业内部管理进行改革,如互联网使得预约出租车供需双方双向选择成为可能,价格管制、禁止挑活等规定变得不再重要。另一方面,充分利用其行业整合的特点,推进行业向更合理的方向健康发展,如发展"互联网+"维修企业,推进汽车维修业向连锁、规模、品牌化发展;利用"互联网+"道路货运企业对市场主体进行整合,以市场手段有效解决道路货运"小、散"问题,推动向规模化、网络化发展。

2.准确判定企业主体和业务属性,分类管理

首先,"互联网+"交通运输平台企业不仅仅是供需双方信息交流的平台,而且作为运输服务组织者,统一服务品牌参与运输生产经营活动,因此应将其作为交通运输企业变得纳入行业管理。其次,由于"互联网+"交通运输平台发展使得部分运输企业的营运与非营运性质之间的界限变得模糊,应加强区分界定和分类管理。对于营运性的业务,如互联网专车、互联网维修,可以实行注册备案制,但资源要素必须是营运性,如车辆必须是营运车辆、人员必须具有相应的执业资格,并按相应的法规政策进行管理;对于非营运性行为,如汽车共享、顺风车等,也要明确管理部门及职责,通过利用或修改既有法律法规、制定新的法律法规进行管理,规范相关行为,明确在出现纠纷时适用的相关法律。

3.明确界定各参与主体的责任,预防行业垄断行为

"互联网+"交通运输企业一般采用"平台+实体"的线上线下运作组织方式,应明确该组织模式下各参与主体的权利与责任。服务平台企业作为运输组织者,应对运输服务

的客户全权负责，并确定其他参与者的权责，这种权责划分在企业层面应有明确规定且公平合理，以便出现纠纷时政府能够起到裁判员的角色，并有法可依。“互联网+”交通运输服务平台的核心是整合资源实现共享效益，规模越大，匹配更精确、及时，效益也越大。因此，各“互联网+”交通运输平台在发展初期都会通过各种手段争夺用户，这种新的组织方式也导致了很容易产生垄断，在每个领域最终可能只剩下若干个甚至一两个企业，形成寡头垄断甚至独家垄断。政府管理应从推动行业规模化发展逐步转向避免垄断以及对垄断行为的监管。

4. 以要素、行为为监管对象，强化部门间协同

“互联网+”交通运输企业多为跨界综合性企业，如携程、高德等，难以唯一确定其归属行业和监管部门。政府应改变原来以企业主体性质进行监管的方式，而是针对其要素和行为进行监管。互联网主要改变的是交易方式，也在一定程度上改变了生产运营方式，但没有改变实现运输服务的要素和生产运营的活动本身。交通运输行业监管应更多地针对要素和生产活动，如人员是否符合具有行业资格、车辆是否符合标准要求、运营行为是否符合规范和环保要求等。对于互联网交通平台企业，必须接入政府监管平台，并公开必要的信息，以保障政府能够对运输服务进行监督。更加综合的企业、监管对象的细分必然涉及更多的监管部门，需要各部门协同配合、快速响应、联动处置，形成监管合力。

5. 更多借助外力实现全国交通一卡通

费用支付是交通出行的重要环节，推动“一卡通”是实现便捷出行的重要举措，例如公交一卡通，由最初的公交、地铁、逐步拓展至出租车、共享自行车等领域，进而推广到道路客运、铁路等各种出行方式。相比现在传统的交通一卡通形式和推广模式，通过金融行业、移动支付的方式在全国范围内各个领域进行应用推广更为简单易行，减少了中间平台和结算手续，出行者也更便捷。当前的一些移动支付、银行卡支付是将原有交通卡芯片进行移植，因而完全可以将其功能整合到同一芯片和系统中，真正实现交通卡与银行卡的合一。目前手机支付宝已可以在全国出租车上实现移动支付，在交通行业其他领域应用也没有技术难度。

6. 开放信息数据，推动企业构建交通出行信息平台

自从推动交通信息化工作以来，各级政府一直致力于构建综合交通信息平台，但成效甚微。而在互联网推动下，由企业利用市场化手段依靠自身力量获取信息资源、建立交通出行信息平台，取得了巨大成功。同时，多年来政府在交通信息化方面建立了许多信息采集渠道，很多信息源是企业层面通过其他方式难以获取的，如公交车的定位信息等，这些信息对于进一步完善综合信息平台非常重要。因此，未来在交通信息化方面，一要积极推动政府部门的信息数据对外开放，二要构建企业平台，采取政企合作模式加以推进，这将是综合交通出行信息平台发展的可行之路。

7. 利用大数据、购买信息服务，提升政府交通治理能力

以企业为主导建立的交通出行信息平台，除服务公众外，为增加盈利点和影响力，有较强的意愿和动力进行大数据的挖掘、分析，为政府和企事业单位服务。政府行业主管部

门可以通过定制等形式，向企业购买信息资源及咨询服务，如各城市的拥堵指数、公交车和出租车等的运营状况、全国范围内黄金周以及日常的客运出行分布等。通过这种客观采集的大数据与实证分析，可以有效地增强决策的精准性、预见性和公平性，也是提升政府管理服务水平的技术手段创新。

互联网尤其是移动互联网与交通运输的融合发展，对交通运输产生了重大的影响，政府与企业应加强合作，抓住技术革命和产业转型升级的历史机遇，通过行业面貌的改变、产业形态的更新和政府管理的创新，实现交通运输在互联网大背景下的更新改造，加快转变为“互联网＋”行动的先导产业。

第三节　“互联网＋”交通运输大数据管理模式发展

大数据的发展及应用已经成为不可逆转的必然趋势。当前，我们应该做的是，立足于宏观发展的角度，对大数据本身以及它在智能交通中的应用进行深入的分析。大数据的应用离不开云计算。只用一台计算机是无法满足大数据对信息处理的需求的，普通的网络计算能力也无法在短时间内完成计算任务，只有采用分布式计算架构才能达到上述要求。云计算的分布式数据存储、分布式处理和虚拟技术可以辅助用户在大量信息中筛选出最有价值的部分，进而实现数据价值的再创造。立足于技术层面的分析角度，大数据与云计算之间好比是手心与手背的关系，缺一不可。对此，有业内人士曾发表观点，认为只有通过云计算才能解决与大数据相关的问题。大数据使人们的社会生活与思维模式发生颠覆性的变化。人们的生活与工作都离不开出行活动，与其紧密相关的交通对大数据的应用提出了较高的需求。世界各国都在致力于促进交通安全、解决环境污染及提高运输效率，我国也在积极提高交通管理系统的智能化水平。目前，我国在以上方面的众多技术应用都已经与国际接轨。

然而，还有很多交通问题亟待解决。从宏观发展的角度来说，我国还要提高对智能交通管理系统的利用率。分析结果显示，交通运输管理部门的覆盖范围还有待拓展，很多收集到的信息得不到及时的处理与分析，无法提前预知交通问题的出现，民众也不能及时收到预警信息。因为不同地区对交通管理的重视程度不同，各地交通运输管理部门的工作效率及能力也有所区别。但综合来说，我国交通管理系统的智能化水平还需提高，要优化资源配置，不仅要加大投资，还要将引进的先进管理设备及技术手段应用到实践中。此外，还需要改变传统的思维模式，应用大数据与云计算，不断挖掘半结构与非结构数据的价值。

虽然我们已经进入了数字化时代，但数字化并不等同于数据化，数字化虽然能够在一定程度上实现信息统计与应用效率的提高，但它不能从根本上改变我们的生活与思维模式。大数据则能够带来创新式的应用与变化。在传统的小数据模式下，我们注重的是计算的精准性，相比之下，大数据更加注重从整体上掌握事物的发展趋势；小数据注重因果关系的分析，大数据则更加注重事物之间的相关性，能够提高非结构化数据的利用率，通过数据分析的方式来处理问题，从整体上提高管理水平。

大数据是一把双刃剑,它在带来机遇的同时,也使我们面临更多的问题。其一,需要在明确数据的属性、价值及本质的基础上才能挖掘其价值;其二,大数据在应用过程中会涉及信息安全及隐私保护问题;其三,整合信息资源需要强大的技术支撑;其四,目前在大数据专业人才上还存在缺口。

一、"大数据+交通"颠覆交通服务

"大数据"已成为全球关注的焦点,各国都期望能够在各个领域中发挥大数据技术的作用,推动整体经济的发展。美国专门组建了"大数据高级指导小组",推出"大数据研发计划"。在我国,北京、上海等一些大城市交通问题愈加突出,很多城市都面临严重的交通拥堵问题。随之而来的还有环境污染与交通事故频发等问题。要想改进交通问题,最重要的就是对交通管理体系进行深入的分析研究。而对交通管理体系进行深入分析的基础是,能够在极短的时间内提取所需的交通信息,目前来看,大数据管理是最适用的解决方式。

随着经济发展及生活水平的提高,人们的购买能力不断增强,为了出行方便,越来越多的城市居民配备了自己的车辆。这使得城市道路系统原本的平衡难以继续维持,而交通需求日益复杂令之前的管理模式无法适应,因此一些大城市面临的交通问题日趋严重。将大数据管理应用到交通系统中,是对传统管理模式的颠覆性创新,也使得公共交通管理体系呈现出全新的面貌。很多传统方式无法解决的交通问题也可以迎刃而解,因为"大数据+交通"有以下特点:

①大数据可以实现跨区域管理。政府为了提高管理效率,将我国分成多个行政区域。区域的划分能够使各个地区在中央统一管辖下进行地方的自我管理,也使得各地区都将关注重点放在所辖区域之内,这就导致了区域与区域之间的交通及其他基础设施的管理不是十分到位。将大数据应用到交通管理体系中,能够突破行政区域的边界限定,使各个地区在遵循相关原则的基础上各施其政,提高管理的科学性。

②大数据能够解决信息分散问题,实现统一管理。大多数城市的交通运输管理机构处在不同部门的管辖之下,相互之间的联系不是十分紧密,这就导致管理无法集中,使交通管理出现信息集成困难、内容不够翔实等问题。大数据的应用,能够提高交通信息体系的综合化管理程度,将所有具备分析价值的信息进行统一收集,提高信息的利用率,完善交通管理体系。利用大数据技术对信息进行处理与分析,能够为交通问题的解决提供技术支持,缓解大城市各方面的交通压力。

③大数据可以实现交通信息资源的合理配置。许多地区的交通运输管理机构没有明确的职责分配,也有一部分交通运输管理机构的职责存在重复分配现象,导致资源利用效率不高。将大数据应用到交通运输管理体系中,可以为管理人员在制定计划时提供科学的指导,明确不同交通运输管理机构的职能担当,实现信息资源的合理配置。

④大数据可以在整合不同资源来完善交通管理体系。按照以往的发展方式,为了缓解交通压力,会在基础性建设中引入更多的资本,增加道路可容纳车辆的规模,然而,有限的土地资源决定了这种解决方式已经不适应需求。大数据的应用可以在考虑到相关制度

的基础上发挥技术优势，将交通管理与信息技术结合，使土地资源不再对交通问题的解决造成过多的限制。

二、“大数据 + 交通”模式的优势

1. 推动公共交通高速运转

美国的一项研究结果表明，若车辆运营效率得到提高，只需原本 16% 到 54% 的车辆即可完成相当水平或者更高水平的运输。英国伦敦将大数据应用到交通管理体系中，加速了整体交通运转。在车辆即将进入拥堵街区时，驾驶人会接收到传感器发送来的最佳行车建议，提供最佳行车路线，能够在很大程度上降低经济消耗，节约时间。要解决公共交通问题，需要在各个方面进行调整，这时候就要发挥大数据的优势。大数据的计算工作量会随着数据库中输入的数据量的增加而减少。当应用大数据管理公共交通车辆时，输入处理系统的信息增多，其消耗越低。这样的管理模式可以从根本上推动公共交通运转速度的加快。

2. 提高交通管理体系的智能化水平

大数据应用具有很强的即时性特征。当用户需要对数据进行处理与分析时，大数据便能够进行智能化操作，将处理结果以清晰明了的图形方式展现在用户面前，帮助其解决问题。交通管理体系的智能化主要通过以下两方面表现出来：一是若某个街区出现意外情况，大数据应用可以及时进行信息的处理，保证交通不会因此被阻断；二是大数据可以进行提前预测，对公共交通情况进行监控。即便驾驶人不能预料到某街区是否会发生交通拥堵问题，大数据也能为其提供价值较高的参考。比如，大数据管理系统可以提前对驾驶者准备经过的路线进行各方面的分析，为其准备备用解决方案，若该路段发生拥堵，即可在驾驶途中提前告知。

3. 降低交通运输的成本消耗

以美国新泽西州的交通管理为例，长期以来，新泽西州在管理过程中主要采用交通摄录设备与路边传感器来传递交通信息。然而，有 95% 的道路信息都不在设备的监控范围之内，且传感器所花费的成本较高。之后，新泽西州应用了 Inrix 系统（属于大数据应用的范畴），该系统由 Inrix 公司提供，专门为交通问题的解决提供专业性建议，可以为安装了其客户端的驾驶人员提供即时交通信息。虽然该系统每年所需成本达到四十五万美元，但总体来说，其处理能力大大提高，覆盖范围也有所拓宽，大幅节约了人们的时间与精力。美国人用于房屋的消耗居于首位，其次便是交通消耗。虽然美国的驾驶人在一年当中的绝大部分时间都不是用在驾驶上，但平均每年花费在车辆上的资金却高达八千美元。尽管在交通管理体系中应用大数据需要增加部分成本，但立足于长期发展的角度，这种方式能够节约大量资金。况且，按照传统的解决方式，为了完善交通设施的建设，增加停车场的数量及规模，一般情况下平均每个停车需要投入的资金超过一百万美元，很多城市因为成本太高而将交通问题的解决一再搁置。大数据在交通管理体系中的应用，既能够降低成本消耗，还能从根本上解决城市交通问题。

4. 能够及时处理大型数据

在交通管理体系中应用大数据之后，就能够在短时间内对大型数据进行分析与处理。大数据在信息处理过程中应用了云计算及云操作系统，既可以对海量数据进行及时的处理，又能够对交通信息进行全天候统计与分析，同时可以实现跨区域信息处理，这正是很多城市当前面临的交通难题。国际商业机器公司（IBM）打算构建智能管理系统，用于交通管理中，在发生交通事故及其他意外情况时，能够尽快制定出最佳方案，以指导人们的行动。目前，无论是硬件还是软件装备水平，都能够为大数据管理系统的应用提供足够的支持。硬件方面，智能手机与无线设备的普遍应用为 Inrix 系统的开发及在交通管理中的实践提供了便利；软件方面，越来越多的人开始使用专业解决交通问题的应用程序，比如百度地图、谷歌地图等。不少企业、高校及政府相关部门也支持将大数据应用于交通管理体系。比如，美国加利福尼亚州的交通管理机构及当地大学中的 CCIT（创新运输中心）在交通信息的管理方面开展合作，为大众提供便捷的交通信息；苹果公司在为用户提供交通数据时也应用到了大数据。大数据的应用不仅涉及企业生产，还将触角延伸至其他领域。除了能够提高企业的生产效率之外，大数据还能为人们的生活带来诸多方便。信息通信技术水平的提高，使交通运输过程中产生的信息愈加复杂，对于用户而言，最重要的就是在海量的信息中寻找到对自己有价值的数据。不过需要注意的是，大数据管理和应用是有一定风险的，它在处理交通信息的同时也可能对用户的隐私保护构成威胁。

三、“大数据＋交通”模式的挑战

1. 如何开放公共交通数据

智能交通管理系统的发展水平与数据的公开化程度息息相关，但是，西方国家的大部分城市在交通信息的管理上仅限于私人数据库，政府相关管理部门的作用仅仅是对私人数据库进行性能的检测及调整。这种信息管理方式的开放性较低，无法挖掘信息的价值。为了改变这种情况，只能对交通数据实施开放性管理。信息公开能够带来诸多便利之处，对于政府来说，信息公开有利于树立起良好形象；对于企业来说，信息公开能够增加其收益；对于普通民众来说，信息公开能够保障其决策参与权。要提高交通数据的利用率，就要提高信息的公开化程度。

2. 如何保护个人隐私

在深入分析及整合数据资源的基础上，能够开发出具有针对性的应用程序，为人们的决策提供参考信息，进而产生商业价值。大数据的应用使人们能够更加方便地获得信息，但也使一些用户担心个人隐私会受到侵犯。在传统模式下，匿名登录及密钥的使用使人们的个人信息不容易泄露。在现代信息社会下，大数据的应用提高了信息的传递速度，扩大了传播范围，一旦在管理过程中出现差错，就可能导致个人信息或商业机密被非法窃取，比如用户的地理位置、日常行踪等。若用户意识到自己的个人信息安全得不到保障，就会对大数据的普及产生心理上的排斥。

3. 如何存取交通数据

大数据管理系统的应用对实时数据的统计与征集提出了较高的要求。然而,很多地区在统计车辆数目时,习惯于将数据信息保存成像 PDF 这样的静态格式,这种格式给智能设备的自动化检索造成了很大的阻碍,只能由专门的工作人员来完成信息查询任务,无法充分发挥物联网的作用。能够利用智能手机、传感器等设备,对实时的交通数据及相关信息资源进行整合与分析才是交通数据物联化的体现。

第四节　“互联网+”背景下我国交通大数据的发展建议

一、帮助居民获得交通大数据

1. 居民乘车时使用的一卡通

北京的交通管理机构设有专门的管理系统,能够对一天之内地铁中的人流量进行准确的统计,提取用户的出行路线。此外,还可以对使用一卡通乘坐公交车的人流量进行详细统计,尽管有一部分乘客在乘坐公交车时使用现金,但专业统计部门可以按照比例统计出一天之内乘坐公交车的人数。目前,NFC 近场支付的应用在我国还尚未普及。若随着科技的发展,NFC 近场支付的普及得以实现,则居民的出行规模及相关信息可以更加精准地掌握在交通运输管理部门的手中。

2. 实时监控运输车辆

自 2014 年 7 月起,《道路运输车辆动态监督管理办法》开始施行,该办法中对运输车辆的监督进行了详细的规定。车联网系统的应用,能够将车辆的运行情况上传到全球定位卫星,相关部门能够对车辆进行实时监控。

3. 车联网系统

车联网系统的普遍应用,使交通部门能够方便地统计车辆的出行规模,并在此基础上推算出全部车辆的出行状况。

4. 道路视频监控

为了掌握交通运输情况,政府拿出大量投资用于相关设施的建设及维护。在重庆,高速公路视频监控一天时间里可以捕获大约 50TB 的数据:在广州,一天之内捕获的交通运输信息记录达到十几亿条,其数据在 220GB 左右。交通运输管理部门应用道路视频监控,能够拓展监控范围,获得更多的交通信息。

二、帮助交通运输企业应用交通大数据

在大数据的应用过程中,一方面要进行信息统计,另外一方面还要利用技术手段对搜集来的数据进行深入分析。交通大数据对交通运输企业有诸多帮助。

1. 智能公交调度

我国大部分一线城市都已实现了公交智能化,在运用全球定位系统技术、GIS 地理信息系统技术以及 3G 通信技术的基础上,能够实时掌握运行车辆的情况,对公交车的线路、车辆进行调度,优化资源配置,缓解交通拥堵。智能公交调度技术正在逐渐普及,我国很多城市都在着手建设公交智能调度中心。

2. 在交通规划及决策中参考大数据信息

在制定交通规划的过程中,交通起止点调查必不可少。在没有应用大数据之前,要派遣大量工作者进行数据统计。一卡通普遍应用之后,就能够方便地掌握各方面的出行信息,除了明确客流量之外,还能获知车辆拥堵时间,据此来改进公交线路,从整体上完善城市的公交系统。

3. 评估驾驶人

掌握驾驶人的出行路线、驾驶过程中的各方面表现,以此对驾驶人做出评估,并将评估结果传送给交通运输管理机构及运输公司,为其招聘人才提供参考,也可以将评估结果作为安全教育的样例。

4. 预测群体出行情况

在对交通大数据进行分析的基础上,综合其他信息,就能够对群体出行的总体情况进行推算,提前得知什么时候为出行高峰、哪条路线可能出现拥堵等,为出行车辆的调度提供参考依据。站在用户个人的角度来分析,提前掌握了群体出行情况之后,用户在出行时也会更加方便,可以提前设置路线避开高峰期与拥堵的街区,节省出行时间。

三、帮助政府推进交通大数据

大数据在我国各个领域中的应用越来越广泛,政府在制定宏观规划与整体建设时也已经离不开大数据的帮助。在现代信息社会中,大数据的应用不仅能够挖掘更多的商业价值,对企业发展产生影响,还能使人们的社会生活发生变化。在移动互联网不断普及的今天,交通运输领域征集到的数据更加丰富。在这种情况下,最重要的就是对数据进行处理与分析,满足用户的多样化信息需求。大数据管理并非没有难度,管理部门既要根据用户需求进行数据的处理与分析,又要在尽可能保护好个人信息安全的基础上去挖掘交通数据的价值。总之,要想通过大数据的应用打造综合性的公共交通管理体系,还要在交通信息的获取及分析方面做更深入的研究,掌握建设智能交通系统的相关知识,了解用户需求并做好相关工作在 2016 年第三届世界互联网大会的“互联网 + 出行”论坛上,交通运输与百度地图决定合作建设交通出行大数据开放云平台——“出行云”,体现出我国政府对互联网技术的重视程度与大数据应用的重要性。身处科技不断进步的信息社会,政府也在谋求自身的发展与创新。从中可以得出的结论是,无论是人们的日常生活,还是国家的整体发展,都受到互联网的巨大影响。除了交通管理中对大数据的应用,微博问政也是一个很好的例子。信息的公开化程度在互联网的推动下不断提高,政府职能的具体内涵也会随之发生改变。

1. 广泛开放公共交通数据

虽然大数据系统中整合了众多信息资源，但真正能被加以利用的并不多。比如，交通运输管理部门每天都会收集大量交通数据，但相关人员不懂得怎样进行信息的选取与过滤。交通数据的开放，能够加强政府部门与企业或专业机构之间的合作，弥补交通运输管理部门在专业人才方面的短缺，为管理部门提供技术支持，满足不同群体对交通信息的个性化需求。交通运输管理部门要提高其信息的开放性，可以通过运营类似于TIG（Transportation Information Group）的网站来为还可以用户提供信息服务，还要保证数据存储格式的多样化，便于系统自动检索与识别，为用户提供数据分析工具，满足用户的个性化需求。政府相关部门应该鼓励用户参与交通信息的共享，当然，要在这个过程中确保用户的合法权益不会受到侵害。这样一来，政府部门就能与企业及用户群体达成合作关系，开发商可以通过提供信息服务来获取更多的利润，大数据的应用也能为城市发展带来更多的活力。

2. 保护个人私密信息

在大数据时代，为了加强对个人隐私的保护，政府需要完善相关法律的建设，对数据的性质、传播范围、传播过程中需要遵守的原则以及其应用目的给出明确的界定。为了确保信息的安全性，交通运输管理部门还应保证相关制度的实施，要进行数据安全教育知识的普及，让用户能够依法保障自己的权益。无论是对数据资源的开发还是保护，都要采取适度原则。在这方面，交通运输管理部门应该努力做到，在对数据进行开发的过程中不会危及个人的信息安全，既要为企业开发数据的商业价值提供便利，又要考虑到对公民个人私密信息的保护。为了减少用户对个人信息安全问题的担忧，应该由公民个人决定自己的私人信息是否可以公开，以及哪些个人数据能够被开发。数据开发商的服务方式也要进行调整，只有在当事人知情且同意时，才能向用户发送其指定的信息服务。

3. 提高交通数据存取的多样性

在交通数据的数字化建设方面加大投资，增加数据存取格式的多样性，推动信息共享，节约交通运输管理部门在这方面的人力资源消耗，方便对数据的深入研究，从整体上提高公共交通的智能化水平。

4. 提高交通数据质量

各个交通部门采用的数据存储格式是有所区别的，其数据质量也存会存在差异。交通数据中心需要以下采取措施提高交通数据质量：

①建立统一的质量标准。为了避免信息在发布中被篡改，要保证发布环境的公开化与透明化，这样才能保证数据的利用价值，避免出现信息误差，使用户能够放心地使用数据。

②建立数据质量控制系统。在信息监测过程中，不仅要进行数据检查，还要对其进行评估。具体来说，交通数据中心要确保投入应用的数据有益于交通机构的正常运转及民众的利益，对数据进行严格的评审，避免侵害个人信息安全。

③鼓励用户在接收信息后，将问题及时反映给发送相关部门。用户在数据质量的提高方面发挥着重要作用，若用户发现信息存在偏差，可以通过反馈的形式要求相关部门进

行及时纠正，对信息发布机构形成监督。

交通管理部门要严格控制数据质量，根据用户的需求，进行相关数据的征集与发布，提高信息服务的针对性。若政府部门在数据管理及发布方面无法满足民众的需求，可尝试发挥市场的作用，让数据提供商来运营与管理数据，并监督其运作效率与数据质量。

第五节 “互联网+”交通运输信用体系模式建设

近年来，交通运输部积极推进行业信用体系建设，初步建立起涵盖工程建设、道路运输、水路运输、安全监管等领域的信用体系，对规范全国交通运输从业单位的市场行为发挥了明显效果，有力促进了我国交通运输业持续健康发展。

为贯彻落实国务院《社会信用体系建设规划纲要（2014—2020年）》和中央精神文明建设指导委员会办公室《关于推进诚信建设制度化的意见》精神，切实加强交通运输行业信用体系建设，推动交通运输科学发展，2015年5月12日交通运输部下发《关于加强交通运输行业信用体系建设的若干意见》对交通运输行业信用体系建设提出了总体要求，明确了重点建设领域，主要建设任务和具体工作要求。2016年9月18日，交通运输部部长李小鹏与国家发展改革委副主任连维良共同按下按钮，交通运输部“信用交通”网站开通，“信用交通宣传月”活动正式启动。李小鹏在启动仪式上强调，要切实把思想统一到党中央、国务院决策部署上来，坚决贯彻好习近平总书记重要指示精神，以此次活动为契机，全力以赴抓好交通运输信用体系建设，为履行好交通运输先行官使命、全面建成小康社会做出新的贡献。李小鹏部长指出，下一步要提高认识，深刻认识到信用体系建设是国家信用体系建设的重要组成部分，是完善行业治理体系、提升行业治理能力的客观需要，是完善交通运输现代市场体系的重要基础，是推进“放管服”改革、加强事中事后监管、服务大众创业万众创新的重要手段；要打好基础，逐步完善行业信用法规制度和标准规范，以制度的力量培养诚信的自觉，营造行业清风正气；要抓住关键，抓紧建设覆盖全行业的统一信用信息平台，构建信用信息“一张网”；要强化运用，进一步夯实工作措施，加大奖惩力度，抓紧制订出台联合惩戒备忘录；要营造声势，以“唱响信用交通，唱亮交通发展”为主题，广泛开展宣传活动，树立“信用交通”好形象，助力“信用中国”大合唱。

交通运输行业信用体系建设应围绕国家社会信用体系建设的战略部署，结合行业特点，聚焦重点领域，以制度建设为引领，以大数据应用为基础，以信息化建设为支撑，全面推进行业信用体系建设，丰富事中事后监管方式方法，不断提升行业治理能力，为“四个交通”的发展提供重要保障交通运输行业信用体系建设需重点做好以下两个方面工作。

- **以制度建设为引领，用法治思维推进信用体系建设**

法规制度是信用体系的立足点。信用体系建设应首先明确信用评价主体、范围、内容、标准、程序等要项，所有制度均经法制部门审查，以规范性文件形式，通过政务公告公布，解决信用评价合法性问题，以评价制度建设为引领，用法治思维推进信用体系建设。

- **以行业大数据为基础，用互联网思维推进信用体系建设**

一是整合行业大数据资源，夯实信用体系建设的基础。包括交通运输行业管理数据、交通运输市场的动态数据、相关部门和地区的共享数据。

二是构建信息系统平台体系，用信息化推进信用体系建设。信息采集、信息公开是信用评价的基础，整合信息构建一体化的交通运输信用信息系统，应用新媒体建立一体化的信用信息服务公共平台，以信息化推进信用体系建设。

三是创新征信方式，用互联网思维构建新型信用评价体系。公众通过互联网获取企业、车辆、从业人员的信用信息，对出行服务进行即时点评，通过创新征信方式，不断拓宽信用信息征集渠道，以互联网思维构建指尖上的信用评价服务体系，点评数据导入大数据中心，作为信用评价征信的基础数据。

第十四章　中国(小谷围)"互联网+交通运输"创新创业大赛纪实与展望

第一节　大赛概况

一、大赛背景

2015年,经交通运输部批准,广东省交通运输厅联合广州市番禺区人民政府以及相关省(市、区)交通运输主管部门,共同举办了首届交通运输行业互联网垂直大赛(以下简称"大赛")。大赛既是省级交通运输主管部门联合地方人民政府发挥各自优势,整合资源,共同贯彻落实国家"互联网+"行动、"大众创业、万众创新"等战略方针的重要探索与先行实践,也是省级交通运输主管部门协同行动,营造全国一盘棋局面,"以移动互联网引领综合运输服务、引领运输产业转型升级、引领运输行业治理体系构建",共同推动行业转型升级和培育垂直产业体系的工作创新。

2016年,经交通运输部批准,由广东省交通运输厅、中国交通报社、广州市番禺区人民政府共同主办。2016年的大赛立足广东,面向全国范围,辐射东盟等"一带一路"地区,鼓励参赛团队围绕"互联网+"便捷交通、"互联网+"高效物流两大方向,依托互联网等新技术,推动交通运输领域服务模式创新、企业运营转型、行业治理能力提升和技术应用升级,实现大赛从互联网向物联网的深化,由"互联网+"运输服务领域向"互联网+"交通运输全领域拓展。

大赛涌现了一批交通运输创新项目,为行业转型升级注入鲜活力量,成为培育优质运输服务新业态的摇篮,达到了聚集整合互联网与交通运输的创新创业资源、推动互联网与交通运输深度融合及创新发展、推动交通运输行业"大众创业、万众创新"、构建"互联网+"交通运输垂直产业链的预期目标,也为行业依托"互联网+",提升发展质量、促进转型升级,提供了重要平台。

二、基本情况

按照"创新驱动、跨界融合、转型升级"的主题,大赛自2016年8月至12月,历时4个月,共组织三项专业赛事,建立六大资源池,开展系列创新创业主题活动。

据不完全统计,直接参与到大赛相关活动的单位累计超过3000家。从大赛启动发布会,到东西部高峰论坛、腾讯智慧交通高峰论坛等系列主题活动,三大赛事的复决赛现场,乃至12月12日的颁奖大会,每次活动都超出预定规模,现场火爆,气氛热烈,群贤毕集,盛况一时,成效显著,影响深远。

三、主要成效

1. 三大赛事,激发行业内生动力

2016年,大赛名称由“创客大赛”更名为“创新创业大赛”,进一步突出行业创新创业主题。针对传统交通运输企业、互联网/物联网和智能交通企业以及大学生团队等三类不同的参赛主体,设立交通运输行业转型升级创新大赛、互联网交通运输融合创业大赛和中国大学交通运输学院创客大赛三项专业赛事,分别由交通运输部科学研究院、中国交通报社和华南理工大学牵头承办。

至报名截止,共有1026个项目报名参赛,覆盖全国25个省自治区、直辖市及新加坡,国内35所大专院校,10多个道路运输百强企业项目报名角逐创新大赛。实现大赛立足广东,面向全国,辐射东盟等“一带一路”地区的目标范围。

项目领域包括客运、物流、航运、轨道交通、停车、修车、学车、车联网、公路建设、出行与救援、交通支付、交通大数据、新能源新材料等十几个方面的50多个细分领域,大赛已实现由互联网向物联网的深化,由“互联网+”运输服务领域向“互联网+”交通运输全领域拓展。

各项赛事获得行业和社会的广泛关注,同一单位规模最大的观摩团人数超过30人。

大赛较好地激发了行业主动谋求发展的内生动力,达到有效推动传统运输企业发展理念和服务模式的提升、加快行业互联网等新兴技术应用的升级、构建天地合一的“互联网+运输+互联网”的垂直产业链、为交通运输服务提质增效升级提供强力引擎的既定成效。

2. 六大资源池,提供行业“双创”支撑

大赛建立交通运输大数据、智能交通技术及应用产品、大赛命题、创业导师、项目投资孵化和行业政策六大资源池。230多个大赛命题、数百位创业导师、近百家投资孵化机构、多款智能交通技术及应用产品、系列行业扶持政策、交通运输领域大数据目录集和DEMO数据,为参赛团队提供了全方位的支持。

其中,依托交通运输大数据资源池开展的互联网交通运输融合创业大赛之大数据应用大赛,吸引了来自德国慕尼黑的选手组队报名;创新大赛、创客大赛的第一名,分别获得了阿里巴巴集团旗下飞猪旅行、新国线集团旗下金桥资本的冠名授奖;多个项目赢得资本的青睐和签约,创客大赛优秀团队人员获得阿里巴巴集团的offer和实习机会,千方集团独家签约大赛7个项目。

六大资源池不仅服务于本次大赛,也将成为整个交通行业“互联网+”应用的支撑,为行业提供互联网等新兴技术应用升级的丰富资源,成为“优化提高交通运输供给能力,营造良好发展政策环境”的重要平台。

3. 系列主题活动,引爆创新创业激情

赛事期间,中国东西部“互联网+交通运输”创新合作高峰论坛、腾讯智慧交通高峰论

坛、2016 道路运输行业转型升级峰会、交通运输供给侧改革创新发展论坛、2016“互联网+航运创新”大会等大赛相关活动陆续举行，既聚焦了行业热点，更引爆了行业创新创业激情，进一步将大赛打造成为新思想、新理念交流互动，新技术、新模式展示合作的纽带与桥梁。

其中，广东省交通运输厅和西藏自治区交通运输厅共同举办的中国首届东西部“互联网+交通运输”创新合作高峰论坛，将创新扶贫与推动东西部交通运输合作结合起来，促进双方企业及地方政府间的 12 项务实签约。刘小明副部长在论坛主旨报告中指出：“2015 年，广东等 7 省（市、区）交通运输主管部门共同主办了首届交通运输互联网垂直产业创新创业大赛，取得了不错的效果……为行业依托‘互联网+’，提升发展质量、促进转型升级，提供了重要的载体。希望大家充分用好这个平台……共同擦亮中国交通运输互联网品牌。”

在腾讯智慧交通高峰论坛上，十五省、自治区、直辖市交通运输主管部门与腾讯共同发布了《十五省（市、区）交通运输主管部门 深圳市腾讯计算机系统有限公司协同推进“互联网+交通运输”合作宣言》，探索建立行业主管部门与互联网企业政企合作新模式，推动互联网与交通运输的跨界融合与延伸发展。

综上，大赛已成为交通运输行业践行“互联网+”战略的重要平台。随着大赛覆盖面的进一步扩展，影响力的进一步扩大，“互联网+”交通运输垂直产业生态圈已初具规模并逐渐发展壮大。

依托大赛，不断培育交通运输发展新动能、催生交通运输新业态。部分优先项目已成为“互联网+”运输服务创新示范以及道路客运“互联网+”深化改革试点项目，成为行业依托“互联网+”、主动谋求变革、勇闯转型升级新道路、提升发展质量和服务水平的典范。

大赛让传统的交通行业在互联网时代更加自信，由过去面对互联网闯入者的彷徨，变成今日的从容；由过去的紧迫焦虑，变成今日的自信踏实。

四、后续推进

创新是永恒的主题。交通运输部党组书记杨传堂在 2016 世界互联网大会上指出，互联网对世界的改变方兴未艾。随着移动通信、物联网、云计算、大数据、人工智能、虚拟现实等新一代信息技术的突飞猛进，随着金融资本和商业模式的蓬勃创新，未来的互联网将逐步演化成为一个万物感知、交互联动、无处不在的泛在网络。我们将适应新变化、满足新需求，坚持创新发展，利用社会力量和市场机制，充分发挥市场在资源配置中的决定性作用和更好发挥政府作用，以整合资源、开放共享为重点，以泛在互联、全面感知、便捷交互为目标，推动“互联网+”与交通运输融合发展。

大赛将按照交通运输部党组书记杨传堂的指示，以及刘小明副部长于 2016 年 10 月 18 日在中国东西部“互联网+交通运输”创新合作高峰论坛会议上的讲话精神，持续推进行业双创工作。

1. 加快大赛项目推介与成果价值转化

赛事结束并不意味着活动终止，大赛组委会将不定期地组织开展“互联网+交通运输”创新创业成果交流论坛、“互联网＋交通运输”创业融资路演日、“互联网＋交通运输”创新创业成果展等系列活动，对大赛优秀项目组织展示交流推介，加快项目孵化成长。同时，组织项目到各相关省份进行路演，组织项目与交通运输主管部门对口交流，获得政策资源。

同时，在广东省交通运输科技创新服务平台下，设立“互联网＋”运输服务领域创新成果转化与推广服务子平台，纳入全省科技创新平台体系，搭建不同创新主体之间的沟通桥梁。引入第三方科技创新服务机构评估推广，促进成果转移转化。积极推动大学生创客与交通企业间项目与人才的同步对接。

2. 持续开展创新创业活动

组织中国互联网交通运输产业联盟大会，设立推动交通运输行业转型升级类基金，举行“互联网＋”出行新业态下监管模式创新论坛，举办区块链在交通运输领域应用专业技术沙龙，发布《2016 中国互联网＋交通运输发展报告》等，不断推动行业创新创业持续升温。

3. 继续牵头举办大赛

结合前一阶段与相关单位达成的初步共识，联合交通运输部通信信息中心、交通运输部科学研究院、中国交通报社、广州市番禺区人民政府等相关单位，按照“政府指导、市场化运作”的原则，继续组织举办大赛，共同擦亮中国交通运输互联网品牌，扩大完善中国互联网交通运输垂直产业生态圈，使之成为交通运输行业创新创业的国家级重要平台，成为交通运输行业转型升级的助推器，成为交通运输行业深化供给侧改革的重要抓手。

第二节　50 强参赛项目成果展示

为进一步落实国家“互联网＋”行动和“大众创业、万众创新”等重大部署，推动交通运输领域创新驱动发展，推动互联网与交通运输的跨界融合和延伸发展，加快交通运输行业转型升级，经交通运输部批准，广东省交通运输厅联合相关单位组织举办“中国（小谷围）‘互联网＋交通运输’创新创业大赛”（以下简称“大赛”）。大赛以“创新驱动，跨界融合，转型升级”为主题，是首个全国性的垂直行业互联网大赛。

大赛共分为交通运输行业转型升级创新大赛（创新大赛）、交通运输行业转型升级创新大赛之电子支付大赛（交通电子支付分赛）、互联网交通运输融合创业大赛（创业大赛）、互联网交通运输融合创业大赛之大数据应用大赛（交通大数据分赛）和中国大学交通运输学院创客大赛（创客大赛）等 5 个分赛事。自 2016 年 8 月 18 日正式启动之后，共有 1000 多支团队报名参赛。现选取其中 50 个优秀项目介绍如下：

一、交通运输行业转型升级创新大赛

交通运输行业转型升级创新大赛（简称“创新大赛”）由现有交通运输企业利用互联网等新技术，或联合互联网等新技术企业，实现企业自身转型升级。

创新大赛15个优秀项目如下(排名不分先后):

1. 通过客运车辆实现联网化小件快运

——广东网上飞物流科技有限公司

“网上飞巴士速递”致力于利用互联网、大数据等前沿技术,搭建标准、高效的物流平台,先期通过聚合遍布省内的客运站场、客运巴士、高速公路服务区、便利店等资源,连接构建高密度的物流网络,为客户提供便捷的货物速递服务。

网上飞充分结合小件快运高时效性、高安全性、高准点性、低边际成本等核心优势,重点打造省内“计时达”“当日达”“迷你件”等市场稀缺产品,并提供保价、保险、签回单、代收货款等多种主流增值服务。

在夯实“网上飞巴士速递”品牌服务的同时,还将叠加开发土特产、旅游、仓储、零售等业务资源,致力打造一个面向“互联网+商贸流通”的O2O运维服务平台,它肩负着挖掘、聚合、盘活传统运输行业沉默资源的使命,是传统运输行业寻求转型升级的积极探索,也是交通行业供给侧改革与分享经济的重要尝试,更是“互联网+”交通运输的商业模式创新。

2. 基于一卡通的电子票证服务平台

——广东岭南通股份有限公司

“岭南通电子票证”是基于岭南通信用支付技术而延伸开发的一款产品,将目前已上线的空中发卡技术嵌入支付公司的APP产品中,建立一套电子票证产品管理系统,实现在支付公司的APP产品中空中发卡、在线购买电子票证、使用电子票证的功能;用户以具备NFC功能的手机或可穿戴设备等可联机设备为载体将虚拟卡片下载至可联机设备,根据需求购买相应套餐的电子票证,即可完成电子票证激活,在套餐条件内乘坐公交。

近年来,我国各地区因商务、会展、探亲、观光、休闲等带来的短期逗留人口数越来越多,但是目前市面上的公交一卡通基本上以普通票卡为主,没有适合短期内使用的票证,无法满足短期用户的需求。“岭南通电子票证”是解决这一情况的针对性产品。

3. 基于开放的多模式交通电子支付平台

——广东岭南通股份有限公司

“岭南通开放式电子支付平台”是岭南通公司为实现以岭南通卡为载体、使用多种资账户金进行支付而打造的一个渠道聚集平台。该平台面向各类银行、第三方支付机构开放,提供支付准入接口,允许多元支付渠道的资金账户接入,以绑定资金账户与岭南通卡账户的形式,实现通过岭南通卡的形式在各种公交支付场景直接使用银行、第三方支付机构的资金进行支付,为用户提供多样化支付渠道服务,满足用户多样化出行支付和资金交易需求。

一直以来,交通一卡通实体卡受技术所限,存在充值过程烦琐、交易过程无法实时查询、资金渠道不够多样化、场景应用及支付方式单一等弊端,给一卡通用户带来诸多不便。随着移动网络及智能终端的普及,多元化的支付方式激发用户多种需求,传统交通一卡通单一服务模式无法满足用户多样化的出行支付和资金交易需求。“岭南通开放式电子支付平台”将有效地解决上述问题。

4. 基于互联网的交通一卡通信用支付平台

——广东岭南通股份有限公司

“岭南通公交信用支付”项目(岭南通公交信用卡)是基于移动支付将公交支付与信用消费相结合,以具备 NFC 功能的手机、可穿戴设备(如智能手环)等可联机设备作为载体,以一部具备 NFC 功能的手机或安装有 APP 客户端的智能手机,通过空中发卡技术对可联机设备进行空中发卡,绑定信用担保方获取信用额度后,即可像信用卡一样先消费后还款。

在信用消费以及移动支付蓬勃发展的形势下,交通一卡通电子支付作为日常生活中高频次的支付场景,仍采用“先付款,后消费”的传统模式,给持卡用户带来不便,特别是在交通卡余额不足而附近又没有充值网点时,更影响用户的出行计划。另外,传统一卡通离线支付方式无法实现与用户在线连接,从而无法感知用户需求和捕捉用户消费习惯,不利于一卡通产品服务创新和提升公众出行服务效率。在移动支付的趋势下,将信用消费引入到公交支付领域,拥有十分广阔的市场前景。

在借助岭南通公交信用卡培养用户信用支付习惯的同时,建立岭南通公交信用体系,延伸拓展公交金融服务,如小额信贷、保险以及理财产品等服务。

5. 基于二维码的开放式交通电子支付平台

——广州羊城通有限公司

“基于二维码的开放式交通电子支付平台”将移动互联网技术、二维码技术、移动通信技术等融为一体,采用高效安全的认证机制,构建开放式的技术架构,制定公共交通电子支付行业的二维码支付业务标准,建立该行业的二维码业务和技术体系,实现“一套标准(交通二维码标准)”对接“多个应用(支付运营商二维码应用)”,实现在公交、地铁上通过二维码扫码方式完成支付。该支付平台的建设主要由支付通道和接口系统的构建、二维码扫码密钥体系构建、清算及结算系统构建及扫码终端设备等关键部分组成,涵盖软硬件的开发与应用等多个方面。项目通过构建支付通道和接口,在现有的羊城通电子付费账户体系上,构建公交、地铁、轮渡等城市公共交通工具在线支付接口,增开更多的消费支付通道,连接各大银行和第三方支付平台,通过与金融账户(银行账户或第三方资金账户)的绑定,实现快捷支付和信用担保。项目通过设计和构建二维码生成体系和扫码解码密钥体系,在二维码的生成过程中自动植入高安全性密钥,再由绑定方(银行和第三方支付平台)封装,二维码信息包括密钥信息、绑定方信息、生成时间、账户 ID 信息、账户余额信息等。在车载和闸机扫码终端设备上设置专门密钥,对专属二维码进行扫码读取交易,实现一终端一密钥。终端设备读取二维码信息和交易信息,定期上传至系统后台(延迟联机)。手机二维码被读取后信息,定期上传至绑定方后台(延迟联机)。项目平台的清算系统接收到终端设备上传的二维码信息和交易信息后,分别对公交、地铁、轮渡公司进行实时清算。

6. 广东省客运SAAS综合服务平台

——广东南粤通客运联网中心有限公司

“广东省客运SAAS综合服务平台”依托广东联网售票平台为客运企业开发，帮助客运企业实现自主售票，全力推动传统运输行业转型升级，出台联网售票管理办法，鼓励客运或第三方客运服务企业依托综合运输票务平台开发自有售票系统、包车服务系统、O2O综合服务系统及相关APP应用；主动公开企业、车辆及从业人员的信用或技术等级等信息，开展自主组客、自选座位、定制班车、定制包车、联乘联运等个性化出行服务；推动构建旅客运输一票到家、货物运输一单到底、公共信息一站解决、服务监督一号畅通、监测应急一体联动的“互联网+综合运输服务”一张网的“六个一”发展格局。

“广东省客运SAAS综合服务平台”不改变客运企业和客运站组织机构，客运企业依原条件进行客运组织和安全生产，结合客运企业现有售票系统，满足客运企业专线客运、干线客运、公交化客运、长短线旅游客运、通勤客运、城乡客运等不同业务类型管理的需求。通过该平台，为客运企业实现以下功能：1. 微信公众号管理；2. 支付；3. 企业管理；4. 会员管理；5. 营销管理；6. 企业管理服务。

目前，全省共有681家客运站，其中具备联网售票条件的有435家，已完成415家客运站接入到省联网售票中心平台。依托省联网售票中心平台，汇集了全省约45000个班次。

7. “互联网+”广深高速公路服务管理平台

——广深珠高速公路有限公司

“互联网+”广深高速公路服务管理平台利用互联网思维，应用云计算、大数据、移动互联网、互联网开放平台等新一代信息技术，研发一套广深高速公路服务管理平台，实现以管理服务为核心的高速公路营运管理创新，即：为高速公路营运管理者提供信息化管理手段，为高速公路司乘人员提供更为便捷、融合、个性化、精准的高速公路出行服务。该平台主要建设内容包括：

①建立广深高速公路服务管理系统，整合已有业务系统的信息资源，开发信息资源采集接口程序；实现与微信公众平台对接，整合利用微信公众平台提供的接口以建立企业号与企业应用间的有机连接，为微信企业号移动应用提供接口能力；建立为高速业务APP提供数据接口能力；实现信息发布、信息推送日志查询、数据统计、系统管理等功能。

②建立广深高速公路微信企业号，实现通信录、企业通知、服务管理业务、高速路况、消息推送等功能应用，实现企业内部员工之间、部门之间、与服务提供单位之间的信息沟通与互动，提升业务协同管理效率。

③建立广深高速公路业务APP，为高速公路营运管理提供视频监控、高速快览（时间、施工）、路政巡查、道路施工等业务管理的功能。

④建立“互联网+”交通大数据平台，实现实时交通流态势预测，为高速公路服务管理提供更为精准决策数据基础。

⑤建立监控大屏展示系统，通过地图、简图、统计报表等方式将广深高速公路监控系统相关数据展示在监控大屏，为管理者提供直观的展示，使各类系统数据信息一目了然。

⑥建立广深高速公路微信公众号，为高速公路司乘人员提供高速公路实时路况、服务

区、沿途景点与美食、服务热线等高速交通信息服务。

⑦与高德地图进行合作,建立广深高速交通资源开放接口,为高速公路司乘人员提供更便捷、融合、个性化、精准的高速公路出行服务。

本项目的创新点在于:一是以服务为核心的高速公路服务管理业务流程再造创新;二是以"互联网+"交通大数据中心的实时计算为基础的交通流态势预测;三是与高德地图进行合作,为高速公路司乘人员提供更为便捷、融合、个性化、精准的交通信息服务;四是建立基于大数据的交通信息可视化及智慧交通开放应用接口。

8.基于互联网的交通拯救实施方案与出行安全保障平台

——广东粤运拯救交通有限公司

"基于互联网的交通拯救实施方案与出行安全保障平台"目的是提高救援的有效性和可靠性,使救护人员及时准确地到达现场,排除事故,救治伤员,疏导交通,快速清理路面并及时发布救援动态,最大限度防止二次事故发生、减少经济损失和防止人员伤亡。项目利用移动互联网技术等新一代信息技术,构建基于移动互联网的高速公路应急救援管理系统以及交通信息服务系统,提高高速公路营运管理和服务水平。该项目是全国首例将结合语音呼叫系统的PC端调度平台、利用4G网络接收并反馈指令的手持智能终端、利用微信公众号和网页接收报警信息并实时互动三者整合在一起的创新平台。对数据的分析整理不仅有利于提高救援效率,减少事故损失,还能第一时间为社会提供到交通复通的信息。

截至2015年年底,广东高速公路里程约6880公里。目前广东粤运拯救交通有限公司承担3427公里高速公路救援业务,并可进一步进行扩展。目前项目按照计划有序进行,运行效果良好,落地阻力小,员工接受程度高,现正在升级优化,市场份额以及应用规模全国领先。

9.智慧出行生态服务平台

——华夏快线(北京)技术发展有限公司

"智慧出行生态服务平台"是在帮助传统客运企业实现电子客票和智能化流程管理的基础上,进行其他服务的延伸和扩展。

基于当前公路客运企业面临的严峻形势,华夏快线通过应用移动互联网、大数据、云计算等技术,结合客运企业自身的行业背景,打造一个全新的智慧出行生态系统,实现客运班线查询购买、约车、联程联运、酒店预定、网上商城以及景区门票预订等一站式个性化的旅客出行服务。帮助有出行需求的旅客提升出行体验,同时大大提高客运企业的智能化服务及管理水平,增加营收来源。

"智慧出行生态服务平台"致力于做国内最好的智慧出行综合平台,适用于运输集团、运输企业以及各级车站等,目前已经在四川、陕西等地落地使用,已签约合作车站近100家,并与国内多家运输集团开展战略合作,同时与保险公司、银行等展开跨界合作。

10.重庆公运"同程e配"信息平台

——重庆公路运输(集团)有限公司

重庆公运"同程e配"信息平台目标是打造重庆市城市物流配送体系,通畅城市物流"最后一公里",核心理念是"二同(同城配送、同程配送)、二化(专业化、信息化)、一中心

(物流中心)”。具体表现为以同程(城)配送服务为核心、以标准化城市配送车辆为载体、以信息系统为支撑、覆盖重庆市主城区的城市配送服务平台,围绕同程(城)配送服务中的“接取送达”,为客户提供菜单式的标准化服务,最终实现整合资源、降低物流成本、提高配送效率、减少城市拥堵的目标。

平台依靠自身拥有的强有力的货运体系和丰富的配送网点资源,功能完善、系统先进,拥有商贸物流信息系统、同程配送系统、数据交换接口、大数据分析系统、政府评价与决策支撑系统、企业园区管理系统和移动智能终端等功能模块。各模块在集团各类型货运业务内测期间,通过实施信息标准化和综合化,实现了不同部门、不同地区、不同物流信息系统间信息交换与共享,实现了配送车辆的高装载率,减少了城市配送车辆的运行数量,同时由于实现了规模化运输,减少了车辆重复运输、交叉运输及运输车辆所占用的交通资源,在一定程度上缓解了城市交通压力。

11.基于大数据的公交运营信息化综合解决方案

——重庆市公共交通控股(集团)有限公司

“基于大数据的公交运营信息化综合解决方案”定位于公共交通运营信息化顶层设计阶段,以公交运营生产专业需求为导向,搭建公共交通综合模型,实现公共交通综合服务的模块化、产品化,打造公共交通运营综合服务标准化体系,实现公共交通综合服务运营。项目的意义在于:第一,建立了有效的解决策略和分析方式,实现以公交运营需求为驱动的信息化架构,立足企业自身构建基于运营生产的微观交通模型及运营指标体系;第二,通过整合数据,建立运营生产指标体系,发掘数据资源价值,保存重要数据资产,为管理决策、业务分析、行业监管、企业交流等提供数据基础;第三,基于用户需求实现运营生产模式化、产品化,实现标准化、规范化管理,优化工作流程,提高工作效率;第四,助推公交企业主营业务升级转型。一方面,优化车辆、班次配置,提高资源利用效能和运营效率,实现企业降本增效;另一方面,促进“互联网+”与公共交通融合,发展公共交通新业态,满足市民多样化出行需求,为企业开源节流。

项目的亮点包括:第一,新颖性,在模型搭建方面,颠覆传统交通“四阶段法”理论,不同于更多侧重于用地关系、交通仿真等方面的传统方法,以公共交通大数据为导向,整合公交、轨道、设施、道路信息,强化数据分析,以公共交通自身运营为蓝本,形成公共交通一体化体系,搭建公共交通综合模型;第二,先进性,传统调查采用五年一次的大调查,新技术实现准实时OD分析;传统调查成本约为700万元/次,新技术成本为零;第三,独特性,目前在全国尚无其他单位进行过这方面的研究和实践。

12.金奔腾汽车服务平台

——北京金奔腾科技有限公司、广西金奔腾科技有限公司

“金奔腾汽车服务平台”自带全国所有车型(约2万个车型)诊断数据库,进行车辆故障的诊断标准化,使每次维修服务的各个环节实现标准化和规范化,打造一个“维修有标准,质量有保障,价格有竞争”的汽车诚信维保市场运营模式。

项目直击汽车后市场的三大痛点:第一,消费者与汽修维护企业信息不对称,无法准确掌握车辆的故障信息及维保信息;第二,维护企业鱼龙混杂,存在部分企业服务不专业、

维护不规范的问题,汽车后市场对车辆维护没有统一的规范、标准,让消费者无从选择,无法挑选最合适自己的维护企业;第三,汽车品牌店4S店利润过高,普通消费者为保证维护质量,前往4S店做维护往往被迫花高价。

项目“toC”模式为个人客户在进行车辆维保时,在不增加成本的情况下,获得更多的知情权,实现汽车维护的标准化、透明化、规范化,同时为个体消费提供信用保障。

项目“toB”模式为中小汽修企业搭建一个车辆诊断服务标准化、透明化、规范化的平台,同时提供质优价廉的汽车耗材及汽车疑难杂症维护技术支持,平台在不影响企业正常营业收入的情况下有效降低营销成本、管理成本、原材料采购成本,实现合作共赢。

13. 第四方危货供应链物流信息平台

——萍乡市达金物流有限公司

“第四方危货供应链物流信息平台”项目服务对象为烟花鞭炮危货生产企业以及烟花鞭炮原材料生产企业、危货运输企业车辆以及第三方配套服务企业(如汽车修理厂、保险公司、轮胎销售公司、加油站等)。

项目所在公司为国家公路甩挂运输项目试点单位,业务量占萍乡市花炮物流70%。项目旨在建设一个危货供应链物流信息平台,以“全面管理、区域中心”为核心设计理念,充分吸取物流行业管理精髓,体现各种类型物流企业的业务核心,实现综合、一体化的信息管理。发挥互联网信息集聚优势,聚合各类物流信息资源,整合仓储、运输和配送信息,开展物流全程监测、预警,提高物流安全、环保和诚信水平,统筹优化社会物流资源配置,在更广范围促进物流信息充分共享与互联互通。逐步形成行业性、区域性、全国性的危险品物流在线运输系统,完善线上危货生产企业和危货运输公司信用评价和供应链融资体系,开展在线竞价,发布价格交易指数,提高稳定供给能力,提供高效安全的运输。

14. 宝路华客多啦智慧定制出行综合服务平台

——深圳市宝路华运输(集团)有限公司、深圳市汉亿科技有限公司

“客多啦”智慧定制出行综合服务平台是在原有省级道路客运平台的基础上最新升级并推出的全国首创的智慧定制出行综合服务平台,是一款专门为运营车辆服务的应用。通过“客多啦”可以满足广大旅客灵活的定制乘车需求和客运企业的互联网增值服务需求,显著提升实载率,从此告别低效的传统长途客运出行方式。

“客多啦”可以为客运企业内部提供业界领先的客运ERP综合服务系统,如移动版的站务系统、机务系统、安全监管一体化平台等,消除客运企业内部信息孤岛,实现移动办公,实现数据整合、分析、应用、挖掘,提升管理效率,降低管理成本。

“客多啦”还可以为中小型客运企业提供互联网增值服务平台,通过“客多啦”APP、微信、PC端等实现网约车、包车、自主组客、定制班线、联程联运、小件快运、游运结合等“互联网+”增值业务,提高实载率,实现在途管理,提升企业收益。特别是联程联运业务,平台可以无缝衔接不同客运企业共同承运的班线,也可为客运企业量身打造自有的专属微信服务号。通过多种方式充分打造“互联网+”综合服务平台,让企业真正实现开源节流。

“客多啦”智慧定制出行综合服务平台采用开放、共赢的合作思路。平台所有的软件系统完全免费提供。在部署实施上,既可以采用云服务模式,也可以采用本地部署模式,

消除客运企业对数据安全的担忧。灵活多样、安全可靠的技术推广及部署方案，让中小型客运企业在“互联网＋”的大环境下，不用花费任何成本，成功实现转型升级。

“客多啦”智慧定制出行综合服务平台是全国首创的智慧定制出行平台，也是全国市场上唯一一个已经商用的此类平台。

15.“一网两平台”创新物流生态圈

——深圳市前海美泰物流网科技有限公司

“一网两平台”创新物流生态圈主要以美泰物流网、美泰物流园、美泰怡和现代物流三大业务为主营，构建一种全新的商业模式，快速、有效地提升公路物流行业的服务品质和服务能力，创造价值，永续经营，意图打造一个覆盖全国的公路物流产业服务主流平台。

“一网两平台”创新物流生态圈的核心是美泰物流网（www.56net.com）。通过美泰物流网的互联网信息技术，高效链接全国各地美泰物流园及产业链上其他物流要素资源，将物流供应链各节点服务进行标准化、模块化、透明化、可视化，构建全产业链的公路物流资源平台。美泰物流网三大作用是开放物流资源、促成物流交易、激活物流市场，同时又对平台上的交易与运作进行全程监管。再辅以美泰怡和现代物流强大的甩挂运力支持，和针对大客户需求定制的全面、综合物流解决方案能力，在保证高品质服务的同时，既达成全国常规中小型客户标准化服务的快速复制，又兼顾大客户的个性化需求，从而达成一个安全、透明、良性、永续的物流生态圈。

16.“直达车”APP

——东莞市华利东方运输有限公司

集汽车租赁、班车客运、包车客运等功能出于一体的“直达车”APP旨在打造全国移动互联网客运平台。“直达车”APP的功能亮点有：①手机购票，自助手机购票，线上安全支付，电子票乘车环保出行；②旅游包车，直达车有数十种不同车型，用户从报价到用车全程线上操作，清晰透明，安全可靠；③私人定制，一人一座专享定制巴士，可自主开通线路（10人以上），组团坐专车，还可以自主灵活地开通周边游路线。

在各类热门打车软件火热上线、交通运输管理部门针对网约车规范管理的关键时刻，华利东方抓住了“数据共享社会”这一机会，摈弃传统运输行业一成不变的商业模式，利用自身规范化的车队与新兴的互联网企业合作，用实践的数据打造安全、可靠、快捷的用车软件——“直达车”APP，实现需求的网络化，将消费者碎片化的客运需求通过互联网集中在一起。

二、创新大赛之交通电子支付分赛

创新大赛设置交通电子支付分赛（全称为交通运输行业转型升级创新大赛之电子支付大赛，以下简称“电子支付分赛”），以“互联网＋”交通电子支付创新为主线，立足广州、辐射全国、放眼世界，在全球范围内寻找先进的技术解决方案，为创业者提供项目展示和交流平台。

10个交通电子支付分赛优秀项目如下（排名不分先后）：

1. 蓝色通道

——广东高速科技投资有限公司

“蓝色通道”项目是一种基于“‘互联网 +’识别与支付”技术的高速公路车辆通行不停车自主缴费系统。项目包括预约、进收费站、路径定位、出收费站、收费信息推送和运行平台服务六个子系统。在使用该系统前,用户通过智能手机注册自己的手机号、驾驶车辆的车牌号并上传车辆的正侧面照片、用于缴费的支付账号等信息,就可以成为高速公路不停车自主缴费系统的用户,一次注册就可长期使用。

项目目的是使出行车辆无须安装任何附加设备,不用带钱包也不用带银行卡,只要通过智能手机等智能终端,经无处不在的互联网,通过用户信用预约和车辆身份识别,以储蓄卡、信用卡等通用账号为付款账户,达到不停车自主缴费进出高速公路收费站的目的。用户群体使用本系统,可最大程度缓解高速公路收费站排队缴费拥堵现象,高速公路通行费的移动互联网自主缴费方式,也将改变车辆用户高速公路的消费观。

2. 雄帝科技车载支付终端

——深圳市雄帝科技股份有限公司

EMP 5210 车载支付终端兼容 ISO 14443 Type A & Type B 和 Sonyfelica 协议,以 PSAM 卡为核心的安全加密体系,以极高的安全性保证交易完成,适用于国内外城市一卡通消费、圈存及小额支付等场景,是一款专门针对城市交通的快速发展而设计的基于物联网技术的公共交通小额支付设备,主要从受理终端侧解决了多种交通电子支付形态的需求。

这款设备最大的亮点在于打通了在线支付通道,全面兼容目前行业最主流的支付方式并预留未来发展的空间,使得传统脱机应用的车载刷卡机能够接入互联网,从而成为互联网的一个节点,为未来一卡通公司多样化的互联网业务提供了一个很好的硬件支撑。它对各种支付方式有强大的兼容性,既能高速处理各类传统的卡片,还能够实现二维码扫码支付;此外还具有强大的扩展性,可选 2.4G 手机支付、2G/3G 或者 4G 全网通的通信方式以及 GPS/北斗双模定位模块等功能和配置。该设备具有丰富的硬件接口,可灵活对接其他车载设备。

3. 高速公路通行费移动支付

——广东联合电子服务股份有限公司

“高速公路通行费移动支付”项目在现有高速公路联网收费体系框架下,提出了高速公路通行费移动支付的全链条解决方案,构建了高速公路行业的移动支付平台,定制了移动支付前端设备,实现移动支付与联网收费体系的深度融合,为广大车主提供便利的通行费支付体验。未来以移动支付为切入点,将人、车、路三者的信息融合,可为车主提供更多交通信息服务,提升交通行业整体服务能力;同时,借助大数据技术,可在移动支付信息基础上为信用交通体系的建立提供数据支持。项目特点包括:智能终端内嵌入车道系统,完成移动支付主要工作,车道程序不作大的改动;移动支付平台支付接口丰富,易升级、易拓展,各移动支付服务方案规范接入平台,新业务发展基本无须改动车道系统;移动支付与广东高速公路联网收费结算系统融合度高,资金流转安全有保障;采用 SSL 认证,交易数据采用国密加密传输,确保网络和数据安全。

广东高速公路通行费移动支付项目于 2016 年 5 月启动。当年 7 月初,在广州北环高速公路广花站 5 条人工收费车道全面上线,截至 10 月 26 日已覆盖北环高速、梅观高速 4 个收费站 41 条车道,全部开通微信和支付宝支付,累计交易超过八千笔,累计交易金额超过 20 万元。目前日均交易超过 350 笔,日交易额超万元。

4. 基于视觉深度学习的交通移动支付智能服务机器人

——南京积图网络科技有限公司

"基于视觉深度学习的交通移动支付智能服务机器人"项目提出的是一种基于视觉深度学习的自动收费服务机器人,系统不依赖 ETC 设备,仅通过车牌、车辆品牌及车款、车身颜色、轴型等视觉特征的深度识别即可有效确定车辆身份。可实时、准确计算行车区间或停车时间、应缴金额等信息,以二维码、条形码等方式显示在机器人交互屏幕上。车主只需要通过手机在 APP 中将行驶证、车辆信息、支付账户等信息绑定,缴费时即可通过手机 APP 扫码支付。系统可同时支持 ETC 和 NFC 等多种电子支付方式,对车主而言更加方便、快捷。

系统不仅解决了移动支付和车辆收费中标准化车型识别的技术障碍,同时还解决了公路收费运营、公安交警车辆大数据、停车收费管理等多领域的数据共享难题。

未来 10 年,我国高速公路建设仍将处在加速成网的关键阶段,道路收费规模仍将以每年 5% ~7% 的速度稳定增长,对先进支付技术的需求规模巨大。城市停车领域全国缺口约为 5000 万个,预计将带动 3 万亿的投资规模,未来对智能化停车收费管理服务设施的需求是极其巨大的。

该产品作为一种立足于交通支付的智能化专业收费服务装备,是未来无人值守收费运营必不可少的设备,具有广阔市场开发前景和巨大商业开发价值。

5. 高速公路自助收费整体解决方案——"易・终端"

——广东利通信息科技投资有限公司

"易・终端"的核心理念是"保护业主投资、适应技术发展、提升客户体验、降低运营成本"。

针对广东省高速公路收费系统现状,从收费介质、支付方式、互联网技术应用上进行突破,形成满足不同客户群、不同需求、多种场景、多种支付方式的基于互联网的高速公路电子收费解决方案。在软件方面,高速公路收费系统将兼容现金、ETC、电子支付等多种模式,各种支付形态相互兼容统一;在硬件方面,自助缴费终端机支持通行卡、粤通卡两种通行介质,支持银联闪付、ApplePay、支付宝、微信等多种支付方式,以全新的设计理念和灵活的配置模式,满足路段业主个性化的出口自助收费部署需求。项目最大限度保护了高速公路运营企业既有对收费系统的巨额投入,又能较快地渐进式过渡到下一代基于互联网的高速公路智慧收费系统。

项目运营模式为 TSC 运营模式。通过与高速公路运营企业签订新一代电子收费系统服务合同,为高速公路运营企业免费提供新一代电子收费系统软硬件安装、网络通信、建设无人自助收费车道及电子支付中心(含系统维护等),提供完善的多种支付手段、对账及结算等综合性的系统服务,为高速公路运营企业降低系统投入及运营成本。通过收取一定比例的服务费,以此获取系统服务报酬和合理利润。

项目的目标是:为车主提供便利的缴费方式,全面提供自助交费服务(自助采用多种支付方式和基于移动端的轨迹收费等)提升用户体验,改变行业形象;为业主提供多样化的电子收费解决方案;为高速公路运营企业降低运营成本,提高经营效益。

6. 兼具交通卡和线下移动支付功能的可穿戴设备及其技术研发

——上海易码信息科技有限公司

居民出行免不了日常消费,尤其在交通枢纽聚集了众多商场、餐饮等消费场所,用户需要同时携带银行卡和交通卡,带来不便;另外,在线下刷卡支付场景中,由于许多商家的POS机为磁条POS机,当前大力推行的NFC支付(例如ApplePay)并不适用兼具交通卡和线下移动支付功能的可穿戴设备,将交通IC卡芯片集成到可穿戴设备中,并集成了自主研发的mNFC近场通讯支付技术,不仅实现了交通卡支付功能,还可模拟银行卡在刷卡过程中对POS机磁头施加的磁场变换,在不增设NFC接口和不更换传统POS机的前提下完成近场非接支付。同时,该设备还具有NFC支付、门禁卡、会员卡等功能,在各个层面上方便了人们的日常生活。

项目将交通卡支付和线下移动支付融合到可穿戴设备中,给用户带来消费便利,提高用户黏性。

7. 青岛港琴岛通ETC停车场

——青岛市琴岛通卡股份有限公司

青岛港位于山东半岛南岸的胶州湾内,始建于1892年,具有124年历史。是中国第二个外贸亿吨吞吐大港。2014年全年实现港口货物总吞吐量4.65亿吨,位居全国第七。

停车服务是港区管理的重要环节,直接影响港区的车流运转效率及整体服务,传统的停车管理模式已无法适应港区的现代化管理需求。青岛港的需求是让通行更高效、更安全,兼顾低碳环保。“琴岛通+ETC”停车模式,凭借高效节能、一卡通用的特点,为青岛港打造了高效、集控、绿色的智慧停车场。

“琴岛通+ETC”停车模式以卡为媒,实现了以下目标:

①无人值守。全方位支持停车场进出车道无人值守管理,实现全自动收费,显著降低人工成本。

②不停车通行。采用ETC电子不停车支付技术,在停车场出入口可自动识别车辆身份并自动缴费,无须停车。

③非现金支付。采用电子支付手段,实现无须现金的便捷快速支付,实现停车费用的便捷征收。

④集中管理。通过非现金支付,停车场交易信息和管理信息可实现电子化管理,进而实现集中监控与清算。

运营以来，青岛港琴岛通ETC停车场自2015年6月18日至2016年10月31日共实现OBU发行数量约1.3万台，月均吞吐量110000余辆，月均资金收入130万元以上。

未来，青岛港琴岛通ETC停车场将继续以琴岛通卡支付为运营服务基础，以开放的“车联网+互联网”为手段，实现琴岛通支付业务与停车场增值业务协同发展。

8. 国际运费支付服务平台

——广州航运交易有限公司、北京航信软银科技有限责任公司

港口经济中，船公司、船代、货代、货主存在一定的供应链关系，但由于目前物流服务各环节的信息化程度不高，供应链各方和监管部门之间缺少有效的信息共享，导致港口结算业务中现金流速慢于物流速度，造成企业不必要的人力、时间和费用成本。

在充分研究和领悟当前法规规定的基础上，提出了建设和运营“国际运费支付服务平台”解决方案，引入了“发票电子底账”的概念。最终目的是在船代公司、货代公司和银行之间，提供一个为资金流和物流服务的动态信息流，改进流程，让上述三步变为一步，能够有效改进国际运费支付业务的流程中不必要的环节，节省人力、时间成本，在降低企业外汇结算成本的同时，有效提高银行及政府部门的监管效率。

具体的创新措施包括：建立“一池一库”和重点实现五个流程无纸化，支持网上银行支付。“一池”，即国际海运专用发票池，发票池由空白发票子池、发票电子底账子池、发票核销子池组成；“一库”，即海运费详细信息及其支付状况数据库。

传统国际运费支付业务中，货代需在船代及银行间多次往返，并在多个环节提供纸质单据。该项目创新性地利用合作方各自的技术、资源优势，利用平台资源整合优势，实现支付无纸化、支付电子化。

9. 交通卡多省市多场景应用互联互通接入平台

——贵州汇联通电子商务服务有限公司

ETC卡已在2015年实现了全国联网，实现了在高速领域内一卡走遍神州的愿景。2016年，全国各省市自治区在如火如荼地建设符合新标准的公共交通一卡通系统。不久的将来，ETC卡、公交卡在全国交通运输行业内的互联互通将会得以实现。但这只是在交通领域内的流通，还不能称为真正意义上的城市一卡通。

本项目是总结已有成功案例和成熟市场应用以后进行产品化封装得到的一个技术服务平台型产品。产品借助第三方支付的资质条件，设计专业的流程，运用成熟便捷的支付技术和统一的清分结算平台使多地市公交卡、多省ETC卡快速实现在零售领域的互联互通，最终完成多行业多场景全流通布局，为平台以及合作方带来持续稳定的清分结算利润以及更大的用户充值量。

项目的创新亮点是通过开发“在线POSP密钥管理平台”将离线扣费在线化，运用标准化的思路将各个业务接口封装好，便于发卡机构便捷迅速地接入平台，从而开展多场景支付业务；避免了前期反复的业务沟通和烦琐的系统开发，以流程化的业务逻辑配合标准化的技术接口来落地合作一卡通项目。

10. 基于手机 NFC 的 HCE 脱机交易解决方案

——上海金雅拓智能卡技术有限公司

Android 系统上的 HCE 技术是通过系统服务(HCE 服务)实现的,该服务的一大优势是它可以一直在后台运行而不需要有用户界面。这个特点使得 HCE 技术非常适合会员卡、交通卡、门禁卡一类的交易,当用户使用时无须打开程序,只需要将手机放到 NFC 读卡器的识别范围内,交易就会在后台进行。应用这一技术时,建议为用户提供配套的 HCE 应用 UI 界面,这样除了可以像普通的智能卡片一样刷卡使用以外,还可以通过 UI 界面为用户提供更多的在线服务功能,包括查询、充值和信息推送等。

当用户将手机放到 NFC 读卡器的识别范围内时,Android 系统需要知道读卡器想要和哪个 HCE 服务交互,这样它才能将接收到的数据发送到相应的 HCE 应用。HCE 参考 ISO 7816 规范,定义了一种通过应用程序 AID 来选择相应应用的方法。

脱机电子交易 HCE 产品,就是基于 NFC 技术研发出来的安全可靠的新型手机 NFC 交易技术。它将原来由 SE 硬件实现的安全认证环节,交由 HCE 应用中的白盒来控制,摆脱了 SE 固化在 SIM 卡上的缺点,为交通支付类产品开展移动支付业务打开了空间。

三、互联网交通运输融合创业大赛

互联网交通运输融合创业大赛(以下简称“创业大赛”)是由互联网等新技术企业,基于自身对交通运输行业的认识和理解,或联合现有交通运输企业,提出优化运输组织、变革服务模式、加强行业治理、提升服务水平的比赛。

互联网交通运输融合创业大赛中 15 个优秀项目如下(排名不分先后):

1. e 约巴士——旅游大巴约车信息与交易互联网平台

——山东巴士网络科技有限公司

“e 约巴士”是国内第一家利用互联网,为以旅行社为主要服务对象的团体出行提供约车信息、报价、交易、付款、善后保障等全过程服务的巴士平台,帮助包车方和供车方简便快捷地匹配业务信息,通过集中报价机制得到合理价格区间,让巴士预约更简单、用车成本更经济、车辆利用更高效。

包车客运行业与旅游业共生共荣,共同发展,旅客运送人次与旅游人次成正比,并且增长比例更快。包车客运对减少节假日交通堵塞、节能减排也起到巨大作用。与小轿车相比,30 万辆大巴一年的运营可以减少 10 亿次小轿车出行车次;全国的包车大巴每年可减少 2700 亿公里的小轿车出行里程,每年减少碳排放 3033 万吨;在同等车辆总数(均为 30 万辆)的情况下,可以多运送旅客 26 亿人次。

针对行业存在的市场秩序混乱、业务信息不对称、服务和卫生亟待提高、应收账款拖欠严重、管理粗放等痛点,“e 约巴士”通过平台建立行业云数据库,制定行业服务标准,重塑行业信用体系,净化行业运营环境,整合产业链资源,打造旅行社、巴士、游客三位一体的商业生态圈,同时也为绿色出行、节约出行和节能环保做出贡献。

本项目平台目前已经建成网站 www. eyuebus. com，微信公众号“e 约巴士”，驾驶人APP 和供车方 APP。从 2016 年 9 月 1 日开始试运行，截止到 10 月 10 日，已经上线旅行社 227 家，车企 72 家，车辆 232 辆；实现订单 1538 笔，其中线上完成订单达到 772 笔，线下完成订单 766 笔；线上线下交易金额合计超过 446 万元，平均每单交易金额超过 2700 元。

2.“货车宝”货车导航

——深圳市货车宝科技有限公司

目前市场上手机导航软件很多，高德、百度、腾讯、搜狗地图等都是针对小汽车专用的，无法针对货车提供对应的避开禁行区域、限高、限宽等路线，经常导致货车驾驶人用户误闯禁区被扣分罚款或者遇到限高限宽调头绕路，引起交通堵塞甚至交通事故。

“货车宝”利用独家首创的货车专用导航算法，智能避开货车禁区和限高限宽道路，规划出适合货车行驶的路线，并有禁区查询、货车测速、实时路况等语音提醒。针对货车行驶途中的各种突发状况给用户提供周边的各类货车保养维修、货车货物保险、货车配件商城、违章查询、驾驶人招聘等各种符合货车驾驶人实际需求的增值服务。

“货车宝”上线起 11 个月之内，总用户数量突破 17 万，月活跃用户逾 6 万，日均新增用户数超过 1000，在各大手机应用市场货车导航类均排名第一，广告月营收 20 万～50 万元，并在持续增长。

“货车宝”的愿景是让货车驾驶人“拥有货车宝，一路无烦恼”。

3. 检车无忧

——北京嘀车科技有限公司

“检车无忧”是一家独立的第三方二手车鉴定评估机构，目前公司主要业务是提供针对个人客户的购车前车况检测和针对企业客户的定制检测服务。针对的企业客户类型有二手车交易电商、新车交易电商、二手车市场、二手车商、延保公司、租车公司、车贷公司、汽车物流公司、互联网汽车保险公司。主要的企业客户包括人人车、瓜子、好车无忧、团车网、搜狐二手车、公平价、好车轰轰等，覆盖范围包括北京、上海、广州、郑州、西安、南京、石家庄、锦州等地，全国合作检测站点 500 余个。

本项目产品的核心竞争力主要体现在以下 5 个方面：

①业务量最大。“检车无忧”目前在行业中发展最快、业务量最大。“检车无忧”是人人车、团车网、搜狐二手车、瓜子二手车等公司的全国指定复检机构。

②服务覆盖范围在行业内领先。业务范围包括北京、上海、广州、郑州、西安、南京、石家庄、锦州等地，全国合作检测站点 500 余个。目前已经和人人车等确定了全国推广计划，预计在 2016 年 9 月将覆盖 20 余座城市。

③领先的自媒体优势。公司布局的汽车类自媒体“李老鼠说车”“吱道二手车”和“吱道大升级”等，在国内汽车类自媒体名列前茅。

④业内最为领先的报告系统。系统自动生成的报告除具有问题描述外，还包括使用影响、维修费用、保养方法、问题部位图片、检测视频等，看完报告后无经验的用户也可成为“专家”。另外，系统采集了数千款车型的常见问题，极大提高了检测效率。

⑤完善的风控体系。检测车辆随机抽检、视频记录系统全程录像、后台审核、人员不

定期调岗等手段,保证检测师检测结果的客观公正。

4. 马丁停车

——山西西德马丁网络科技有限公司

智能手机和移动支付的大范围普及,使用户在手机上租用、出租停车位变得十分方便。

“马丁停车”是移动互联网停车位信息共享平台。该项目创新点在于:小区车位主和停车场管理者在手机上可以出租闲置时间段的停车位;车主可以在手机上实时查询、租用停车空位,电子支付停车费;平台可以向车位主、车主、物业管理者和保安推送消息,物业和保安在手机上可以管理停车位。

该项目是当前国内唯一不需要改造小区或停车场硬件设施就可实现租停车闭环的公司,轻资产,投入小。已申请了1项发明专利和3项软件著作权。

5. 外运帮

——深圳市优运科技有限公司

“外运帮”由深圳市优运科技有限公司推出,致力于打造中国领先的国际物流在线交易与服务平台,旨在为中国进出口商提供快捷、高保障、成本最优的国际物流服务。

“外运帮”是一个针对国际物流服务的B2B互联网平台,专门为中国的进出口商与国际物流服务提供服务。在这里,进出口商可以快速、精准地搜索到匹配自己需求的拖车、报关、仓储、海运等物流服务,充分了解经过严格审核的物流商及其资质、实力和信用评分,可以快速询价、发布货盘、推送电子订单和核对结算;国际物流商可以发布运价、进行市场推广、获取询价及意向客户、推送自己拥有的各项优势服务等。

2014年我国进出口总值为26.43万亿元人民币,占世界货物贸易总额的12%以上,连续3年位居世界第一。中国有超过700万进出口商(仅阿里巴巴国际站上注册的中国卖家数量就超过200万),世界十大集装箱港口中有7个在中国,多年来已经缔造出一个庞大的国际物流服务与需求市场。随着国家“一带一路”战略的实施及跨境电商业务的迅猛发展,国际物流业务会进一步增长,对国际物流服务需求会进一步增大而目前市场上仍没有统一的物流服务能够完全匹配这一需求。该项目能满足进出口商和物流企业的需求,让进出口商快速找到所需的国际物流服务,让国际物流业务稳定、高效运转,符合市场需求,具有广阔的发展前景。

6. 基于移动互联网的主动交通安全管理系统

——广州市戬爱车联网科技有限公司

目前传统的交通安全管理系统使用的仍然是常规的交通管理技术手段,主要依靠GPS监控(超速、运行时间)和视频监控(抽查方式)。戬爱公司开发的“戬爱云平台”,对获取的车辆车道偏离、安全车距、前碰撞预警、疲劳驾驶、超速等实际交通数据进行分析,在PC端及手机APP端提供对车队、驾驶人和车辆风险率走势的分析及各风险明细,及时监控驾驶人驾驶行为以及车辆运行状况等。此外,戬爱云平台还提供一套企业内部管理机制,可以对车队、车辆、驾驶人和风险系数参数等进行维护管理,实现个性化的管理需求。目前已经和广州交通集团签订合作协议，首批将安装超过100套设备。

项目在全国首创多维度、多因子量化指标，以大数据评价危险等级，创新交通安全管理模式。为确保数据的准确性、权威性，采用了全球领先的智能驾驶辅助技术。该项目的实施，可以有效减少事故的发生和降低事故的伤害，预计将有效减少40%以上的事故，从而减少社会财富损失和人员伤亡，有利于创建和谐社会以及提高人民生活幸福指数。

7. 道路凝冰预警与自动化喷洒系统

——大成(济南)路桥科技有限公司

道路凝冰预警与自动化喷洒系统由信息采集系统、信息处理系统、自动喷淋系统三大部分组成，通过埋置于路面内的智能感应终端以及气象信息采集系统实时采集路面信息，通过数字通信技术、计算机技术、自动控制技术、网络技术和智能喷洒等多种技术实时对采集来的交通气象信息及路面凝冰信息进行分析，主动实现对道路凝冰的预警及自动化处置，可最大限度地降低冰雪灾害对道路交通安全的影响，避免重大交通事故的发生，有效保障道路的安全通畅。

道路凝冰预警与自动化喷洒系统特点如下：根据监测数据，通过网络及现场发布系统，实时发布天气预警信息，根据预警自动分析并提供不同的解决方案；降低道路冰雪天气处理费用，减少事故发生，保障人员安全，延长路面使用寿命；能适应各种复杂道路状况下冰雪处理方案的实施，使道路安全通畅，切实保障道路养护人员、过往车辆、驾驶人员的安全；通过数据分析，定时、定量、定点运行，广泛运用太阳能、风能等绿色资源，减少了融雪剂的使用，节能环保，降低环境污染。

8. 大东车联网云平台

——深圳市大东车慧科技股份有限公司

“大东车联网云平台”项目聚焦在途大数据领域，形成以平台SAAS服务为核心，终端驾驶人APP和微商城SAAS服务配合的立体产品结构，为物流全产业链提供端到端全程可视化，并且基于对物流公司业务的全程可视化，提供低成本的金融产品和保险服务。

本平台的用户是物流大三方、海淘/跨境物流和物流园区。针对不同用户提出有特色的解决方案，拉动千万用户，启动千亿量级的市场。平台合作伙伴为各地商业银行、亚太保险等。

平台服务模式为：用数据穿透产业链信息孤岛，连接产业链和服务供应商以及业已形成的服务生态联盟，源源不断地提供灵活而丰富的商业模式，为物流公司提供无抵押的新型金融产品。

未来，在该车联网平台上将实现物流匹配平台、金融供应链服务平台、保险平台、物流在途服务平台和驾驶人服务平台等五大功能。

9. 12308客运出行云平台

——深圳市哈巴科技有限公司

随着高铁分流和私家车保有量上升，公路客运流量下滑，毛利率下降，财务费用上升，客运企业寻求转型升级,对互联网平台的需求十分迫切。

“12308 客运出行云平台”旨在通过供给与需求两方面的数据提高运输集团车辆的调度效率和客座率,优化资源配置,为乘客提供更精准、更方便的信息服务和出行服务;帮助新兴道路客运开拓业务,通过收集和分析乘客需求,调整运输组织方式;通过数据挖掘与分析,为道路客运企业提供更多的增值服务,为乘客和道路客运企业创造更多价值。

“12308 客运出行云平台”功能包括:线路系统、调度系统、地图系统、运营营销系统、检票系统、财务模块、分销/加盟模块、数据分析模块、增值服务模块。

支持业务类型有旅游线路、站外配客、自主组客、机场线路、高铁线路、城际约租车、定制班车、定制包车、一键包车/租车、客运班线等。

“12308 客运出行云平台”以互联网售票为切入点,完成乘客、车辆、线路、场站等信息的整合,解决承运企业、乘客、行业主管部门之间的信息不对称问题,全面推进车站和客运信息化、智能化建设。

目前,“12308 客运出行云平台”已有超 500 家商户入驻,其中包含 20 余家客运企业及上百家运输企业,创造订单 30 余万单,服务乘客逾 20 万。

10. 斑马快跑

——武汉斑马快跑科技有限公司

“斑马快跑”是一家专注于绿色智能通行服务的“互联网 + ”企业。公司以手机 APP 为平台,以新能源斑马车为载体,以斑马纹为品牌识别形象,以 B2C 模式颠覆当前市场规则,以“商用车 + 乘用车 + 巴士”三足鼎立,致力于提供全通行产业链的汽车出行服务,如客运服务、货物运输、通勤等。

“斑马快跑”APP 整合商用车、乘用车、巴士等多种服务形式和运力需求,创新性提供智能化服务,致力打造便捷智能的网约车平台,构建独一无二的全生态产业链。无论是出行还是送货,均可通过“斑马快跑”APP 一键解决,满足用户出行、运货的全方位需求,是一个多维立体的商业设计。

11. 基于 SaaS + IDC(数据交换) + API(开放接口)模式的物流能力开放平台

——握物流·玖云兄弟团队

目前,传统物流行业在借助互联网工具,解决信息不透明、降本增效的痛点。“握物流”作为广东省交通运输厅首批“互联网 + ”运输服务试点项目,在物流平台的基础上,借助自主研发的能力匹配算法中心和数据沉淀分析与交换中心,创新构建了“能力开放平台”,为传统物流企业和个人提供能力开放服务和能力对接服务。项目建设思路是:把物流业务进行抽象,沉淀为固件;把不同固件进行组合,形成业务模块;把不同的业务模块经过配置与编排,形成各细分领域的业务流程;根据不同细分领域的特征,构建细分领域 SaaS 平台,在 SaaS 平台之上构建能力开放云平台。“能力开放平台”包括数据交换中心和 API 开放接口。通过“能力开放平台”可以实现数据交换和资源与服务的对接,通过开放的 API 平台连接外部资源和对接。

目前传统物流企业主要借助互联网工具解决企业内部信息化问题,尚不能解决外部拓展和资源对接的问题。该项目在架构设计时,在解决企业内部信息化问题、连接上下游的同时,封装了自己的优势能力,并把优势能力发布到"能力开放平台",供更多客户使用。优势能力封装纬度有:区域配送能力、某线路干线运输能力、区域安装售后能力等十几种。由客户根据自身优势进行封装,形成独特的面向社会的开放能力,客户只需要在"能力开放平台"进行申请,经过平台审核后即可发布为能力产品;基于本项目的资源和通过 API 连接的资源,通过能力匹配算法等模块完成能力的需求对接和过程管理。

12. 新一代大交通智能换乘的城际出行服务平台

——北京迈维出行科技有限公司

"迈维出行"是新一代城际出行服务系统,通过跨界创新,融合各种交通数据,实现跨交通工具(如飞机、货车、长途汽车、城际机场巴士等)的统一查询、智能换乘及统一预订服务。

"迈维出行"从底层数据开始,构建了一套全新的城际交通数据模型,兼容所有班次类交通工具,能够将飞机、火车、长途汽车、机场巴士、轮渡等班次类交通工具都集成在一个数据模型之下。以此为基础,"迈维出行"创新地提出了一套基于时序的多目标最优算法,能够实施多交通工具的快速路线规划计算。结合实时客票信息,让用户一次查询就能获得可用的出行方案。基于用户选定的方案,"迈维出行"提供一站式客票预订,一次支付即可完成全部行程产品预订。这个技术路线与现有的汽车导航、城市公交导航、直达票务查询系统完全不同,是一种全新的城际交通服务类型,创新突破在以下几个方面:

①创建了全新的物理文件数据格式,兼容所有班次类交通工具。

②创新了基于时序的城际出行规划算法。

③创新地解决了城际间与市内交通统一规划问题。

④创新了基于实时客座信息的二次方案重组再打包技术。

⑤创新了基于时序多目标最优的推荐算法。

⑥创新了基于行程的混合订单处理机制与客服业务流程。

⑦统一了地名、机场、火车站、长途汽车站的交通场站编码体系。

⑧建立了基于情报的城际交通数据更新机制。

⑨创新地实现了一站式城际出行查询与预订服务。

⑩创新地实现了航空、铁路、公路巴士混合出行规划服务。

⑪创新地实现了多段行程、多交通工具、不同席位统一预订服务。

"迈维出行"的出现将在某种程度上改变中国现有的城际出行服务格局,对于行业管理、服务企业转型、用户体验升级都有重大的价值。

13. 货柜快车

——广州市速运网络股份有限公司

广州市速运网络股份有限公司的电子商务平台(简称"货柜快车")是针对进出口集装箱拖车运输的完整电子商务平台解决方案,服务于进出口集装箱拖车运输业务,大力整合线下驾驶人和车队资源,全面提升信息系统的技术和功能内涵,实现港口进出口集装箱运输市场的全程信息化,大幅减少人力成本,使收费透明化,提高空载利用率。

“货柜快车”系统利用B2C电子商务、网上支付结算系统、身份认证等先进互联网技术，与传统集装箱运输实际相融合，给国内外的大型贸易企业及工厂企业、现代物流企业提供专业、安全、高效的网络集装箱物流平台系统，为中小微拖车企业及个人拖车驾驶人更快接单、更快回收资金、更高效利用车辆提供先进的技术支持。货柜快车给市场中参与各方提供专业、安全、高效的增值服务和信息交换、共享，提高物流效率，实现多方利益的共赢。

14. 小龙巴士

——上海帛孚信息技术有限公司

“小龙巴士”作为面向公众和企业的班车信息服务平台，依托专业IT数据分析与计算技术服务，基于大数据分析技术，使线路规划更有针对性，更加高效科学。

乘客在微信公众号填写定制上下班线路需求，企业可将员工上下班信息通过后台导入，系统根据各种需求进行线路智能规划、上下车点及行驶轨迹、可行性分析后，智能调度车辆及驾驶人。

线路开通后，系统可根据实时数据采集及分析，追踪车辆实时运行状态，按需调整线路。“小龙巴士”提供系统的供应商管理、乘客管理、车辆调度管理，可实时同步查看班车运营动态，提供直观、全面的班车运营报告。

乘客可在微信公众号上直观地查看线路站点名称及站点描述、上车位置、发车时间等信息，选择上车点以后，系统会指引乘客到指定上车点。如有车辆变动或者其他方面调整，系统会及时自动给乘客推送调整信息。

项目成立之初，旨在解决白领上下班交通问题，而后将覆盖区域和用户推广至整个上海，最多时开发了60多条线路社会化线路、30多条企业线路。目前仍在运营的社会线路20多条，企业线路有50多条。“小龙巴士”也致力于改良原有企业班车效率低下的问题，为企业规划合理的线路，按需开通新的线路，实现有人群集约化出行，缓解交通拥挤现状。

15. “互联网+”冷链物流平台

——北京路海联华投资管理有限公司

平台的主要功能为，为客户提供IT技术、物流金融和保险等增值服务，通过构建物流信息共享互通体系，发挥互联网信息集聚优势，搭建面向社会的物流信息服务平台，开展物流全程监测、预警，提高货物安全、环保和诚信水平，有利于统筹优化社会物流资源配置，创建良好的生态环境。

“互联网+”冷链物流平台依托大数据、云计算、物联网等资源和技术，结合河南省鲜易控股集团发展需求，以冷链物流能力和资源为主要交易标的，为用户提供信息发布、交易撮合、供应链优化、食品药品安全追溯、在线支付、金融保险等服务，形成“互联网+”冷链物流的产业生态圈。平台的发展优势有以下四个方面：一是消费者对生鲜食品需求增加的市场背景；二是冷链物流行业诚信体系亟须完善的管理需求；三是当前移动互联网快速普及的信息环境；四是鲜易控股集团的用户资源及行业影响力。平台的设计、建设和运营充分体现模式创新、技术创新、业态创新的理念，是改善供给质量和效率的新载体，是

"双创"和"互联网+"的新平台，是链接优质农业、带动食品工业、培育网络经济的新业态。

16. 滴滴充电

——北京畲联科技发展有限公司

"嘀嘀充电"是创新提供电动汽车移动充电和移动光伏储能充电设备的新能源汽车配套服务产业创新移动互联网服务平台。该平台紧跟国家可再生能源发展战略和电动汽车产业政策，前瞻性地提供免施工、不增容、自发电、零碳排、快速移动的电动汽车移动充电站解决方案，为电动汽车用户提供"嘀嘀充电"APP下载和道路移动充电救援服务。

四、创业大赛之交通大数据分赛

创业大赛设置大数据领域分赛（全称为互联网交通运输融合创业大赛之大数据应用大赛，以下简称"交通大数据分赛"），以交通运输行业大数据应用解决方案创业为主线，针对交通运输领域的痛点、难点、热点问题，面向全球创业者开放相关数据池，寻求优质解决方案，探索交通运输大数据的挖掘应用。

交通大数据分赛中10个优秀项目如下（排名不分先后）：

1. 无人车SAAS平台

——北京启蒙数据科技有限公司、广州域天信息科技有限公司

随着无人车技术的研发和推进，无人车技术取得快速发展，商用无人车的普及将是未来5年内可以预期的关键技术和商业变革。

该项目打造无人车商用云平台，帮助客户在特定环境中部署、使用和管理无人车，推进无人车技术的快速商用。项目与西安交通大学无人车技术团队合作，基于在无人机技术研发领域十多年的优势，首期实现在封闭环境下对无人车的部署、调度、使用、管理和感知，解决无人车在商用环境下面临的技术难题和业务难题，推进无人车技术的产业化和商业化。项目二期将集中在无人车技术的商用化和产业化。

以无人车商用云平台在无人车物流运输过程中的应用为例。通过此云平台系统，调度人员可以更方便地为无人车指定物流路径，检测运行过程中的状态，更加快捷、方便地完成货物的运送，并且统计有关的数据；管理员使用该系统可以更加方便地对车辆信息和系统信息进行管理。系统所完成的主要任务和流程为：系统对无人车的信息进行管理→用户下订单→系统分析用户的订单信息→计算出最优路径→下达指令→对运输过程中车辆的数据和信息进行实时监控→记录下数据→对数据进行后期处理。

2. 重庆市轨道交通WIFI商业运用及大数据应用

——重庆市轨道交通（集团）有限公司

项目主要目的是为了完善轨道集团的系统发展需求，以当前系统为基准，不断扩展兼容其他系统而建立的综合管理系统。最终目标是建设成为重庆轨道交通集团有限公司以轨道生活圈为主体的生态商业生活圈，在生态商业生活圈完善的同时，完善国有企业可持续发展的"互联网+"模式。

本项目的主要创新点体现在以下5个方面：

①改善传统的进销存模式，将轨道商铺分列成站内商铺和网上商城两种陈列方阵，逐渐培养依靠轨道出行的群体及轨道沿线周围家庭用户的购物习惯，从而形成重庆轨道交通独有的线上线下商业模式。在帮助商户拓展实体客户的同时，亦能在网上收取商户额外的佣金。

②通过对商户提供销售管理系统，逐步掌握商户销售数据，形成轨道交通独有的商业数据分析模型，对后期商业数据进行有效分析，及时调整轨道站内商业结构。

③通过收银台对商户的后期统一结算，形成轨道商业群体资金链，可有效控制资金方向，从而形成统一的支付手段和模式，全面建立轨道集团的商业品牌，提升整体轨道生活圈的品牌价值。

④系统将全面采用NFC支付模式，并采取卡和客户端的形式，利用手机客户端进行线上、线下支付。同时将这一技术运用于轨道集团的闸机次票卡中，用户通过手机可自行购买单次票，也可以根据需求自定义购买多次乘坐次票，从而彻底解决次票卡发行难、管理难、成本高等问题。

⑤解决国有企业综合系统分散、不集中的问题，利用内部资源进行优化，形成"互联网+"及企业应用模式。

3. 基于航运大数据航运金融风控产品——航控e

——广州航运交易所

广东航运业发达，但是广东航运金融业规模不大。痛点如下：

①广东航运企业以中小企业为主，向银行申请贷款融资难，没有金融支持，企业抗风险能力小，做大做强难；

②银行对放贷风险的把控能力弱，不愿参与航运业的融资放贷业务；

③保险机构不熟悉航运业，无法判断优质客户，认为航运保险业务风险高、利润低。

本项目通过开放和利用航运大数据，突破航运业和金融业的信息壁垒，助力高端航运服务业的发展。本项目亮点为利用互联网技术，结合航运行业基础数据库、华南地区船舶交易数据库、船舶AIS数据等三大数据类型，为金融保险业航运金融提供多维度的智能风险控制产品，通过创新风险管理方式解决航运金融的痛点。

4. 出行大数据

——广州车行易科技股份有限公司

车行易科技股份有限公司目前拥有全国最大的车务数据再处理平台，向百度、腾讯、阿里、中国银联、神州租车等知名企业提供服务，占有国内车务数据处理商用市场份额70%以上。

该项目采用数据自动获取技术，不间断爬行和匹配数据；采用云技术架构，实现云存储和云计算，处理每月上亿的数据吞吐；拥有自主知识产权的相似度匹配算法，使数据识别效率比同行提高至少70%，并可适应不断变化的系统。为企业应用提供全面及时的数据，为用户提供更全面更精准的服务。

目前，项目为60家大型企业客户提供违章大数据服务，含阿里、腾讯、百度、京东、中国移动、中国联通、中国电信等；平均每分钟有超过3000位车主在使用本项目的违章查询服务，已拥有超过1000万车主用户，且每月以超过百万的速度增长；每月累计产生超过8000万条违章数据。

5.多维度交通大数据运力优化调度云

——广东中视信息技术有限公司、广州讯心信息科技有限公司

当前，随着交通物联网设备的规模化投入，社会累积了多维度的交通数据。通过将多维度的车、人、路况信息进行整合，能有效描绘出各个运力集散点的各种特征信息。在对历史数据的分析基础上，通过定出一系列变量，对机器学习算法模型进行大规模样本训练，能使算法更适合于该特定应用领域的预测分析，从而为传统运力调度决策工作给出提示。算法模型成果能应用于多个领域，例如春运运力调度、网约车实时调度等。

项目的产品是一系列可供在线实时调用的应用程序接口（API），目标用户是需要进行运力调度的企业，包括（但不限于）运输站场、运输企业、网约车运营企业等。

该项目为用户提供如下服务：从时间维度、空间维度两方面精准预测运力需求；准实时监控城际间高速公路的交通流量；预测未来一段时间内城际间的交通流量；综合天气、流量等因素预测路况，为路线规划提供依据；提供人群热点坐标。

6.“车翼管”网络约租车大数据运营监管解决方案

——交通运输行业大数据产品联合创新中心

“车翼管”网络约租车大数据运营监管平台利用运营商及合作伙伴的大数据资源、大数据产品优势和车载OBD车联网能力，结合交通运输领域平台数据，为交通运输主管部门提供网约车驾驶人分析、车辆监管、运营监管等功能，针对网约车服务中驾驶人、车辆和乘客三个关键要素，提供包括身份认证、行驶管理、安全查询等服务，从而为行业的各个主体提供了完整的网约车运营监管手段和安全服务，推动网约车行业健康发展和服务水平提升。

7.联网售票大数据分析

——长安大学

该项目是一个为全国大中型道路客运企业提供数据挖掘服务的系统，绘制用户图像，精准营销，并结合其他可获取的大数据集（或API接口）产生更多盈利项目。

基于客运企业的联网数据库数据和网络上能调动的API数据接口形成多方位的大数据集。利用团队的数据挖掘能力，为客运企业提供数据可视化的交互界面，为乘客提供官方网页供乘客查询实时情况，为政府提供定制的数据接口。主要业务产品有实时客运信息APP、网站（亦可作为组成模块嵌入联网售票APP内）。

8.基于激光和视频技术的实时交通量调查系统研究

——广州普勒仕交通科技有限公司

项目产品为自主研制的交通量智能分析仪LV8310，产品采用激光轮廓扫描与视频码流相结合的模式实时分析传感信息，能够准确自动统计出车型、车速、车流量等交通量数据，同时进行路况信息视频的录制、存储与上传，完全满足交通运输部对交通量调查设备

的功能要求。设备采用了工业级 ARM11 芯片组集成化设计,外形美观大方,便于安装,提供本地化客户端管理软件,支持远程升级调试,极大地方便了用户对交调数据的统计分析和设备的管理。

项目产品于 2014 年通过交通运输部科学研究院交通工程检测中心的全面检测(交检验(W-JDSB)字[2014]第 010 号),并入选 2014 年交通运输部质量合格交调设备推荐名单。

9. 基于移动互联网的主动交通安全管理系统

——广州市戬爱车联网科技有限公司

项目采用 ADAS 系统提供驾驶辅助并改变采集数据的方式,提供更加可靠的道路交通安全实际情况并改善驾驶人的驾驶习惯。

目前传统的交通安全管理系统使用的仍然是常规的交通管理技术手段,主要依靠 GPS 监控(超速、运行时间)和视频监控(抽查方式)。戬爱公司研发的"戬爱云平台",对获取的车辆车道偏离、安全车距、前碰撞预警、疲劳驾驶、超速等实际交通数据进行分析,在 PC 端及手机 APP 端提供对车队、驾驶人和车辆风险率走势的分析及各风险明细,及时监控驾驶人驾驶行为以及车辆运行状况等,此外,戬爱云平台还提供一套企业内部管理机制,可以对车队、车辆、驾驶人和风险系数参数等进行维护管理,实现个性化的管理需求。目前已经和广州交通集团签订合作协议,首批将安装超过 100 套设备。

10. 基于交通数据评估公交车运营可靠性以及探测公交串车

——德国慕尼黑工业大学

在国内的城市中,人们在出行中对私家车的依赖程度远超过城市公共交通系统,而且这个趋势正逐年上涨。而在欧洲以及亚洲的新加坡,人们在出行时通常会选择公共交通,而且趋势也在逐年上涨,原因在于公共交通:连通性好,可靠性高。所以,要鼓励人们选择公共交通出行,除了控制公交价格、增加额外服务如免费 wifi 等,最重要的是要提高公交运营过程中的可靠性。然而,国内城市公交线路复杂、站台数量大,采用传统的监控观测手段,不仅成本高,而且无法观测到整个系统,造成运营质量下降。

"公交眼"是一款结合交通大数据分析、人工智能和宏观交通模型,应用于城市公交系统的数据分析软件,可自动评估出整个公交系统中任意一条公交线路,任意一段路到任意一个公交站点的运营可靠性,为进一步优化决策提供数据支持;在评估过程中自动探测出所有发生公交串车的线路、站点,同时计算出导致公交串车的初始原因、地点和时间,全面提高城市公交系统服务质量,减少乘客等车时间,提高乘客对公共交通的满意度。

相比于传统的检测方法,"公交眼"更加精确高效,运营成本低。该产品已成功应用于新加坡公交系统数据,所有的算法模型都经过测试检验。

11. 基于高速公路服务区和匝道口的土地综合效益提升

——广东省城乡规划设计研究院

为充分发挥高速公路对沿线地区社会经济的带动作用,本项目通过客货运高速与空间规划大数据,分析并识别高速服务区及匝道口辐射带动的潜力地区,提出其布点体系与周边用地的优化方案；以国家倡导的“分享经济”理念，创新性地提出“农——商——旅综合体”模式，探索高速服务区及匝道口周边用地的联合开发、特许经营，提升高速公路服务区与匝道口的社会经济效益，实现高速公路投资主体、地方政府、沿线居民及高速用户共赢的目标。

项目的社会和经济效益如下：

①社会效益：推动城乡统筹，践行协调发展理念

(a)方便农村农副产品的货运、城乡配送需求；

(b)带动高速公路沿线发展，共享基础设施红利；

(c)提供更多的就业机会，为乡镇“双创”发展提供承载平台；

(d)城市居民能够获得更丰富、便利的高速公路出行体验，提高对高速公路运营方的评价。

②经济价值：促进消费，增加用户收入，加快投资回报

(a)推动农副产品流通；

(b)带动服务区相关产业发展，进一步繁荣服务区，从而扩大服务区影响力，促进相关投融资；

(c)引入“高速物流”概念，通过特许经营充分实现高速公路服务公司的竞争优势；

(d)周边居民因此增收，进一步提高消费能力，进入良性循环。

第三节　大赛经验总结

本次大赛作为省级交通运输行业主管部门与地方人民政府第一次共同举办的全国性垂直赛事，取得了较好成效，主要取得了三个方面的经验：

• 改革开放的热土孕育了行业创新创业的内生动力

历经30余年的改革开放，从“有水大家行船，有路大家行车”的1.0时代，到“高速公路成网，高等级客车成风”的2.0时代，广东运输行业不断接受改革的洗礼，享受改革的成果，积累了创新创业的经验，培养了主动应用新技术、发展新业态的清醒认识。

• 创新驱动理念营造开放包容的创新创业环境

近年，广东省委省政府按照习总书记“三个定位、两个率先”的要求，坚持创新驱动发展，加快简政放权。广东省交通运输厅加快出台了《关于进一步深化道路客运行业改革的意见》等一系列文件，进一步营造行业改革创新的良好氛围。

• 领导的重视与上级的支持强化了大赛的组织保障

广东省交通运输厅、广州市番禺区人民政府高度重视本次大赛工作，明确了共同推动设立“互联网＋”交通运输服务产业基金、众创空间等创新创业鼓励支持政策，依托创客大赛，发现、聚集和孵化“互联网＋”交通运输服务项目，聚拢“互联网＋”交通运输服务人才，营造小谷围国家运输服务创新创业服务体系。大赛也得到了交通运输部有关领导的赞同、支持和指导，此外还获得了省政府及有关部门的支持，这都是大赛圆满成功的重要保障。

第四节 大赛未来展望

● 进一步发挥大赛在构建互联网交通运输垂直产业生态链中的重要载体作用

互联网已成为这个经济时代的基础设施,成为整个经济社会运行的技术载体,其服务对象是全产业链,而非单一产业。推动“互联网 + 交通运输”,需要以天网——“互联网”,地网——“运输网”,结合新能源、新技术、新金融,共同构建“互联网 + 运输 + 互联网”闭环运行的垂直行业产业链。产业链的上游,是互联网、物联网、大数据、云计算等企业;中游,是交通运输、枢纽站场、交通一卡通等企业;下游,是基础设施、交通装备和新能源等企业,三者通过产业互补,跨界融合,打造交通运输服务提质增效升级 3.0 版。

大赛通过聚集整合互联网与交通运输的创新创业资源,凝聚社会各界力量与有识之士,推动建设“政社产学研”五位一体的创新合作系统,形成了各方合力的交通运输行业转型升级“朋友圈”。大赛有效推动了传统运输企业发展理念和服务模式的提升,加快了行业互联网等新兴技术应用的升级,推动互联网等新兴技术应用企业对交通运输行业认知的提升,推动社会资本对交通运输行业价值认知的提升,成为新思想、新理念交流互动,新技术、新模式展示合作的桥梁和纽带。

● 进一步统筹全行业的资源与力量,为行业转型升级提供丰富的资源与发展动力

首届大赛由 7 个省、自治区、直辖市交通运输主管部门共同举办,全国 20 个省(市、区)的单位参赛;第二届大赛已经扩展至 13 个省自治区、直辖市交通运输主管部门共同举办,全国 25 个省、自治区、直辖市的单位参赛,另外还有新加坡的团队报名。大赛正逐步成为全行业的一项重要工作。

大赛将进一步统筹全行业的资源与力量积极参与比赛及相关活动,引领行业加快自我革命和改革创新;统筹行业与社会的公共传播资源,让全行业与社会的更加关注、大力支持和全程参与;同时,广泛吸纳各地互联网、智能交通等企业及社会各界积极参与,为行业创新创业不断提供新理念、新技术与新模式,为行业转型升级提供丰富的资源与发展动力。

大赛将协同行业各单位共同丰富六大资源池,将其打造成为全国交通运输大数据应用与新技术、新模式展示合作的平台与基地。同时,还将协同行业各单位共同推进“互联网 + ”运输服务行动计划,发起组建中国互联网交通运输产业联盟,设立推动交通运输企业转型升级类基金,举办系列主题活动,有效推动互联网交通运输垂直产业生态圈的构建。

● 进一步拓展办赛领域,共同擦亮交通运输垂直产业创新创业品牌

大赛将坚持立足广东,面向行业,辐射全国,实现大赛从互联网向物联网的深化,向“互联网 + ”交通运输全领域拓展,共同擦亮交通运输垂直产业创新创业品牌。同时,积极探索部省共建,做实行业转型升级发展平台。依托部省共同开展的广东省交通运输综合改革试点工作,以及珠三角国家自主创新示范区建设,推动支持交通运输部相关直属单位与广东省交通运输厅、广州市番禺区人民政府开展合作共建,探索建立全国互联网交通运输创新创业示范基地，打造集全国交通运输领域政府部门、学术界、企业界和金融界各方合力的创业创新示范推广平台，推动行业转型升级和服务提质增效。

第五节 领导讲话节选

● 交通运输部副部长刘小明在2016中国东西部“互联网+交通运输”创新合作高峰论坛上的讲话节选

交通运输部副部长刘小明：发表《努力促进运输服务的转型升级》的讲话

当前，我国经济社会发展进入新常态，综合运输服务也进入了转型升级的新阶段，一方面，我们要积极推动大部制下运输服务发挥各种运输方式的比较优势和组合效应，另一方面，要依托移动互联网、大数据、云计算等新一代信息技术，促进传统业态转型升级，和新业态特别是“互联网+”交通运输的良性发展。

去年三月份，部在长沙举行的运输服务厅局长研讨班就以“以移动互联网引领行业转型升级”为主题进行了专题研讨，取得了很好的效果。在这里，我希望大家能进一步统一思想，提高认识。一是进一步树立推进“互联网+”交通运输，既是推动互联网产业，更要促进传统产业转型的认识。近年，以各种应用软件为代表的“互联网+”技术，将交通运输业推上了创新创业的“风口”。我们既要欢迎线上企业进入交通运输行业创业，主动对接传统行业，成为接地气、守规则的“外来的闯入者”，站在发展的前列；更要鼓励线下传统交通运输企业自我革命、改革创新，成为“行业的突围者”，站在行业的高端，加快实现客运向出行转变向旅游延伸，货运向物流转变向电商延伸，线下运输服务向在线化转型向平台化延伸，共同形成新的经济增长点。二是要进一步树立推动“互联网+”交通运输，必须培育垂直产业链的认识。“互联网+”时代，互联网已成为这个经济时代的基础设施，成为整个经济社会运行的技术载体，其服务对象是全产业链，而非单一产业。推动“互联网+”交通运输，需要以天网——“互联网”，地网——“运输网”，结合新能源、新技术、新金融，共同构建“互联网+运输+互联网”闭环运行的垂直行业产业链。产业链的上游，是互联网、物联网、大数据、云计算等企业；中游，是交通运输、枢纽站场、交通一卡通等企业；下游，是基础设施、交通装备和新能源等企业，三者通过产业互补，跨界融合，打造运输服务的升级版。

2015年,广东等7省、自治区、直辖市交通运输主管部门共同主办了首届交通运输互联网垂直产业创新创业大赛,取得了不错的效果,涌现了一批运输服务创新项目,为行业转型升级注入鲜活力量,也为行业依托"互联网+",提升发展质量、促进转型升级,提供了重要的载体。

今年,将有更多的省、自治区、直辖市的交通运输主管部门共同来参与举办,参加面更宽更广,大赛将有效推动传统运输企业发展理念和服务模式的提升,推动互联网等新兴技术应用企业对行业认知的提升,积极促进行业的转型升级。

希望大家充分用好这个平台,进一步探索实现大赛从互联网向物联网的深化,向"互联网+"交通运输全领域拓展,共同擦亮中国交通运输互联网品牌。积极探索建立全国互联网交通运输创新创业示范基地,打造集全国交通运输领域政产学研用各方合力的创业创新示范推广平台。使之成为交通运输行业发展的助推器,成为交通运输行业深化供给侧结构性改革的重要抓手,推动运输服务转型升级提质增效。

• 广东省交通运输厅副厅长、大赛组委会常务副主任刘晓华在2016中国(小谷围)"互联网+交通运输"创新创业大赛启动仪式上的讲话

广东省交通运输厅副厅长、大赛组委会常务副主任刘晓华发表
题为《创新为本大赛为媒推动互联网交通运输跨界融合发展》的讲话

尊敬的各位来宾、女士们,先生们,关心支持"互联网+"交通运输的朋友们:

上午好!

时隔经年,我们再次相逢于中国(小谷围)"互联网+交通运输"创新创业大赛。今天,2016年大赛正式开幕,受李静厅长委托,我代表广东省交通运输厅欢迎大家莅临启动发布会现场——广州羊城同创汇(腾讯众创空间),并对大家一直关心支持交通运输与互联网的融合发展表示衷心的感谢。

去年此时,根据国家推进"互联网+"行动、"大众创业、万众创新"等工作部署,经交通运输部批准,我厅联合广州市番禺区人民政府以及相关兄弟省自治区、直辖市交通运输主管部门,共同举办了首届交通运输行业互联网垂直大赛,并得到22个省自治区、直辖市交通运输厅(委、局)、20多所高校、BAT等知名企业、50多家创投机构、50多家新闻媒体,以及省直相关单位、各行业协会和社会各界人士的鼎力相助,大咖云集,盛况一时。

全国近千支团队围绕"互联网+"便捷交通、高效物流两大领域,提出"开停修学租乘运"等专题的奇思妙想,经十八场赛事逐轮角逐,最终92个项目荣获总决赛相关奖项。大赛涌现的一批满足共享经济下的个性化需求的运输服务创新项目,为传统运输行业,如何迎接互联网带来的新模式、新业态的挑战,提供了前瞻性的良好示范,为行业转型升级注入鲜活力量。

大赛被评选为2015国家交通运输十大新闻事件和中国智能交通行业十大事件之首,影响深远,意义非凡,主要体现在八个方面:一是推动交通运输行业思想再解放;二是夯实了运输服务业转型升级的基础;三是锻炼了交通运输行业的干部队伍;四是发现了一批既懂互联网又懂交通运输的跨界人才;五是广交了朋友,O2O跨界融合,建立互联网运输服务生态"朋友圈";六是推动了运输服务水平的提升;七是树立了交通运输行业形象和小谷围大学城的品牌;八是为行业升级提供了创业创新平台和创客孵化成长的土壤。

广东、北京等7个省自治区、直辖市交通运输主管部门还共同发布了《协调推进"互联网+"运输服务(小谷围)宣言》,这也是交通运输传统行业主动拥抱互联网,以凤凰涅槃、浴火重生的信心与决心,加快自我蜕变与转型升级,开启运输服务3.0时代的庄严宣告。

目前,多个线上线下项目已落地孵化。其中,完成A轮5000万以上融资的优秀项目有"1号货的"和"中芃物流"两家,由垂直众创空间关注洽谈的项目已达6个。近期,我厅遴选了8个"互联网+"运输服务试点项目、7个道路客运"+互联网"深化改革项目予以推广示范,相信这批行业先行者将成为既懂互联网、又懂传统运输产业的典型代表。

乘大赛东风,全省推进"互联网+"便捷交通、"互联网+"高效物流等工作成绩斐然。广东岭南通标准卡发卡量突破5000万张;汽车客运联网售票网络覆盖全省三级及以上客运站及部分乡镇客运站近400家,部分枢纽客运站微信公众号关注量达数十万甚至过百万;"广东交通出行""运发出行平台"等出行信息综合服务APP相继上线运行,"网上飞"客运班车小件快运平台正式启用。

广东联合电服公司与互联网公司成立联合电服数据公司,探索高速公路ETC数据的深度挖掘应用;基于Saas技术的企业云平台"忽如一夜春风来","握物流""车盈网"等平台与广大客货运输企业建立紧密合作关系,以"润物细无声"之势顺利接入全省三分之一强的客运包车。移动互联网、云计算、大数据等新一代信息技术的深化应用,加速了交通运输行业与互联网的深度融合,为行业腾飞插上坚强的翅膀。

女士们,先生们:

今天,在国家近期连续出台"互联网+"便捷交通、"互联网+"高效物流两个实施意见,以及网约车管理办法之际,第二届"互联网+交通运输"创新创业大赛正式上演,再次开启交通运输业的"双创"盛会。

"流水不腐,户枢不蠹",任何行业的健康发展与生机永葆均离不开创新,更需要适度的竞争保持活力。近年,以滴滴、神州等应用软件为代表的"互联网+"技术,将交通运输业推上了创新创业的"风口"。我们欢迎线上企业进入交通运输行业创业,主动对接传统行业,成为接地气、守规则的“外来的闯入者”,站在发展的前列;更鼓励线下传统交通运输企业自我革命、改革创新,成为“行业的突围者”,站在行业的高端。现在我们要做的事情,就是让大赛成为双方交流融合的平台与媒介。政府推进“互联网 + ”的最终目标,不仅要推动互联网产业,更要促进传统产业转型,共同形成新的经济增长点。

为此,今年大赛名称从“创客大赛”更名成为“创新创业大赛”,进一步突出行业创新创业主题,并对比赛模式予以调整,针对传统交通运输企业、互联网企业和大学生团队三类不同参赛主体,分别设立交通运输行业转型升级创新大赛、互联网交通运输融合创业大赛和中国大学交通运输学院创客大赛三项专业赛事,使大赛更具可比性和实用性,推动互联网等新兴技术应用企业对行业认知的提升,推动社会资本对行业价值认知的提升,推动传统运输行业依托互联网实现转型升级。

大赛今年最大的创新是开放六大资源池,包括交通运输大数据资源池、智能交通技术及应用产品资源池、大赛命题资源池、创业导师资源池、创新创业项目投资孵化资源池、行业政策资源池,既为参赛队伍提供广阔的创意空间,也将为行业提供互联网等新兴技术应用升级的丰富案例。如交通运输大数据资源池,参赛队伍从池中挑选脱敏后的 Demo 数据,可进行单项数据的二次开发分析,也可开展多项数据的叠加挖掘应用,形成各种数据产品;同时,与智能交通产品和技术结合,探索潜在商业价值,帮助数据拥有者将“金矿”开出来,让数据变现,帮助智能交通产品和技术接上数据应用的翅膀。开发前景无限,静候创新创业创客各路英雄闪亮登场。

大赛同期,还将举办 9 项创新创业系列主题活动和专业技术沙龙,进一步将大赛打造成为新思想、新理念交流互动,新技术、新模式展示合作的桥梁和纽带,成为交通运输领域“四众”平台和产业创新示范推广平台,推动产业基金、产业孵化器的落地,推动中国互联网交通运输产业联盟的扩张,推动互联网交通运输垂直产业生态圈的构建。

因此,本届大赛依然是互联网拓展的蓝海,创投企业的商机,创客的乐园,更是传统交通运输行业浴火重生、焕发新生,成为行业创新创业主力军的大好时期。“不是所有人都能创业,但每个人都可以创新”,因为创新可能只需一个金点子。

最后,我代表大赛组委会(广东省交通运输厅、中国交通报社、广州市番禺区人民政府),诚挚欢迎海内外社会各界有识之士广泛参与,并与大家相约 12 月 12 日再聚“小谷围”,不断擦亮“小谷围”交通运输垂直领域创新创业品牌,为打造交通运输互联网的达沃斯、博鳌品牌而共同努力!

匠心独运,赶紧行动;e 路创行,怎能缺您!

期待您的参与。谢谢大家!

附件　推进智慧交通发展行动计划(2017—2020年)

交通运输部办公厅关于印发推进智慧交通发展行动计划(2017—2020年)的通知

各省、自治区、直辖市、新疆生产建设兵团及计划单列市、经济特区交通运输厅(局、委),部政研室、法制司、综合规划司、公路局、水运局、运输服务司、安全与质量监督管理司、科技司、海事局:

经交通运输部同意,现将《推进智慧交通发展行动计划(2017—2020年)》印发给你们,请结合实际,认真落实。

交通运输部办公厅
2017年1月22日

推进智慧交通发展行动计划(2017—2020年)

随着经济社会快速发展,新一代信息技术与交通运输深度融合发展的趋势日益明显。为全面贯彻落实国务院信息化发展战略部署,加快推进实施《交通运输信息化"十三五"发展规划》,落实全国交通运输科技创新暨信息化工作会议精神,明确近期智慧交通发展的工作思路、主要目标和重点任务,有效提升交通运输数字化、网络化、智能化水平,特制订本行动计划。

一、工作思路

以方便公众出行、提高运输效率、增进交通安全、加强环境保护为切入点,按照"目标导向、模块推进、示范引领、市场驱动"的原则,聚焦基础设施、生产组织、运输服务和决策监管等重要领域,加快智慧交通建设,提升基础能力,加强集成应用。以试点示范为抓手,着力实现重点突破。

二、主要目标

到2020年逐步实现以下目标:

在基础设施智能化方面。推进建筑信息模型(BIM)技术在重大交通基础设施项目规划、设计、建设、施工、运营、检测维护管理全生命周期的应用，基础设施建设和管理水平大幅度提升。

在生产组织智能化方面。实现重点客运枢纽、物流园区智能运输装备和自动装卸机具大量应用，交通运输企业的信息化管理和安全生产水平大幅度提升。

在运输服务智能化方面。丰富交通出行、旅客票务、交通支付等在线服务。"互联网+"物流取得明显进展，物流组织效率进一步提高，物流成本进一步降低。

在决策监管智能化方面。跨行业、跨区域协同的交通运输运行监测、行政执法和应急指挥体系基本建成，基于大数据的决策和监管水平明显提升。

三、重点任务

（一）基础设施。

任务1：深化BIM技术在公路、水运领域应用。在公路领域选取国家高速公路、特大型桥梁、特长隧道等重大基础设施项目，在水运领域选取大型港口码头、航道、船闸等重大基础设施项目，鼓励企业在设计、建设、运维等阶段开展BIM技术应用。在设计阶段，深化BIM在协同设计、方案比选和仿真评价等方面的应用；在建设阶段，深化BIM在设计交付、虚拟建造、施工组织、质量管理等方面的应用；在运维阶段，建设BIM+GIS（地理信息系统）可视化平台，依托建设期形成的BIM数据库，加强在养护、运营、监测、应急、管理等方面的应用。（公路局、水运局、安全与质量监督管理司、综合规划司负责）

任务2：推进交通基础设施智能化管理。加快云计算、大数据等现代信息技术的集成创新与应用，加强公路养护决策、路网运行监测、应急调度指挥等核心业务系统建设和应用，有效提升路网建管养智能化水平。选取部分重点公路开展智能化管理试点，开发基于手持移动终端的智能化养护管理系统，实现公路及沿线设施破损情况的随时发现上报、快速跟踪维护、动态督查督办和全程监督评价；推进智慧公路车路协同试点示范，提升区域路网协同管理水平；建立健全跨区域、跨部门的信息共享与交换机制，实现部省间联动管理与服务。（公路局、综合规划司、科技司负责）

（二）生产组织。

任务3：推动智能化物流园区建设。选择重点物流园区，开展智能化示范应用，实现对物流园区货物、车辆、装卸机具、仓储设施的实时跟踪、智能配货、协同调度，提高货物装卸、分拣、转运的自动化水平，提高物流园区生产组织效率。（综合规划司、运输服务司负责）

任务4：推动智能化客运枢纽建设。选择重点综合客运枢纽，开展智能化示范应用，实现枢纽内多种运输方式资源的优化配置，促进铁路、民航、长途汽车、城市轨道交通、城市公交、出租汽车等多种运输方式之间运力匹配、集散协调，实现突发事件客流快速疏散，提升枢纽运行效率和安全水平。（综合规划司、运输服务司负责）

任务5：推动智能化港口建设。选取重点港口，在物流管理、危险品监管等方面开展示范。推动港口闸口智能化，加快港口商务、物流单证等无纸化和服务全过程的网络化，实现货物实时追踪、全程监控和在线查询,促进港口企业与船公司、铁路、公路、场站、货代、仓储等企业的无缝连接,并与口岸单位和交通运输(港口)行政管理部门实现信息共享与交换。推动港口危险品作业信息网上申报备案和处理、港口危险品作业及设施动态监控和自动预警,并与港口行政管理部门交换信息,实现智能监控监管。(水运局负责)

任务6:推动智能化运输装备升级改造。推广应用具有短程通信、电子标识、高精度定位、自动监测、自动驾驶等功能的智能运输装备和自动装卸机具。新建或改造智能交通核心技术检测平台及试验场所,提高车载智能终端、车路协同设备等智能化运输装备的检测能力。(科技司、运输服务司负责)

任务7:推进智能化企业管理。鼓励有条件的交通运输企业,应用大数据、云计算等技术,创新经营管理模式,建设协调联动的智能调度等运营管理系统,实现对场站、车辆、人员等运输资源的动态监测、优化配置、精准调度和协同运转,提高交通运输企业运营效率和安全生产水平。(运输服务司负责)

(三)运输服务。

任务8:提高综合交通出行信息服务水平。充分利用各类数据开放平台,推动相关政府部门、事业单位加快交通公共数据开放,通过政府和社会资本合作、政府购买服务等手段,推进运输企业和互联网企业的跨界融合和战略合作。鼓励互联网平台等各类市场主体整合多种运输方式信息资源,运用微博、微信、客户端等新兴媒体,建设形式多样的综合交通出行信息服务平台。促进交通旅游服务大数据应用,为社会公众提供交通出行、酒店预订、旅游度假等多层次、全方位的综合交通旅游信息服务。稳步推进交通一卡通跨区(市)域、跨运输方式互联互通,加快移动支付方式在交通运输领域应用。(科技司、综合规划司、运输服务司负责)

任务9:引导交通服务新业态发展。结合无车承运人试点,利用互联网平台整合中小型及个体运输企业资源,提供合同签订、车辆调度、运费结算、客户服务等统一服务,提高运输组织效率,实现规模发展。提高交通运输物流公共信息平台建设质量和运营水平,加强信息资源的行业共享,提供一站式运输信息服务。开展E航海示范,应用移动互联网技术提供助导航服务,完善海事协同管理平台和海事综合服务平台,促进智慧海事发展。(运输服务司、综合规划司、海事局负责)

(四)决策监管。

任务10:提高综合交通运输决策支持能力。基于大数据、移动互联网、地理信息系统等信息技术,依托行业数据资源交换共享和开放应用工作,构建综合交通运输大数据监测评估系统,实现对各种运输方式总体规划、建设进展、运行状况、发展质量等方面的综合管理,形成综合交通运输“一张图”,提升宏观决策、业务管理和社会服务的能力和水平。(综合规划司负责)。

任务11:增强安全监管与应急处置能力。加快推进交通运输安全生产监管信息化建设,提升安全生产基础信息管理、隐患治理、风险管控等能力。建设部省两级联动道路危险货物运输安全监管系统,实现全国危险货物运输电子运单的跨区域交换共享及应用。建设完善部级、省级和中心城市的交通综合运行协调与应急指挥系统,形成集多种运输方式日常运行监测、重点运行指标分析、预测预警和突发事件应急处置为一体的平台。（安全与质量监督管理司、运输服务司、综合规划司负责）

任务12：提升交通运输行政执法综合管理水平。加快推动交通运输行政执法信息化管理，实现全国行政执法案件信息、超限超载信息的跨区域交换共享、证据移送和联防联控。推进非现场执法系统试点，实现综合巡检和自动甄别。利用新媒体、手机应用等渠道，有效调动社会监督力量，构建政府监管和社会监督有机结合的全方位市场监管体系。推动交通运输信用信息的公开共享，完善信息披露机制，提供信用信息综合服务。依托全国道路运政管理信息系统，完善道路运输行政许可"一站式"服务，推进许可证件（书）数字化，实现跨部门、跨区域政务信息共享，提升信息服务水平。（法制司、政研室、公路局、运输服务司负责）

四、工作要求

（一）推动试点示范工程。

部将多渠道筹集资金支持开展智慧交通示范试点。各级交通运输主管部门应结合自身实际，组织推进试点示范工作，并引导鼓励社会资本积极参与智慧交通新业态发展，构建政府、市场、社会共同参与的智慧交通发展格局。

（二）强化数据资源共享开放和标准规范建设。

加强交通运输大数据应用中心建设，建立交通运输政务信息资源共享机制，完善部省两级数据资源目录体系，推动综合交通运输基础信息交换共享。加强网络与信息安全保障等领域的标准制化工作。

（三）加强工作落实和指导监督。

部各牵头司局要加强组织协调，明确试点示范内容、范围和时间节点，根据需要制定各项工程的建设指南或实施方案，加强对试点工作的指导监督和跟踪评价。充分发挥专家团队和技术支撑单位作用，为开展示范试点工作提供支持。

国家铁路局、中国民用航空局、国家邮政局根据自身实际积极推动智慧交通发展。

致　谢

本发展报告的顺利出版,离不开行业内多个参与单位的鼎力支持和帮助,现将主要的参与单位名单列举如下,表示感谢。

广东省交通运输厅

中国交通报社

广州市番禺区人民政府

交通运输部规划研究院

交通运输部科学研究院

交通运输部水运科学研究院

交通运输部公路科学研究院

中国交通通信信息中心

交通运输部路网监测与应急处置中心

广东省道路运输管理局

广州市交通委员会

广州航运交易所

广州市公共交通数据管理中心

深圳腾讯计算机系统有限公司

广东岭南通股份有限公司

广东运筹汇交通科技有限公司

广东省电子支付协会

广州讯心信息科技有限公司